出版基金资助项目

冷战后法国军事情报体制改革研究

高振明◎著

Research on the Post-Cold War Reforms of French Military Intelligence System

时事出版社
北京

图书在版编目（CIP）数据

冷战后法国军事情报体制改革研究/高振明著．—北京：时事出版社，2020.12

ISBN 978-7-5195-0399-4

Ⅰ.①冷…　Ⅱ.①高…　Ⅲ.①军事情报—体制改革—研究—法国—现代　Ⅳ.①E565.416

中国版本图书馆 CIP 数据核字（2020）第 225613 号

出 版 发 行：时事出版社
地　　　址：北京市海淀区万寿寺甲 2 号
邮　　　编：100081
发 行 热 线：（010）88547590　88547591
读者服务部：（010）88547595
传　　　真：（010）88547592
电 子 邮 箱：shishichubanshe@sina.com
网　　　址：www.shishishe.com
印　　　刷：北京朝阳印刷厂有限责任公司

开本：787×1092　1/16　印张：16.75　字数：225 千字
2020 年 12 月第 1 版　2020 年 12 月第 1 次印刷
定价：100.00 元

目　　录

第一章　绪论

一、选题缘由

美国资深情报专家马克·洛文塔尔在其经典著作《情报：从秘密到政策》中说："有五个国家的情报机构值得我们深入研究。这些国家是英国、中国、法国、以色列和俄罗斯。"① 其中，开展法国情报工作研究之所以得到重视，既是由于对法国这个"主要和积极的地缘战略棋手"② 的客观认定，也是源自对法国"情报活动的重要性及其活动范围的广泛性"③ 的深刻认知。

第一，历史上法国曾一度是欧洲霸主，今天也是世界公认的欧洲大陆强国之一。从12世纪晚期起，随着以王权为中心的领土聚合进程加快，法国在15世纪末完成了统一大业，随即走上了对外扩张的道路，并于17世纪中期一跃成为欧洲最强大的国家。随后，路易十四和拿破仑·波拿巴又凭借武力使法国成为欧洲大陆的第一强权国家，先后两度确立了欧洲霸主地位。法兰西第五共和国成立以来，法国走上了独立自主维护国家安全的道路，并在冷战后依然坚持全球性大国的信念，注重维护法国的行动自由，始终以欧洲领头羊的姿态在国际舞台上发挥着不可替代的重要作用。一方面，法国军队

---

① （美）马克·洛文塔尔著，杜效坤译：《情报：从秘密到政策》，北京：金城出版社，2015年版，第455页。

② （美）兹比格纽·布热津斯基著，中国国际问题研究所译：《大棋局：美国的首要地位及其地缘战略》，上海：上海世纪出版集团，2007年版，第35页。

③ （美）马克·洛文塔尔著，杜效坤译：《情报：从秘密到政策》，北京：金城出版社，2015年版，第455页。

兵力众多（2019 年为 26.7604 万人）①，在整个欧洲拥有仅次于俄罗斯的强大军事力量②，建立了完全独立的核威慑力量和独立的防务工业基地；另一方面，法国作为北约和欧盟的主要创始国，在继续参与北约集体防御的同时，力促北约进行内部改革，主张通过建立“欧洲独立防务”和“真正平等”的欧美伙伴关系，从中扩大法国的作用和影响。在美国人看来，当今的法国“有能力、有民族意志在其国境之外运用力量或影响去改变现有地缘政治状况以致影响美国的利益”③，与德国共同充当着“欧亚大陆西端最重要和最具有活力的地缘战略棋手”④。

第二，法国的军事情报工作历史悠久，作用突出。洛文塔尔指出，“几乎每个国家都拥有某些类型的情报机构，如果不是同时拥有文职情报机构和军事情报机构，那么至少会拥有军事情报机构”⑤。夏尔·戴高乐曾有句名言：“法兰西是用利剑铸就的。”⑥ 战争贯穿了法国的整个历史，法国的军事情报工作自古有之⑦，只是就有组织的情报实践而言，“法国是在中世纪末真正启动了情报工作”⑧。特别是在 15 世纪后半叶，情报工作得到王室的高度重视，时任国王路易

---

① Ministère des Armées, *Les chiffres clés de la Défense Edition* (2019), Paris: DICoD, août 2019, p. 15.

② 2015 年 2 月 10 日，美国《国家利益》网站刊登了题为《欧洲四大军事强国》的文章，通过对比各国军事实力指出，现今欧洲四大军事强国依次为俄罗斯、法国、英国和德国。参见 http://news.xinhuanet.com/politics/2014－08/30/c_1112294869.htm。

③（美）兹比格纽·布热津斯基著，中国国际问题研究所译：《大棋局：美国的首要地位及其地缘战略》，上海：上海世纪出版集团，2007 年版，第 34 页。

④ 同上书，第 35 页。

⑤（美）马克·洛文塔尔著，杜效坤译：《情报：从秘密到政策》，北京：金城出版社，2015 年版，第 455 页。

⑥ Charles de Gaulle, *La France et son Armée*, Paris: Tempus Perrin, 2016, p. 17.

⑦ 在诺曼底公爵纪尧姆·勒巴塔尔（Guillaume le Bâtard）征服英格兰的 11 世纪中期，就有使用间谍刺探军情的记载。只是勒巴塔尔作为英王，他与法王平起平坐，作为诺曼底公爵，他又是法王的附庸，这种亦主亦仆的二元身份导致了英法两国的长期纷争，也使得学者们对诺曼底公国的历史定位争论不休，故在追溯法国情报工作时，这段时期往往被排除在法国情报史之外。

⑧ Eric Denécé, *Les services secrets français sont-ils nuls?* Paris: Ellipses Editions Marketing, 2012, p. 176.

十一被公认为“首位富有情报意识的法国君主”[①]，也正是在他的主政时期出现了“法国情报机构的萌芽”[②]。到了路易十三统治时期，其首相阿尔芒·让·杜·普莱西·德·黎塞留（Armand Jean du Plessis de Richelieu）更加重视情报的作用，并建立起法国历史上第一个近代意义上的情报机构，而当时负责拦截和解密邮政通信的“黑屋”[③] 对平定贵族与新教徒叛乱、维护路易十三的君主专制统治发挥了十分关键的作用[④]。“黎塞留因此成为法国情报界的‘鼻祖’，被尊奉为法国情报界的开山宗师。”[⑤] 在路易十四治下，“黑屋”的情报技艺被继续发扬光大，而路易十五更是动用个人金库成立了“一个真正的情报与行动机构”[⑥] ——“国王的秘密”[⑦]，此外还组建了一个相当活跃的军事情报机构，为法军参与“奥地利皇位继承战争”（1740—1748 年）提供了重要支持[⑧]。1774 年登基的路易十六继续沿用“国王的秘密”，特别是通过向美军提供情报和武器援助，

---

① 路易十一崇尚“没有战斗的战争”，竭力避免强强对抗，情愿利用强大的军事与政治实力制造威慑效应。他建立了一个主要由其私人顾问菲利普·德·科米纳（Philippe de Commynes）和奥利维耶·勒丹（Olivier le Daim）及炮兵军官特里斯坦·莱尔米特（Tristan L'Hermite）等人领导的出色情报网，通过各种间谍活动对敌实施突然打击或者“不战而屈人之兵”，最终使妄图建立独立王国的勃艮第公爵“大胆查理”（Charles le Téméraire）兵败被杀，瓦卢瓦王朝随之逐步将勃艮第公国收归王室，使其真正成为法国的领土。

② Eric Denécé, *Les services secrets français sont-ils nuls?* Paris: Ellipses Editions Marketing, 2012, p. 176.

③ “黑屋”为法语 le Cabinet noir 的直译，有的学者译作“暗室”或“黑色班底”。

④ 为了加强对外扩张、谋求欧洲大陆均势，法国直接卷入了起因于日耳曼神圣罗马帝国新旧教派冲突的“三十年战争”（1618—1648 年）。黎塞留通过发展德意志间谍进行拉拢与挑拨，最终使神圣罗马帝国的军队大元帅阿尔布雷赫特·冯·华伦斯坦（Albrecht von Wallenstein）被皇帝费迪南二世谋杀，为法国最终赢得战争胜利、推翻哈布斯堡王朝从而确立欧洲霸权扫清了障碍。

⑤ 李利：《法兰西的狩猎人：法国情报机构揭秘》，北京：国防大学出版社，1998 年版，第 4 页。

⑥ Eric Denécé, *Les services secrets français sont-ils nuls?* Paris: Ellipses Editions Marketing, 2012, p. 180.

⑦ “国王的秘密”为法语 le Secret du Roi 的直译，该机构编配 30 余人，秘密运作近 20 年，先后由孔蒂亲王路易－弗朗索瓦·德·波旁（Louis-François de Bourbon, prince de Conti）和多语言学者让－皮埃尔·泰尔西耶（Jean-Pierre Tercier）领导。

⑧ Eric Denécé, *Les services secrets français sont-ils nuls?* Paris: Ellipses Editions Marketing, 2012, p. 180.

为美国赢得独立战争发挥了重要作用[①]。1789 年法国大革命爆发后，连年征战促使法国当局更加重视军事情报工作，尤其是拿破仑创建的总参谋部，“成为现代军事制度发展、特别是军事情报制度建立和发展的源头样板”[②]，他还组建了用以统筹各军指挥部谍报组织的保密局（le Bureau de la partie secrète），就奥地利的情报活动开展反间谍工作[③]。此外，拿破仑还向他国派遣军事专家处理军事相关业务和从事军事情报搜集[④]，由此开创了武官成为专业军事情报人员的先河[⑤]。1871 年，法国现代军事情报机构的前身——总参谋部第二局（le Deuxième Bureau）宣告成立[⑥]，该局负责调配陆军和海军的各种情报搜集手段，同时开展以德国和意大利为主要对象的外军研究，此外还管理着派驻世界各国的武官队伍。同年，法国还成立了第二局直接领导下的统计科[⑦]，专门从事军事情报的搜集。1914 年 1 月，法国将原军事密码委员会[⑧]和军事密码破译办公室[⑨]并入陆军部密码

---

① Eric Denécé, *Les services secrets français sont-ils nuls*? Paris: Ellipses Editions Marketing, 2012, p. 182.

② 刘强等：《情报工作与国家生存发展——基于西方主要国家的历史考察与思考》，北京：时事出版社，2014 年版，第 129 页。

③ （苏）E. 契尔尼亚克著，傅师译：《秘密战五百年》，北京：群众出版社，1980 年版，第 396 页。

④ 1806 年，拿破仑·波拿巴将集数学家、力学家和天文学家于一身的约瑟夫－路易·拉格朗热（Joseph-Louis Lagrange）派往维也纳的法国大使馆，负责每月向法军总参谋部和外交部报告奥军动向。

⑤ 刘强等：《情报工作与国家生存发展——基于西方主要国家的历史考察与思考》，北京：时事出版社，2014 年版，第 129 页。

⑥ 成立之初的第二局规模很小，只有 3 名军官、1 名档案员和 1 名秘书。

⑦ 1899 年，统计科（la Section de statistiques）更名为情报科（la Section de renseignement）或搜集科（la Section de recherche），后又改称情报处（le Service de renseignement，简称 SR）。

⑧ 军事密码委员会（la Commission de Cryptographie Militaire）由法军总监察官弗朗索瓦·珀内尔（François Penel）于 1900 年主导组建，当时仅有从军事机构或院校挑选而来的 4 名密码技术人才，负责实用密码的编制以及重要语言和文字的频率统计。

⑨ 军事密码破译办公室（le Bureau du Déchiffrement）于 1903 年在军事密码委员会秘书弗朗索瓦·卡蒂尔（François Cartier）少校的倡议下成立，旨在以此为基础逐步构建一体化的法国军事密码系统。

科[①]，并凭借密码破译与无线电侦听技术以及人力情报[②]和开源情报搜集手段，为法国赢得一战做出了重要贡献[③]：“在整个战争期间，（法德）交战双方曾多次会战，但没有一次出乎法军的意料之外”[④]。直至二战爆发前夕，法国第二局的军事情报工作依然比较成功[⑤]。特别是因为“恩尼格玛”密码机的成功破译，法国被视为拥有“盟国阵营中最为出色的情报机构”[⑥]。

第三，法国军事情报发展历程曲折，教训深刻。在法国大革命时期，拿破仑集政治军事决策者和情报工作领导者于一身，并未组建一个真正自主的情报机构，无论是对外情报工作还是秘密警察工作都有数个部门并存，缺乏统一的情报协调机关，加之拿破仑严重

---

① 密码科（la Section du Chiffre）于1912年7月22日正式组建，后改称密码处（le Service du Chiffre）。

② 在1915年4月22日的伊普雷（Ypres）战役中，德军首次发动的毒气战让英法联军措手不及、伤亡惨重，法国最高指挥部立即责成总参谋部第二局设法查明这种武器的性质、近期内可能做出的改进以及使用方法。在时任第二局局长夏尔·约瑟夫·杜邦（Charles Joseph Dupont）上校的领导下，该局特工夏尔·鲁西埃多（Charles Lucieto）以假身份做掩护秘密潜入德国，通过内线掌握了德国使用过的和将要使用的毒气的化学配方，并将这些情报及时送回了法国，后又成功获得一块爆炸过的毒气弹的碎片并将之带回巴黎，法国政府凭借碎片上的残留物成功检测出毒气的化学成分，随即下令立刻进行防毒面具的生产，并在凡尔登战役打响之前装备到作战部队。德国妄图通过毒气战赢得战争胜利的计划最终落空，战争的进程向着有利于协约国的方向发展，鲁西埃多也因此成为一战中“法国最成功的间谍之一”。

③ 二战期间曾担任法国情报机构要职的让-皮埃尔·阿莱姆（Jean-Pierre Alem）在其《谍海秘闻》（L'Espionnage）一书中这样总结第二局在一战时期的工作：使得协约国领袖能够及时了解德国统帅部的意图，在战争爆发前就获得了“施利芬计划”（le plan Schlieffen）的部分内容，从而预先做好了准备；能够向军队提供关于敌军防御体系以及能否超越天然障碍物的情报；能够向前线部队提供关于敌军部队、炮兵阵地以及指挥部位置的情报，在潜艇战中向英国提供了重要帮助。

④ 高金虎主编、匀宏展等著：《塞纳河畔的管子工——二十世纪法国情报机构绝密行动》，北京：东方出版社，2005年版，第8页。

⑤ 法国当时的军事情报机构除了总参谋部第二局和情报处以外，还有一个主管反间谍工作的情报集成科（la Section de centralisation des renseignements，简称SCR），该科负责在国家警察的密切配合下对外国机构的活动进行严密监视。

⑥ Eric Denécé, *Les services secrets français sont-ils nuls?* Paris: Ellipses Editions Marketing, 2012, p. 191.

依赖战役战术情报而忽略战略情报，情报综合分析与评估也有不足，在很大程度上导致了一些军事行动的失败乃至第一帝国的瓦解。此后，法国的军事情报工作出现了严重倒退，反间谍工作也基本荒芜，法国大革命以来逐步建立起的情报体系被摧毁殆尽①，可以说，“从1815年到1870年，法国不存在任何情报机构”②。所以，当恢复帝制的夏尔－路易－拿破仑·波拿巴在1870年打响普法战争后，几乎处于“全盲”状态的法国军队很快遭受了色当战役的惨败。战后，法国临时国防政府对军事情报工作进行了深刻反思，总参谋部第二局的诞生在法国军事情报史上无疑具有十分重要的意义，然而1894年9月爆发的“德雷福斯事件”③不仅造成了法国社会的严重分裂，也给法国军事情报机构带来沉重的打击，第二局在法国民众眼中成为“邪恶”的代名词。1899年，总参谋部决定对第二局进行重组，反间谍工作脱离第二局序列，转归内政部负责。同时，对外情报工作也不再是法国军事情报机构的专利，而是更多地由法国外交官员们承担。二战爆发前后，尽管第二局在整个20世纪30年代对德国的扩军备战提供了大量的准确情报，可是由于法国军方高层始终未对情报在军事行动中的关键作用形成共识，先后担任法军总司令的莫里斯·甘末林（Maurice Gamelin）将军与马克西姆·魏刚（Max-

① 法国军队当时唯一的常设信息机构是战争保管室（le Dépôt de la Guerre）下的一个统计科，负责研读国外出版的国防类著作。

② Eric Denécé, *Les services secrets français sont-ils nuls*? Paris: Ellipses Editions Marketing, 2012, p. 187.

③ 德雷福斯事件（l'affaire Dreyfus）的发生过程大致如下：当时受雇于法国情报机构的一名女佣在德国使馆工作时发现了一份有关法国120毫米火炮的详细资料，法军总参谋部由此怀疑在其内部存有德国间谍，并责成第二局对此展开调查，于是出身于犹太家庭的见习上尉阿尔弗雷德·德雷福斯（Alfred Dreyfus）成了这一案件的替罪羊，10月15日被以间谍和叛国罪逮捕并流放。然而1896年统计科重启的调查发现，真正的罪犯应该是总参谋部的另一位情报官员费迪南·瓦尔森·埃斯特拉齐（Ferdinand Walsin Esterhazy）少校。尽管法军总参谋部和陆军部为了维护各自的声誉百般阻挠和掩饰，但迫于舆论的压力，1899年6月德雷福斯案得以重审，军事法庭却再次宣判德雷福斯有罪。同年9月，希望息事宁人、期待重获自由的德雷福斯接受了时任总统埃米尔·卢贝（Emile Loubet）的特赦。1906年，在德雷福斯派人士的持续抗争下，法庭的有罪判决被彻底推翻，德雷福斯重新进入陆军任职。

ime Weygand）将军因为自己的直觉而经常不愿采信情报部门的研究成果[①]。为了引起统帅部的注意，第二局甚至走进了故意夸大德军作战能力的恶性循环[②]。此外，第二局与外交部之间缺乏情报协调，导致情报搜集渠道散乱，而且面对德国特工、间谍的渗透，反间谍工作也很不到位。这样一来，决策者的漠视和情报工作的失误导致第二局承担起法国战败的部分责任，甚至在马克西姆·魏刚将军的眼里成为“法兰西民族的罪人”[③]。最终，把安全建立在“条约”与“动员令”这“两堆纸”[④] 上的法兰西第三共和国宣告结束，第二局也最终走到了历史的尽头。

第四，法国的军事情报体制独特，迥异于其他西方国家。洛文塔尔指出，“每个国家的情报机构均为其历史、需求及首选政府结构的独特表现形式”。[⑤] 谈到法国的情报工作，原中国人民解放军国际关系学院刘强曾提到：“法国的情报体制不同于其他西方情报体制而独具特色，这与法国情报传统、社会政治体制不无关系。”[⑥] 的确，法国的军事情报体制是在几个世纪的发展过程中逐渐形成的，每个历史时期的情报工作都具有明显的时代特点，既有对先前情报经验的继承与创新，也影响着其后的情报思想与实践。当前，法国的军事情报机构主要包括三个，即对外安全总局（la Direction générale de

① 美国著名军事历史学家道格拉斯·泊什（Douglas Porch）曾说，“甘末林与魏刚一样，都认识到自己的主要任务是要保持法军现有的、可被公众接受的组织形式和作战思想，在这样的政治环境下，情报几乎不可能对决策产生多大的影响”。刘金和、高金虎主编：《第二次世界大战情报史》，北京：解放军出版社，2009 年版，第 55 页。

② 1938 年，第二局认为德军的坦克数量在 7000—7500 辆，但实际上仅有 2500 余辆；1939 年，第二局估计德军有 9000 架飞机，实际上能投入战斗的德军飞机不超过 3500 架。

③ 高金虎主编、勾安展等著：《塞纳河畔的管子工——二十世纪法国情报机构绝密行动》，北京：东方出版社，2005 年版，第 5 页。

④ 纽先钟：《第二次世界大战的回顾与省思》，桂林：广西师范大学出版社，2003 年版，第 82 页。

⑤ （美）马克·洛文塔尔著，杜效坤译：《情报：从秘密到政策》，北京：金城出版社，2015 年版，第 455 页。

⑥ 刘强等：《情报工作与国家生存发展——基于西方主要国家的历史考察与思考》，北京：时事出版社，2014 年版，第 198 页。

la sécurité extérieure，简称 DGSE）、军事情报局（la Direction du renseignement militaire，简称 DRM）和防务情报与安全局（la Direction du renseignement et de la sécurité de la défense，简称 DRSD）。其中，对外安全总局的职能、任务与拿破仑时代的保密局颇为相似，主要负责向国外派遣特工人员，开展谍报活动和反间谍工作，但它在继承中已发展成法国的中央情报机构，名义上受国防部长领导，但实际权力掌握在总统手中，这与英国的对外情报机构军情六处（Military Intelligence，Section 6，简称 MI6）向外交大臣负责的情形不同。军事情报局可以追溯到法兰西第一帝国时期的参谋部体制与军事情报管理方式，其主要使命是战场情报支援，即搜集和处理关于外军战役部署的军事情报，而且与美国的国防情报局（Defense Intelligence Agency，简称 DIA）隶属于主管情报的国防部副部长不同，法国军事情报局接受总参谋长的直接领导。国防部长领导下的防务情报与安全局负有军事反情报任务，但它还有一项独有的职能，即"对武装部队实行政治监视，确保武装部队的政治可靠"[①]。这一职能可以追溯到法国大革命时期，当时设有所谓的"军代表"（les représentants aux armées），用以监视军队指挥官，法军的这种情报机构设置也反映出军队偶尔会干涉或威胁干涉法国政治生活的客观情况[②]。

第五，冷战后法国对其军事情报体制进行了不间断的调整与改革，既有成效也有不足。作为情报体系与组织制度，情报体制一经形成即具有相对的稳定性，而且"只有稳定的情报体制才能为国家和军队提供稳定和准确的情报保障"[③]，但依据国家安全形势和任务的变化，它毕竟有一个形成、发展、再形成和再发展的过程，是

① （美）马克·洛文塔尔著，杜效坤译：《情报：从秘密到政策》，北京：金城出版社，2015 年版，第 467 页。

② 1962 年，法国与阿尔及利亚签署了《埃维昂协议》（les Accords d'Evian），不愿看到阿尔及利亚独立的法国"秘密军组织"（l'Organisation armée secrète，简称 OAS）发动了一系列暗杀戴高乐总统等法国政要的恐怖行动。不过在此之后，军队干涉法国政治生活的情形再也没有发生过。

③ 干亮：《俄罗斯联邦情报管理体制分析》，《情报杂志》，2015 年第 9 期，第 20 页。

“对已有情报体制中的适应部分进行继承、发扬和对阻碍部分进行改革、创新的结果”①。自20世纪90年代以来，随着信息化时代的来临以及战争形态与作战样式的变化，“从两眼一抹黑过渡到战场上的千里眼成为军事革命的核心内容之一”②，军事情报斗争不仅没有随着冷战的结束而结束，反而“在从和平到战争的全范围内军事行动中持续进行”③。在此背景下，法国对其军事情报体制进行了循序渐进的调整与改革，以优化情报组织机构的布局，更好地推动军事情报事业的发展。特别是随着地区冲突的频发和潜在风险的增加，冷战后法国的对外军事行动（les opérations extérieures，简称OPEX）更加频繁，短短的20来年竟达冷战前的数倍之多④，而且呈现出全方位的特征⑤。加之近些年来反恐斗争形势日益严峻，法国军队已将打击恐怖主义视作自身的一项重要使命，并在法国本土和境外的马里、伊拉克和叙利亚等地开展了一系列大规模的反恐行动。为了实现“兵力的节约”与“行动的自由”⑥，法军必然要通过事先的考察、分析和判断来做好对外军事行动的准备。正如法国军事理论家安德烈·博福尔（André Beaufre）所说，“获得充分的情报、培养远见卓

---

① 刘强等：《情报工作与国家生存发展——基于西方主要国家的历史考察与思考》，北京：时事出版社，2014年版，第193页。

② （美）比尔·欧文斯著，胡利平，李耀宗等译：《拨开战争的迷雾》，北京：国际文化出版公司，2001年版，第98页。

③ 任国军：《美军联合作战情报支援研究》，北京：军事科学出版社，2010年，第68页。

④ 1964年2月18日，刚刚结束阿尔及利亚战争的法国根据相关合作与援助协定，派遣军队前往加蓬共和国，帮助在军事政变中遭到废黜的总统莱昂·姆巴（Léon Mba）恢复权力，由此拉开了法国长达50多年的对外军事行动的序幕。根据法国2011年9月公布的《“对外军事行动阵亡将士纪念碑”工作小组报告》（Rapport du groupe de travail：Momument aux morts en opérations extérieures）统计，从军事干预到常规战争，从人道主义救援到海外撤侨行动，法国军队在半个世纪的时间里共计开展各类对外军事行动200余次。不过，在20世纪90年代以前，由于北约与华约两大阵营的对垒而使法军的境外部署相对有限，对外军事行动仅有30来次，且主要集中在非洲。

⑤ Bernard Thorette，*Rapport du groupe de travail：Momument aux morts en opérations extérieures*，Ministère de la défense et des anciens combattants，septembre 2011，p. 24. http：//www. ladocumentationfrancaise. fr/var/storage/rapports-publics/124000016. pdf.

⑥ （法）安德烈·博福尔著，军事科学院外国军事研究部译：《战略入门》，北京：军事科学出版社，1989年版，第21页。

识是必要的。这两个要求意味着今天必须集中力量和不惜耗费，以创立高度有效的情报和研究组织。”①

综上所述，法国是欧洲一个传统的政治和军事大国，在奠定和维持这种国际地位的过程中，军事情报发挥了重要作用，形成了悠久的情报传统，同时也有过情报工作的失误，留下了深刻的历史教训。特别是冷战结束以来，法国在继承与创新情报传统的基础上，通过持续的改革来优化和完善军事情报体制，不仅反映了情报改革的一般规律，其改革的得失也有着十分重要的启迪作用。“他山之石，可以攻玉”。当前，中国正在努力实现强军目标、全面建成世界一流军队，尤其需要博采众长、兼收并蓄，善于学习借鉴外军改革中好的做法，从而深化对新形势下军事力量建设和运用规律的认识，并立足世情、国情和军情加以创造性的运用。这正是本书着眼于我国深化国防和军队改革大背景下的情报工作改革，以冷战后法国军事情报体制改革为题开展研究的缘由。

二、研究目的与意义

（一）研究目的

冷战后，国际社会对情报机构作用和地位的认识进入一个新的高度。法国同样也不例外，在进一步明确情报机构作用与地位的情况下，法国加快了情报工作各方面的改革，以切实提高效率与战斗力。那么，具体到构建适应新军事斗争与安全工作形势的军事情报体制时，法国如何因应冷战后不断变化的内外形势对其进行调整和改革？若将冷战后的近30年作为一个整体来观察，法国的军事情报体制改革经历了一个怎样的过程？各个时期的改革重点、举措有哪些变化，取得了哪些成效，存在着哪些不足，面临着哪些挑战？这种改革的得失又给我国民族复兴、和平崛起过程中的军事情报工作

---

① （法）安德烈·博福尔著，军事科学院外国军事研究部译：《战略入门》，北京：军事科学出版社，1989年版，第37页。

以怎样的借鉴与启示？通过描述、分析冷战后法国军事情报体制改革的历史事实，进而对这一系列疑问尽量做出较为清晰和准确的回答，正是本书研究的目的所在。

（二）研究意义

1. 学理价值

目前，国内外学界的大国情报研究很不平衡，研究对象以美国、俄罗斯等国为主，针对冷战后法国军事情报工作的研究成果本就不多，而有关法国军事情报体制改革的研究更是少之又少。梳理法国在冷战后的不同时期优化军事情报体制的系列做法，分析、提炼其特点，总结、归纳其规律，对于大国军事情报工作研究具有基础性意义。

第一，研究冷战后法国的军事情报工作，有助于客观认识法国历史、尤其是军事历史。如前所述，法国的军事情报工作源远流长，不仅致力于处理国际关系、维护国家安全，而且愈来愈成为军队战斗力的重要组成。作为西欧第一军事大国和世界军事强国，法国为了应对不稳定和不确定的世界局势、确保对外军事行动的顺利开展，一直不断地提升军事情报工作的定位，完善军事情报体制的构建，寻求军事情报理论与实践的发展与创新。法国历史学家朱尔·米什莱（Jules Michelet）曾说："谁若是仅关注现在和眼下，谁就不能理解现实。"[①] 聚焦冷战后二三十年的法国军事情报工作，探讨信息化战争形态下情报斗争与对抗的表现方式与作用，可以帮助我们搞清事实、还原历史真相，更加客观地认识法国的军事历史，理解情报工作在政治、军事和外交决策中的重要作用。

第二，研究冷战后法国军事情报体制改革，有助于揭示信息化条件下情报工作发展的一般规律。"情报体制问题是决定国家情报能力、情报机构运作方式的至为重要的因素，一个国家情报能力如何，

---

① （法）马克·布洛克著，黄艳红译：《历史学家的技艺》，北京：中国人民大学出版社，2011 年版，第 55 页。

情报机构如何运转，情报工作是否成熟，情报生产和使用是否协调，都与该国的情报体制息息相关”①。法国的军事情报体制独具特色，“每个情报机构所采用的组织形式，可以或应当能够满足本国决策者的独特情报需求”②。研究20世纪90年代以来的法国情报机构设置与构成、领导指挥关系以及各级情报组织的职能与内部组织制度，对于认识法国情报战略和情报力量建设方针的演变，探索情报活动的规律，都具有十分重要的意义。

2. 现实意义

2015年8月，中华人民共和国主席习近平在致第二十二届国际历史科学大会的贺信中指出，“历史研究是一切社会科学的基础，承担着‘究天人之际，通古今之变’的使命……重视历史、研究历史、借鉴历史，可以给人类带来很多了解昨天、把握今天、开创明天的智慧”。③ 具体到军事情报史的研究，其不仅仅是一门书斋学问，更对现实的情报工作和情报斗争有着极其重要的意义。洛文塔尔说，“研究外国情报机构的运作方式对我们大有裨益，这既是探究其他情报选择的一种方式，也可以让美国的情报界通过借鉴而获益”④。可见，研究法国军事情报体制改革必然具有较强的现实意义。

第一，研究冷战后法国的军事情报体制改革，有助于借鉴法国调整与优化情报体制、夯实与强化国家安全的有益经验。历史上法国毕竟充当过欧洲霸主和世界霸主，尽管法国历史学博士尼古拉·巴弗雷的《法国在跌倒》⑤ 一书使得“法国衰落论”一度甚嚣尘上，

---

① 孙建民：《论军事情报史研究》，《情报学刊》，2015年第2期，第4页。

② （美）马克·洛文塔尔著，杜效坤译：《情报：从秘密到政策》，北京：金城出版社，2015年版，第494页。

③ 朱绍侯：《历史研究的使命》，《人民日报》，2016年5月31日第7版。

④ （美）马克·洛文塔尔著，杜效坤译：《情报：从秘密到政策》，北京：金城出版社，2015年版，第455页。

⑤ 尼古拉·巴弗雷（Nicolas Baverez，1961—），法国随笔作家、评论家，著有《法国在跌倒》（La France qui tombe）、《法国别来无恙?》（Comment va la France?）、《大洪水之后：全球化的重大危机》（Après le déluge：la grande crise de la mondialisation）等书。

但不容否认的是，法国始终是欧亚大陆新政治版图上的“五个关键的地缘战略棋手”①之一。冷战后，法国一直通过改革不断完善其独特的军事情报体制，不断加大情报机构和手段的协调与互助，逐步构建起独立的图像情报及信号情报能力，成为“欧盟内部唯一实现情报自主的国家”②。此外，正如法国前总统雅克·希拉克所言：“未来世界是危险的，它需要法兰西这个和平与自由的使者。”③冷战后的法国为了维护国家安全、履行国际义务，始终在全球范围内开展着大范围、高密度的对外军事行动，这为法国军事情报理论的实践与创新提供了广阔的平台。不难看出，强大的军事实力和重要的政治地位为法国的情报建设提供了有力支持，高效的情报工作为法国谋求地区主导地位和全球地位提供了扎实保障。在中国国力突飞猛进、争取更大国际地位和话语权的今天，我们要登高望远、见微知著，通过研究冷战后法国的军事情报体制改革，学习和借鉴法国军事情报工作的合理成分，并结合我军的具体实际，不断优化军事情报工作，提高军事情报效益。

第二，研究冷战后法国的军事情报体制改革，有助于汲取法国违反情报科学原理、有损情报战略职能的深刻教训。尽管冷战后法国在继承和发扬优良情报传统的基础上做出了很大努力，从而推动了法国军事情报工作的大发展，并获得了包括美国在内的各国情报学界的高度认可；但其情报思想和实践尚存在着很大的局限性，特别是在情报文化、情报与决策的关系、情报协调与控制等方面都或多或少地有悖于情报科学的基本原理，在一定程度上削弱了情报服务决策、支援作战、保障安全的应有职能。法军前总参谋长让-路易·若热兰④曾批评法国军事情报局与其说是一种“军事工具”，不

① （美）兹比格纽·布热津斯基著，中国国际问题研究所译：《大棋局：美国的首要地位及其地缘战略》，上海：上海世纪出版集团，2007 年版，第 35 页。

② Eric Denécé, *Les services secrets français sont-ils nuls*? Paris: Ellipses Editions Marketing, 2012, p. 304.

③ 蔡方柏：《从戴高乐到萨科齐》，上海：上海辞书出版社，2007 年版，第 187 页。

④ 让-路易·若热兰（Jean-Louis Georgelin）于 2006—2010 年担任法军总参谋长。

如说是一种“政治产物”[①]。2011年，法国对外安全总局前局长克洛德·西尔伯灿[②]也对国防部下属的这一对外情报机构大加指责：“数年来，情报机构的行动业绩从未有如此之差！”[③] 所以，通过研究冷战后法国的军事情报体制改革，我们应当对其成败得失形成科学的认识和判断，在借鉴其有益经验的同时，也需要对其局限性和不合理因素加以客观分析，使其成为有价值的戒律，为我国当今的军事情报理论与实践提供有益的启示，从而科学决策、与时俱进，高起点、全方位地谋划我国的军事情报工作。

第三，研究冷战后法国的军事情报体制改革，有助于把握法国军事情报工作的新动向，提高我军情报工作的应对能力，更好地维护我国的国家安全。一方面，本土远离亚太的法国在地理上其实也是一个太平洋国家[④]，法国广达1100万平方千米的专属经济区的62%就位于太平洋，正是基于在亚太地区的广泛利益，法国历来都很关注这一地区的安全形势，并在此积极开展各类活动。特别是近年来，为了配合美国的“亚太再平衡”战略，法国更是通过防务合作、军火贸易、联合军演等形式积极发展与中国周边国家之间的战略关系，力图确保法国和欧洲在该地区“常规和可见的存在”，这种对亚太地区的影响和对我国国家安全的挑战不能不引起我们的高度关注。另一方面，非洲是法国在海外传统影响最深、经营时间最长、经济利益最集中的区域，法国始终将非洲置于其整体军事战略中的关键地位，在此一直保持着军事存在，特别是冷战后法国对非洲地区的干预频率不降反增，积极扮演着“非洲宪兵”的传统角色。而

---

① Gérald Arboit, *La Direction du renseignement militaire a 15 ans*: *les moyens d'une ambition ratée*, http://www.cf2r.org/fr/notes-de-reflexion/la-direction-du-renseignement-militaire-a-quinze-ans-les-moyens-dune-ambition-r.php.

② 克洛德·西尔伯灿（Claude Silberzahn）于1989—1993年担任对外安全总局局长。

③ Eric Denécé, *Les services secrets français sont-ils nuls*? Paris: Ellipses Editions Marketing, 2012, p.17.

④ 法国在南太平洋地区拥有法属波利尼西亚（la Polynésie française）、新喀里多尼亚（la Nouvelle-Calédonic）、瓦利斯和富图纳群岛（Wallis et Futuna）等海外领土。

中非关系也源远流长，特别是进入21世纪以来，我国与非洲的合作愈发成熟稳健，在给非洲国家带来发展机遇的同时，我国在非洲大陆也拥有越来越广泛的利益，开展有效军事行动以保护海外利益已势在必行，这极可能引起西方国家特别是法国的不适，甚至在许多方面存在着冲突与竞争。基于这些背景，研究冷战后法国军事情报体制改革，总结其基本规律，掌握其基本特点，从而有的放矢，筑起防泄密、反渗透的高墙，确保我国在军事斗争和情报竞争中掌握主动。

三、研究现状

（一）国外研究现状

西方以历史研究为基础的情报研究始于20世纪50年代，目前在英语世界已经成为社会科学研究的一个组成部分，并为情报理论的研究打下了坚实的基础，而且对法国情报工作的学术性研究也是首先由英国学者完成的[①]。不过在法国，前情报机构人员、军人和新闻记者早期也分别推出了一些回忆录和情报类文章或著作：1954年，法国总参谋部第二局前局长莫里斯-亨利·戈谢（Maurice-Henri Gauché）出版了《工作中的第二局（1935—1940年）》（Le Deuxième Bureau au travail（1935—1940））；1967年，军人出身的法国作家米歇尔·加德尔（Michel Garder）出版了《法国特种机构的秘密战争（1935—1945年）》（La Guerre secrète des services spéciaux français（1935—1945））；1978年，曾任法国远东远征军指挥官的亨利·纳瓦尔（Henri Navarre）与情报处特工合作出版了《情报机构（1871—1944年）》（Le Service de Renseignements（1871—1944））；1988年，法国总理的安全与情报问题技术顾问康斯坦丁·梅尔尼克（Constantin Melnik）出版了《在马提翁的1000个日子》（1000 jours

① Eric Denécé, *Les services secrets français sont-ils nuls?* Paris: Ellipses Editions Marketing, 2012, p. 34.

à Matignon)；等等。然而，与英美学界相比，“在 20 世纪 90 年代以前，致力于情报研究的法国高校学者凤毛麟角，相关的学术成果也近乎一片空白”①。直到冷战结束后，特别是在经济竞争加剧、经济情报重要性凸显的带动下，法国军政高层和社会公众越来越意识到情报在国家安全中的重要作用，由此带动了法国学术领域的情报研究，“长期遭受法国学术精英冷眼的情报学掀起了一场名副其实的复兴运动”②。

相对而言，国外学界对冷战后的法国情报研究或多或少地从宏观上触及了法国的情报体制问题，但数量不多，且各有缺憾。2004 年，曾在法国对外情报机构任职 30 年的情报官员、分析师克洛德·富尔（Claude Faure）出版了《为共和国服务：从情报与行动中央局到对外安全总局》(Aux services de la République. Du BCRA à la DGSE)。该书从 1940 年 7 月戴高乐在伦敦创建情报与行动中央局(le Bureau central de renseignements et d'action，简称 BCRA)，到 1945 年 12 月成立国外情报暨反间谍局（le Service de documentation extérieure et de contre-espionnage，简称 SDECE)，再到 1982 年改组成立对外安全总局，详细阐述了法国这一对外情报机构的发展与演变，从引起轰动的“格拉迪奥”情报网③到对苏联休眠特工的严密追捕，揭示了冷战对法国情报机构的深远影响。此外，该书还特别提到了法国政府情报协调机关的成立过程以及议会议员培育法国情报文化的不懈努力，只是这部史学著作主要以对外安全总局为描述对象，对包括军事情报局在内的其他情报机构只能做简单的穿插介绍，更

---

① Eric Denécé, *Les services secrets français sont-ils nuls*? Paris: Ellipses Editions Marketing, 2012, p. 34.

② Eric Denécé & Gérald Arboit, *Les Etudes sur le renseignement en France*, CF2R, Rapport de Recherche No. 8, Novembre 2009, p. 4.

③ 1948 年，美国牵头在欧洲所有北约成员国建立起一个庞大的组织——“留在后方”(Stay Behind)，其初衷是同时依托于成员国的秘密情报网络来抵抗苏联的入侵威胁。1990 年 10 月 24 日，意大利总理朱利奥·安德烈奥蒂（Giulio Andreotti）对这一组织在意大利的分支机构“格拉迪奥”(Gladio) 情报网进行了公开披露，世界舆论为之哗然。

何况研究的时间跨度主要局限于20世纪。2006年，法国埃德蒙·当泰斯出版社（Editions Edmond Dantès）出版了帕斯卡尔·容冈①的著作《从议会的视角看法国情报机构》（Les services de renseignement français sous l'oeil du Parlement），作者在简要介绍当时法国“五局俱乐部”② 中的五大情报机构并考察2001—2006年间各机构编制与预算的基础上，既回顾了法国情报协调工作的历史，又探讨了情报控制因为保密而面临的困境，特别是对情报私有化给民主带来的风险提出了警示。相对于本文的研究，该书的研究对象重在法国情报工作的控制，且时间范围限于2006年以前，对2007年以来陆续进行的情报改革未予涉猎。2010年，从1984年起供职于对外安全总局的法国海军军官皮埃尔·西拉米（Pierre Siramy）与《查理周刊》（Charlie Hebdo）记者洛朗·莱热（Laurent Léger）合作出版了《在情报机构里的25个春秋》（25 ans dans les services secrets），回顾了对外安全总局经历的历次丑闻和重大事件，也对该局的人力与技术手段以及“线人”的招募方式进行了描述，只是在情报体制方面难有细致的描绘。2011年，英国大西洋理事会和皇家地理学会会员格勒·塞吉尔（Glen Segell）推出一部题为《法国秘密机构》（The French Secret Services）的著作，作者基于法国对“情报”术语的选择③对该国情报工作的独特性做了一定的说明，并选取“组织结构”“法律基础”“制度设立”和“政府控制与管理”作为变量，对当时的法国情报机构的概貌进行了描述性分析，只是对冷战后法国情报

① 帕斯卡尔·容冈（Pascal Junghans）为法国经济和金融日报《论坛报》（La Tribune）的记者。

② “五局俱乐部”（le Club des Cinq）包括当时的对外安全总局、军事情报局、防务安全保护局（la Direction de la protection et de la sécurité de la défense，简称DPSD，即防务情报与安全局的前身）、综合情报中央局（la Direction centrale des Renseignements généraux，简称DCRG或RG）和领土监护局（la Direction de la surveillance du territoire，简称DST）。

③ 与英美国家用“intelligence”来表达“情报”不同，法国拒用该词而始终使用“renseignement”，尽管法语中也有“intelligence”一词且词义大体相同。不过在表达“经济情报”时，法国又转而使用“intelligence”，称之为“intelligence économique”。法国学者们常常批评说，正是因为“情报”术语的不同选择而导致了法国情报文化的缺失。

工作的发展与演变很少涉及。2012 年，法国情报研究中心[①]主任埃里克·德纳塞（Eric Denécé）在埃里普斯出版社（Ellipses Edition Marketing）出版了《法国秘密机构真的一无是处?》（Les services secrets français sont-ils nuls?）一书。作者在区别情报术语概念、厘清情报与信息关系、明确情报目的与职能的基础上，首先回顾了法兰西第五共和国成立以来国家最高决策层不懂情报、漠视情报甚至使情报沦为政治工具的历史，揭示了法国从政治经济精英到军队高层指挥、从警察部门到行政机构、从新闻媒体到高等院校整个社会情报文化的严重缺失，继而罗列了法国情报机构在不同的历史时期不为人知的光辉业绩，特别是对 20 世纪 90 年代至 2008 年的法国情报改革进行了较为翔实的介绍与评价，在肯定了法国情报机构出色能力的同时，也指出了法国情报界的种种局限。由于讨论的是整体的法国情报工作，所以该书在冷战后法国的军事情报改革问题上难有深入论述，且受制于出版时间而对 2008 年以来的情报改革同样不能触及。此外，法国国际关系研究所[②] 2017 年 1 月发表了一份由约瑟夫·昂罗丹[③]撰写的题为《军事情报的调整：拨开战争的迷雾?》（Les mutations du renseignement militaire：Dissiper le brouillard de la guerre?）的研究报告，该报告重在结合军事革命背景，从作战层次反思法国军事情报工作存在的问题，缺乏对战略层次情报工作的探讨，对现实问题的对策也过于宏观、不够具体。

不过，20 世纪 90 年代以来，国外学界从事的法国情报研究更多地聚焦于冷战结束以前的法国情报机构或情报工作，或是从个体上描述，或是从总体上研究。本着“彰往考来”的原则，此处不妨将

---

① 法国情报研究中心（le Centre français de recherche sur le renseignement，简称 CF2R）成立于 2000 年，是一家独立的法国智库，专业从事情报历史、政策与技术方面的研究。

② 国际关系研究所（l'Institut français des relations internationales，简称 IFRI）成立于 1979 年，也是一家独立的法国智库，主要从事国际问题分析。

③ 约瑟夫·昂罗丹（Joseph Henrotin）为法国政治学博士，在国际风险分析与预测中心（le Centre d'analyse et de prévision des risques internationaux，简称 CAPRI）和比较战略研究所（l'Institut de stratégie comparée，简称 ISC）从事研究工作。

与本书研究间接相关的若干成果作一罗列和概括。1993 年，英国拉夫堡大学马丁·科尼克（Martyn Cornick）博士与诺丁汉大学学者彼得·莫里斯（Peter Morris）合作出版了《法国秘密机构》（The French Secret Servius），按时间顺序并结合法国内外的历史因素，从法国中世纪的情报工作发端到 20 世纪 80 年代的“绿色和平组织事件”①，对法国情报机构的发展历程进行了详细研究。1995 年，美国著名军事历史学家道格拉斯·泊什出版了《法国秘密机构：一部从“德雷福斯事件”到海湾战争的法国情报史》（The French Secret Services：A Histroy of French Intelligence from the Dreyfus Affair to the Gulf War），作者基于对法国政治文化和大国抱负的深刻认识，在梳理19 世纪90 年代至20 世纪90 年代法国情报机构百年发展史的基础上，从情报的角度对法国政治与军事上的历次胜败得失进行了深度解读，被公认为英语世界最有成就的法国情报史著作。而在这一时期的法国，有关情报机构的出版物更多的是前情报人员或政治领导人的回忆录式的著作。1995 年，刚刚卸任对外安全总局局长的克洛德·西尔伯灿出版了《在秘密的中央：主导对外安全总局的 1500 个日夜》［Au coeur du secret，1500 jours aux commandes de la DGSE (1989 - 1993)］，对这一对外情报机构进行了“不预设立场”的描述和分析，也反映了法国当时的地缘政治战略。1998 年，法国阿尔班·米歇尔出版社（Albin Michel）推出《一名极其平凡的间谍——国外情报暨反间谍局的历史》（Un Espion très ordinaire：L’histoire vue du SDECE）一书，根据该局前特工让—皮埃尔·勒努瓦（Jean-Pierre Lenoir）的亲身经历，对国外情报暨反间谍局的内幕和活动进行了披露。2010 年，曾于 1988—1991 年担任法国政府总理的米歇尔·罗卡尔（Michel Rocard）出版了《“如果你们觉得这好玩的话……”：我的功过史》（Si ça vous amuse...：Chronique de mes faits

① 绿色和平组织事件（l’Affaire Greenpeace），指 1985 年 7 月法国情报机构特工炸毁了绿色和平组织的旗舰“彩虹勇士”号（le Rainbow Warrior），以破坏该组织对法国南太平洋核试验的阻挠。

et méfaits)，作者围绕时任总统弗朗索瓦·密特朗针对情报行动而说出的这句模棱两可的话语，对自己任职期间在情报领导、协调方面的各项工作进行了回顾，反映了冷战结束前后法国在情报改革方面的努力与思考。

除此之外，法国国防部1945年创刊的《军史杂志》（Revue historique des armées）为军内外的学者提供了广阔的学术平台，如2006年埃玛纽埃尔·布罗（Emmanuelle Braud）发表了《1916年以来的法国军事经济情报》（Le renseignement économique militaire en France à partir de 1916），2010年奥塞阿娜·祖贝尔迪亚（Océane Zubeldia）发表了《法军和无人机在侦察任务中的使用（从1960年至科索沃冲突）》（L'armée française et l'utilisation des drones dans les missions de reconnaissance，de 1960 au conflit du Kosovo），等等。另一方面，法国高等院校有越来越多的以军事情报为研究对象的硕士、博士学位论文陆续通过答辩，如1998年亚历山大·奥利耶（Alexandre Ollier）的《赢得1914—1918年战争期间密码战的法国》（La France gagne la guerre des codes secrets 1914 – 1918），2006年安娜－奥箩尔·安甘贝尔（Anne-Aurore Inquimbert）的《盟国特种机构在管控法国国内抵抗运动中的角色》（Le rôle des services spéciaux alliés dans le contrôle de la Résistance intérieure française），等等。另外，以法国情报研究中心为代表的许多智库不断推出情报研究方面的网络文章或研究报告，其中尤以曾在法国国防高级研究院（l'Institut des hautes études de Défense nationale，简称IHEDN）任职、现任法国情报研究中心研究部主任的热拉尔德·阿尔布瓦（Gérald Arboit）最为活跃，如2008年撰写了《法国军事密码技术的诞生》（L'émergence d'une cryptographie militaire en France），2009年撰写了《第二帝国时期的军事情报》（Le renseignement d'intérêt militaire sous le Second Empire），等等。然而，正如每篇文章的题目所表示的那样，这些成果也大多都是对冷战前法国情报活动的研究，而且也没有专门涉及法国的军事情报体制。

（二）国内研究现状

不可否认，对法国的军事研究长期以来是我国学界较为忽视的领域，至于对法国军事情报工作的研究更是凤毛麟角，不仅地方学者绝少涉足，军方学者对这一领域的研究也不够深入。当前，我国学界描述、研究或涉及法国情报工作的成果大致分为以下四类：

首先是军方学者的法国情报体制专题研究。2003 年，军事科学出版社出版了由原解放军国际关系学院刘宗和与高金虎主编的《外国情报体制研究》，其中在有关法国的章节里，编者通过情报体制的演变来研究法国情报工作的发展，分析了影响法国情报体制的主要因素，阐述了情报体制与决策体制的关联。2006 年，在原解放军外国语学院攻读硕士学位的王军辉的毕业论文《二战后法国情报体制研究》立足于战后法国情报发展的实际，在简要回顾法国情报发展历程的基础上，着重介绍了冷战中法国情报工作的主要情况和冷战后法国情报体制改革的背景与举措，并对“二战”后法国情报体制改革的特点进行了总结。上述两项研究成果的局限在于囿于写作时间，未能对 21 世纪以来的法国情报体制进行研究。2013 年，时事出版社出版了原解放军外国语学院高振明撰写的《法国情报组织揭秘》，该书循着法国现代情报体制建立与发展的脉络，对法国情报工作的历史进行了梳理，对深远影响了法国情报工作的重要历史人物和重大历史事件进行了描述，特别是对冷战结束以来法国情报工作的调整与改革进行了探究，同时对新时期法国情报人员的招募、培训与管理进行了介绍，最后对未来法国情报工作的发展进行了展望，只是该书包含的法国情报体制方面的内容均是宏观性的研究，并非是对冷战后法国军事情报体制的专题研究。2014 年，在原解放军国际关系学院攻读硕士学位的邬进平的毕业论文以《冷战后法国情报体制改革研究》为题，对改革前法国情报体制面临的困境、影响法国情报体制改革的主要因素以及冷战后法国情报体制改革的内容、效果和启示进行了较为深入的专题研究，只是该文的研究主要局限于法国情报体系的国家与政府层面，且未能对军事情报进行深入介绍，至于军种侦察情报力量更是基本没有涉及。

其次是军方学者的法国情报史著作。1998 年，国防大学出版社出版了李莉的《法兰西的狩猎人：法国情报机构揭秘》一书，该书按时间顺序，从公元 13 世纪欧洲战场的法国秘密情报战一直写到冷战后的法国经济情报工作。2005 年，东方出版社出版了由高金虎主编的《塞纳河畔的管子工——二十世纪法国情报机构绝密行动》，该书从二战期间希特勒对法国的入侵、法兰西第三共和国的溃败写起，一直写到冷战后产业间谍的兴起和法国情报机构新坐标的定位。这两部著作重点将法国情报史上的重要人物和重大事件列为写作对象，再现了情报人员在政治、军事、外交斗争中的智慧与作用，虽然在历史描述中反映了法国情报机构建设与发展的大致脉络，但毕竟均是“以文学之笔状描历史”，而非法国情报体制的学术研究，更何况因写作时间有限而不能全面反映冷战后法国军事情报工作的演变。

再次是军地学者的情报领导机构或情报理论研究。2014 年 3 月，时事出版社出版了复旦大学法国研究中心副主任张骥主编的《世界主要国家国家安全委员会》，该书第四章从产生背景、历史沿革、法律基础、政治地位、职权功能、组织结构与运作几个方面对法国国防与国家安全委员会进行了较为全面的研究，虽然针对的只是法国国家层面的单个情报领导机构，但对本书关于法国情报体制中领导关系的研究具有一定的参考价值。同年 11 月，时事出版社出版了刘强等撰写的《情报工作与国家生存发展——基于西方主要国家的历史考察与思考》，虽然该书的第二部分“情报工作与拿破仑帝国的兴亡（1799—1815）”只是以法国大革命时期、尤其是法兰西第一帝国的情报工作为研究对象，但作者高度概括了拿破仑帝国情报工作对法国情报体制的影响，并对这一时期的情报工作所带来的启示与思考进行了系统总结，这对本书的研究同样具有较好的借鉴意义。

最后是我国出版界或安全部门引进和翻译的法国情报机构前特工回忆录。1981 年，世界知识出版社翻译出版了由国外情报暨反间谍局第 7 处处长勒鲁瓦 - 芬维尔（Le Roy-Finville）口授、作家兼记者菲利普·贝尔内（Philippe Bernert）记叙的《谍海孤舟——法国情报部门一个负责人的自述》（SDECE，Service 7：L'extraordinaire histoire du colonel Le Roy-Finville et de ses clandestins），该书详细叙述了国外情报暨反间谍局第7处在法国和世界各地从事情报工作的情况，不仅透露了这一具有浓厚军事色彩的法国情报机构的内幕，也从侧面反映了法国一定时期内对外政策的某些变化。

显然，综观国内外的研究现状，有关冷战后法国军事情报体制改革的专题研究目前尚不多见，这在一定程度上为该领域的研究提供了广阔的空间，但前期成果的匮乏又对本书研究的顺利开展带来很大的挑战，毕竟严谨的学术性研究离不开对已有权威性成果的参考与借鉴。不过正所谓“总括前踪，贻悔来世”，有关法国情报工作的这些研究成果无论是局限于20世纪90年代以前还是以后，都对本书的研究具有一定的参考价值：一方面，了解冷战结束以前的法国情报史，有助于理解冷战后法国情报工作的现状，进而洞察其情报改革的背景与成因，因为改革的本身就包含对历史传统的继承与发扬；另一方面，尽管针对冷战后法国情报工作的学术研究存在着这样或那样的缺憾，但至少会对本书研究的全面展开具有一定的引领和启示作用，毕竟这些成果都或多或少地涉及冷战后法国军事情报改革与发展的某一方面。

四、概念界定

（一）法语中的情报和军事情报

法国国家科学研究中心（le Centre National de la Recherche Scientifique，简称CNRS）1990年推出的16卷《法语宝库：19—20世纪的语言辞典》将作为军事艺术的情报定义为“军队参谋部筹划军事行动时不可或缺的有关敌人的全部知识”[①]。法国国防部对军事意义

① CNRS，*Trésor de la Langue Française*：*Dictionnaire de la Langue du* 19e *et du* 20e *Siècle*，Paris：Gallimard，1990，p. 828.

上的情报做出这样的描述："情报，从军事意义上讲，指的是为了指导法国的战略抉择、保护法国的军事与民事能力而进行的搜集、研判和传递相关信息的行为。"① 法国学界通常把作为军事艺术的情报或军事意义上的情报简称为"军事情报"（le renseignement militaire）。不过，冷战后法国军方更多地使用另外一个概念——"军事攸关情报"（le renseignement d'intérêt militaire，简称 RIM），除了将其定义为"服务于作战指挥而搜集、分析、传递和研判与军事有关的源头信息的过程"② 外，并强调"它不仅涵盖严格意义上的军事情报，而且也包括有助于筹划与执行作战任务的海量数据与资料，如政治人物的决心和个人特点，社会政治环境的特征与总体气氛，乃至各种经济数据。"③ 而由全军军事术语管理委员会和军事科学院 2011 年 12 月推出的新版《中国人民解放军军语》给出的军事情报定义是："对于国家安全、国家利益和军事斗争有关的情况和资料进行分析判断的成果。"④

对比、综合上述几种定义可以看出，无论把军事情报视作"知识""行为""过程""数据与资料"，还是"成果"，法军和我军都认为它既包括直接服务于军事斗争的情报搜集，也包括与军事斗争密切相关的政治、经济、外交、科学技术等国家安全和利益方面的情报搜集。本书将立足于这种理解来研究冷战后法国的军事情报体制改革，即不仅涉及狭义上的法国军事情报机构——军事情报局和防务情报与安全局以及法国陆海空三军的侦察情报力量，也涉及同样在法国国防部领导下搜集国外军事、政治、经济、科技等情报的对外安全总局。

---

① Ministère de la Défense, *Qu'est-ce-que le renseignement*? http://www.defense.gouv.fr/jeunes/jeuneactu/qu-est-ce-que-le-renseignement.

② Joseph Henrotin, *Les mutations du renseignement militaire: Dissiper le brouillard de la guerre*? Paris: Institut français des relations internationales, janvier 2017, p. 9.

③ Ibid., p. 9.

④ 全军军事术语管理委员会：《中国人民解放军军语》（全本），北京：军事科学院，2011 年，第 225—226 页。

（二）关于情报体制

无论在法国官方文件里还是在媒体、学界的文章中，一般用 organisation（组织）一词来谈论某一领域机构的设置、任务、职能以及领导、控制和协调等相互关系，而很少使用 structure organisationnelle（体制）这个外来语色彩较为浓厚的说法，更不使用与英语中的 system（体制或体系）相对应的 système（系统）。比如，法国 2008 年发布的《国防与国家安全白皮书》就使用 organisation du renseignement（情报组织）来描述法国的情报体制①，但对这个概念本身并没有进行过多的阐释。而在法国 10 卷本《大拉鲁斯百科词典》中，organisation 被释义为“某一群体（如国家、行政机关或社团等）内部的组合、协调和控制关系所构成的整体”②。

在我国，供全军统一规范使用的《中国人民解放军军语》也没有对“情报体制”做出直接的定义，不过其中不乏对“国防领导体制”“武装力量体制”“军队体制”“指挥体制”“训练体制”等概念的明确解释（如表 1—1）。对比、综合它们的定义可以看出，无论什么范畴的“体制”，其实质都是一种“组织体系及相应制度”，其内容包括“机构的设置、职能区分和相互关系等”。而《军事情报（中国军事百科全书第二版学科分册）》对“情报体制”作出了这样的界定：“情报体系与组织制度。军事情报建设的重要组成部分，体现国家和军队对侦察情报工作的总体部署。情报体系是为国家安全和军队行动提供情报保障的相关单位组成的系统，是国防体系的重要组成部分，由情报工作领导机构、侦察情报力量和其他情报渠道构成。情报体系组织制度是情报系统机构的设置与任务区分、

---

① Ministère de la défense, *Livre blanc sur la défense et la sécurité nationale*, Paris: Odile Jacob & La Documentation française, juin 2008, p. 137.

② Augé, Gillon, Hollier-Larousse, *Grand Larousse encyclopédique*, Paris: Librairie Larousse, 1963, p. 995.

上下级指挥与指导关系、机构间的相互关系。”① 显然，这里有关“体制”的定义与《中国人民解放军军语》基本一致。此外，《军事情报（中国军事百科全书第二版学科分册）》还对情报体系的“层次性”做出了说明：“层次性指军事情报体系通常按军事斗争的层次构成的，即战时按战略、战役、战术层次体系运行，平时按国家、战略区、作战部队层次体系运行。”②

表1—1　《中国人民解放军军语》有关“体制”的定义

概念	定义
国防领导体制	国家领导国防活动的组织体系及相应制度。包括国防领导机构的设置、职能划分和相互关系等③
武装力量体制	武装力量的组织体系及相应制度。包括武装力量总体构成及各种武装组织的结构、任务区分和相互关系等④
军队体制	军队的组织体系及相应制度。包括军队基本组织结构、各级各类机构设置、职能划分及相互关系⑤
指挥体制	军队为实施指挥而建立的组织体系及相应制度。包括指挥机构设置、职能划分和指挥关系等⑥
训练体制	军事训练的组织体系及相应制度。包括军事训练机构的设置、职能区分和相互关系等⑦

综合以上定义，笔者在对冷战后法国军事情报体制改革进行研究时，将立足于“体制”的“组织体系及相应制度”这一根本内

① 刘宗和：《军事情报（中国军事百科全书第二版学科分册）》，北京：中国大百科全书出版社，2007年版，第199—200页。

② 同上书，第199页。

③ 全军军事术语管理委员会：《中国人民解放军军语》（全本），北京：军事科学院，2011年版，第225—18页。

④ 同上书，第19页。

⑤ 同上书，第326页。

⑥ 同上书，第171页。

⑦ 同上书，第300页。

涵，将军事情报体制改革划分为军事情报体系改革和军事情报体系组织制度改革两大部分，一方面基于情报体系的层次性，研究法国国家情报机关、政府军事情报机构和军种侦察情报力量三个层次的调整与改革；另一方面基于“管理是行动成功的核心所在”①，从情报管理的角度研究法国军事情报工作中指挥、控制与协调关系的演变。

（三）关于“改革”

在谈到某一领域的变化时，法国人往往要对 révolution（革命）和 réforme（改革）加以区别②。法国历史学家亚历克西·德·托克维尔在其名著《旧制度与大革命》中这样谈论法国式的“革命”：“法国革命的目的不仅是要变革旧政府，而且要废除旧社会结构，因此，它必须同时攻击一切现存权力，摧毁一切公认的势力，除去各种传统，更新风俗习惯，并且可以说，从人们的头脑中荡涤所有一贯培育尊敬服从的思想。”③ 相对于“革命”的这种激进主义，法国人眼中的“改革”不具有颠覆性，从几部大型法语辞典对这一概念的解释（表1—2）中不难看出，它的内涵主要在于“改良”和“革新”。应该说，这种内涵与汉语中“改革”的定义基本等同（“把事物中旧的不合理的部分改成新的能适应客观情况的”④），同时与洛文塔尔的理解也完全一致：“人们对‘改革’含义的解读，应该从外延更宽、较为褒义的一面加以理解——实施改良。”⑤

---

① （美）谢尔曼·肯特著，刘微、肖皓元译：《战略情报：为美国世界政策服务》，北京：金城出版社，2012年版，第102页。

② 如2017年9月1日法国 France Inter 广播电台的专栏编辑多米尼克·瑟（Dominique Seux）在评论法国劳动法令的修改时说：“这是一场改革，而非一场革命。”

③ （法）托克维尔著，冯棠译：《旧制度与大革命》，北京：商务印书馆，2013年版，第49页。

④ 中国社会科学院语言研究所词典编辑室：《现代汉语词典》，北京：商务印书馆，2011年版，第436页。

⑤ （美）马克·洛文塔尔著，杜效坤译：《情报：从秘密到政策》，北京：金城出版社，2015年版，第430页。

表1—2 大型法语词典有关“改革”的解释

辞典	解释
《法语宝库：19—20世纪的语言辞典》	为达到改良的目的而进行的修改①
《大拉鲁斯百科词典》	为了某种改善而作出的改变；指挥或管理上的校正或优化②
《小罗贝尔词典》	为了改进和获得更好的结果而对某一机构形式作出的改变③
《基耶新实用词典》	通过恢复原形式或采用新形式而得到更好的重塑④
《拉鲁斯类比词典》	修改、改造、优化或革新⑤

根据上述解读，要改革某种体制，既要对组织体系及相应制度进行“改良”——“去掉事物的个别缺点，使其更适合要求”⑥，又要对其进行“革新”——“革除旧的，创造新的”⑦。故此，本书开展冷战后法国军事情报体制改革研究，既要聚焦于法国专业情报机构的改良、调整或重组，又要关注法国情报体系组织制度及军种侦察情报力量从无到有、从劣到优的建设、发展与创新。

五、研究思路与方法

（一）研究思路

开启本书研究之前，首先需要解决冷战后法国军事情报体制改

① CNRS, *Trésor de la Langue Française: Dictionnaire de la Langue du 19ᵉ et du 20ᵉ Siècle*, Paris: Gallimard, 1990, p. 616.

② Augé, Gillon, Hollier-Larousse, *Grand Larousse encyclopédique*, Paris: Librairie Larousse, 1963, p. 78.

③ Paul Robert, *Le Petit Robert: Dictionnaire alphabétique et analogique de la langue française*, Paris: Société du Nouveau Littré, 1972, p. 1492.

④ Librairie Aristide Quillet, *Nouveau Dictionnaire Pratique Quillet*, Paris: Librairie Aristide Quillet, 1974, p. 2440.

⑤ Georges Niobey, *Dictionnaire Analogique Larousse*, Paris: Editions Larousse, 2007, p. 600.

⑥ 中国社会科学院语言研究所词典编辑室：《现代汉语词典》，北京：商务印书馆，2011年版，第436页。

⑦ 同上书，第460页。

革的历史分期。法国著名历史学家马克·布洛克[①]曾说："时间的洪流不可中辍，但我们的分析应有断代。因为，如果我们不通过界标来分段的话，我们的思想甚至无法把握持续的运动。但在时间的长河中，如何确定历史的界标呢？从某种意义上说，界标总具有任意性。但更重要的是，界标应与永恒变化中的重大转折点相合。"[②] 具体到研究一国军事情报体制的变化，也需要确定其军事情报发展史的"界标"，并据此把握其军事情报体制变化的重大转折点。

首先，"战略断裂"（la rupture stratégique）作为法国国家安全形势和任务变化的"界标"，与法国情报工作改革存在直接的因果关系。进入21世纪以来，法国在其防务与安全领域的官方学说中经常使用"战略断裂"这个概念，并在2008年和2013年先后颁布的两份《国防与国家安全白皮书》中屡次提及。2015年2月11日，法国军事学院（l'Ecole militaire）战略研究所（l'Institut de Recherche Stratégique de l'Ecole Militiaire，简称IRSEM）专门召开了一次"战略断裂"主题讨论会，旨在对这一全新的术语进行研议。同年11月2日，法国著名智库战略研究基金会（la Fondation pour la recherche stratégique，简称FRS）研究员布律诺·泰尔特雷（Bruno Tertrais）在《当代战略断裂的地缘政治》（Géopolitique des ruptures strategiques contemporaines）一文中详细区分了"战略突袭"（la surprise stratégique）和"战略断裂"两个概念。他指出，相对于西方军事政治学[③]的核心概念"战略突袭"——未能被提前预测或其成为现实

① 马克·布洛克（Marc Bloch）为年鉴学派创始人，其《历史学家的技艺》（Apologie pour l'histoire ou Métier d'historien）一书是其生前未完成的史学方法论著作。

② （法）马克·布洛克著，黄艳红译：《历史学家的技艺》，北京：中国人民大学出版社，2011年版，第151页。

③ 军事政治学是运用政治学的理论和方法研究军政现象，以探求军政关系发展规律为目标的军事学与政治学之间的交叉学科。即便在西方国家，与军事学和政治学相比，诞生于20世纪中叶的军事政治学仍然属于一门年轻的学科，在中国更是有待建设和发展。2010年1月，南京政治学院上海分院高民政教授在时事出版社出版了《军事政治学导论》一书，讨论了军事政治学研究的基本问题。随后，他又主编学术期刊《军事政治学研究》，专门研究该领域的重大理论与现实问题。

的可能性被严重低估的重大事件，“战略断裂”是一个更为法国化的概念，“无论其根源是军事的、技术的、经济的还是社会的，战略断裂的主要特征在于由此产生的重大效应，即为防务与安全领域带来深刻的变化”①。由此得知，“战略断裂”代表了法国国家安全形势和任务变化的“重大转折点”，可以用来划分法国这一领域变化的历史阶段。另一方面，众所周知，情报机构是国家安全工作需要的产物，“国家安全形势和任务发生变化是情报机构改革与调整的两大基本变量”②。换言之，若将国家安全形势和任务视作两个自变量，那么情报机构的改革与调整就是一个因变量，两种变量之间存在着因果关系。这样一来，作为法国特有的军事政治学概念的“战略断裂”和冷战后法国军事情报体制改革就分别以自变量和因变量的形式被直接联系起来。

其次，历次“战略断裂”的发生，都直接导致了法国国防与国家安全政策的调整，而这一政策的调整又进一步推动了法国的情报工作改革。如表 1—3 所示，法国《2014—2019 年军事规划法草案》(le Projet de loi de programmation militaire（2014/2019））以“法国调整国防政策和军事规划法以适应战略断裂”为题，将 1960 年以来的历次“战略断裂”与包含情报职能定位的法国防务政策进行了罗列。由此表可见，在法国人的国家安全视角中，自冷战结束以来，先后发生了许多性质不一的“战略断裂”：1990—2000 年，华沙条约组织（简称华约）解体，《马斯特里赫特条约》生效，欧洲军团成立，法国启动军队职业化；2000—2010 年，美国遭遇“9·11”恐怖袭击，全球金融危机爆发，法国回归北约军事一体化指挥机构；2010 年至今，西亚北非局势动荡以来，美国重返亚太地区。在这些战略背景下，法国国防务与安全在不同的历史时期都面临着各种新的风

① Bruno Tertrais, *Géopolitique des ruptures strategiquse contemporaines.* Fondation pour la recherche stratégique, le 2 novembre 2015, p. 2.

② 情报与国家安全课题组:《情报与国家安全——进入 21 世纪的各国情报机构》，北京：时事出版社，2002 年版，第 1 页。

险与威胁，为了因应这些挑战，法国于1994年颁布了《国防白皮书》，2008年和2013年又先后颁布了两份面向21世纪的《国防与国家安全白皮书》，不仅对其防务与安全政策进行了重大调整，且因为“情报这两个字眼主要指有关国家安全的问题”①，历次防务政策都在深化对情报作用的认识，不断提升情报职能的定位。1994年，情报被视为“战略工具”和“主权手段”；2008年，“了解与预测”被确立为全新的战略职能；2013年，情报工作与战略自主成为法国国家安全领域的优先事项。而为了行使“为政策制定提供支持”②的职能，法国的情报机构也必然作出相应的调整，并在很大程度上改变着法国的军事情报体制。如此一来，“战略断裂”、国防政策和情报工作改革之间的因果关系就自然得到了确立。

基于上述分析，笔者有理由将冷战后发生战略断裂的三个历史阶段与法国军事情报体制改革的历史分期对应起来，即1990—2000年为第一阶段，2000—2010年为第二阶段，2010年至今为第三阶段。在这一历史分期的基础上，笔者将从以下几个方面展开研究：首先，对冷战期间法国军事情报机构的建设以及冷战结束时法国军事情报体制的现状进行描述和分析，找出该体制面临的困境以及需要寻求的突破。接着，按照上文划定的三个历史分期对冷战后的法国军事情报体制改革进行背景、原因与举措方面的考察，从而解决“为何改革”“改革什么”“如何改革”的问题，并在每章的最后以小结的形式对各个历史时期改革的成效与不足作一大致归纳，从而增强不同时期改革的逻辑关联。然后，尝试对冷战后法国军事情报体制改革作出客观评析，总结其特点与规律，评价其成效与不足，预测其面临的挑战。最后，遵从历史研究“虽然研究人类的过去，而最后归宿却是服务现实”③ 的宗旨，希冀从冷战后法国军事情报体

---

① （美）马克·洛文塔尔著，杜效坤译：《情报：从秘密到政策》，北京：金城出版社，2015年版，第6页。

② 同上书，第2页。

③ 马卫东：《历史学理论与方法》，北京：北京师范大学出版社，2009年版，第43页。

制改革中得出对我军情报体制建设的有益启示。

表 1—3　战略断裂与法国防务政策对应表①

年代	1960	1970	1980	1990	2000	2010
战略断裂	1962 年与殖民地解放运动相关的各类冲突结束	1973 年第一次石油危机	—	1991 年华约组织解体	2001 年"9·11"恐怖袭击	2011 年西亚北非局势动荡
				1992 年《马斯特里赫特条约》生效；欧洲军团成立	2008 年金融危机爆发	
	1966 年法国退出北约军事一体化指挥机构	1979 年第二次石油危机		1996 年法国军队职业化	2009 年法国回归北约军事一体化指挥机构	2012 年美国新防务战略（亚太与中东优先）
防务政策	—	1972 年《国防白皮书》	—	1994 年《国防白皮书》	2008 年《国防与国家安全白皮书》	2013 年《国防与国家安全白皮书》
		防务主导战略：核战略		常规能力与核威慑相结合；加大对外军事行动"投送"能力；情报是"战略工具"和"主权手段"	全球化与国家安全；"了解与预测"成为战略职能	"保护""威慑"与"干预"职能相结合；情报工作与战略自主成为优先事项；网络防御全面发展

（二）研究方法

"唯物主义历史观是一切社会科学的理论基础，当然也是历史科

① Ministère de la Défense, *Projet de loi de programmation militaire* 2014/2019 (*Dossier thématique*), Paris: DICoD, le 14 août 2013, p. 11.

学理论方法论的基本原则。因此，史学方法论建设的首要问题，便是应研究如何贯彻唯物史观的理论指导。”[①] 军事情报史研究首先作为一种历史研究，当然需要严格遵循唯物主义认识路线，承认历史过程的客观存在性，摒弃任何先入为主的主观偏见，才有可能反映和揭示历史的真相。而作为一种有特殊研究对象的军事史研究，军事情报史研究从本质上来说是一种诠释性、解释性的认识活动，必须依据可靠的材料进行科学分析，对军事情报史进行解释，得出理性的认识。故此，本书研究将特别注重坚持“历史与逻辑的统一”，即从法国军事情报工作的历史实际出发，梳理冷战后法国军事情报体制改革的史料，结合法国军事情报斗争实践分析其改革成效，运用逻辑规律、规则进行归纳、推理，从中总结和揭示军事情报活动的规律。具体方法如下：

一是文献研究法。文献研究作为一种利用文献间接考察历史事件和社会现象的研究方式，是史学和早期社会科学最常使用的方法，现在也依然是人文社会科学研究的重要方法和必要过程。在确定了研究的主题和目的后，笔者通过前期长时间的材料收集，掌握了界定和规划法国军事情报工作的大量官方文件、档案、各种统计资料等第一手文献，也掌握了研究或报道法国军事情报工作的大量书籍、报刊、文章等第二手文献，通过对这些文献的整理、解读和分析，笔者试图归纳和总结冷战后军事情报体制改革的成因和举措。

二是比较研究法。对两个或两个以上的事物或对象加以对比，以找出它们之间的相似性与差异性，这是人们认识事物或现象的一种基本方法[②]。笔者在本书中将重点采用历史比较法，将冷战后法国军事情报体制改革置于整个法国国家安全形势发展变化的历史中加以考察，注重对冷战后法国不同历史时期的军事情报体制演变进行比较研究，通过求同，了解冷战后法国军事情报体制改革对历史传统的继承和发扬；通过求异，了解其对不足之处的革新与改良。

---

① 李振宏：《历史学的理论与方法》，开封：河南大学出版社，1999 年版，第 245 页。

② 林聚任、刘玉安：《社会科学研究方法》，济南：山东人民出版社，2004 年版，第 169 页。

三是统计分析法。通过不同的方法收集原始数据资料进行整理和统计分析，继而对其所反映的问题做出一定的结论，是应用统计学知识进行社会科学研究的重要方法。本书将以表或图的形式对冷战后法国军事情报机构的编制和预算进行统计分析，了解其在冷战后的不同时期调整与发展的侧重点，把握法国军事情报工作的发展动向和趋势，从而提高本文研究的科学性和准确性。

六、创新之处与难点

本书研究主要有如下几点创新之处：

第一，在研究思路上，引入法国特有的军事政治学概念“战略断裂”，研究冷战后1990—2000年、2000—2010年和2010年至今三个历史阶段的法国军事情报体制改革。在涉及冷战后法国军事情报工作的已有研究成果中，谈到法国情报改革时自然也会提到当时的历史背景和推动因素，但大多寥寥数笔带过，对“战略断裂”、国防政策与情报工作间的因果关系鲜有详细阐述，本书将把三者对应起来，从而使研究更加符合历史与逻辑的统一。

第二，在研究内容上，基于军事情报体系的层次性，从国家情报机关、政府军事情报机构和军种侦察情报力量三个层次对冷战后法国军事情报体制改革进行系统研究。就现有的法国情报研究成果来看，国内外学界大多局限于法国情报机构和情报体系组织制度方面的研究，很少触及军种侦察情报力量的建设与发展，而事实上作为情报工作的有机组成，作战部队的战术情报工作更加贴近军事斗争和情报对抗的实际。笔者将在本书研究中对冷战后法军的战术情报力量予以特别关注，并对其与情报机关和机构间的指挥与控制关系展开研究，从而使法国军事情报体制研究形成一个较为完整的体系。

第三，在研究方法上，立足于历史结构分析，既重视研究冷战后法国军事情报体制改革的整体特征与趋势，又注意分析不同时期情报机构和力量内部的个体特征与关系，从而实现微观研究与宏观研究的有效对接，增强研究的系统性与完整性。

军事情报史研究作为一种独特的认识活动，决定了它与一般军事史研究不同的特殊困难。本书研究的难点主要表现在以下几个方面：

一是把握情报体制改革的思路难度大。一个国家的情报改革都是随着国家安全形势和任务的变化而进行的，并非一开始就有一个完整系统的规划方案，而且过程复杂曲折，因此将冷战后法国军事情报体制改革作为一个整体来观察，抽象、提炼其改革思路将是一个不小的挑战。二是难有“放之四海而皆准”的情报理论作研究支撑。法国有独特的情报文化，其军事情报体制在西方国家中也独具特色，对情报相关概念的内涵与外延也有独特的认识，在研究支撑理论的选择上存在着一定的难度。本书将“战略断裂”概念作为变量来研究冷战后法国军事情报体制改革，本身就是一个大胆且有风险的尝试。三是对改革做出客观的评价向来不是易事。情报改革是一个扬弃的过程，考察改革必然要分析做了哪些继承、有了哪些创新，而观察改革的成效又需要一定的时间间隔，所以要评价冷战后法国军事情报体制改革的优长与不足，极可能要承担有失偏颇的风险。此外，与研究主题或多说少有所关联的文献的海量与无序，决定了材料研读、梳理和总结的困难。由于印刷文献的不够充分以及计算机技术的发展，网络文献的使用日益普及，信息不仅乱而无序，而且具有动态性，更何况绝大多数是原文材料，这就使得材料的整理与研读耗时耗力，对材料的翻译、归纳与提炼会过多占用研究的时间。

第二章　冷战期间的法国军事情报体制及其存在的主要问题

长达近半个世纪的冷战在一定意义上是“一场秘密行动的战争”①，美苏对峙深刻影响了北约国家和华约国家的情报工作。鉴于情报工作对象鲜明，二战时以抗击纳粹主义为己任的法国情报机构在战后很快将斗争的矛头指向苏联，同时执行着遏制共产主义、维护殖民统治、干涉别国内政和发展科技情报的多元化任务。经过40余年的建设与发展，法国最终形成了包括国防高等委员会（le Conseil supérieur de la défense nationale，简称CSDN）、国防总秘书处（le Secrétariat général de la défense nationale，简称SGDN）、部际情报委员会（le Comité interministériel du renseignement，简称CIR）、总参谋部军事情报开发中心（le Centre d'exploitation du renseignement militaire，简称CERM）、对外安全总局、防务安全保护局（la Direction de la protection et de la sécurité de la défense，简称DPSD）② 以及各军种侦察情报力量在内的军事情报体系，但是由于组织制度的缺失或不力，冷战结束时的法国军事情报体制存在着这样或那样的问题。

第一节　冷战期间的法国军事情报体制的初创

第二次世界大战的特殊形势催生了法国将情报与行动融为一体

① Eric Denécé，*Les services secrets français sont-ils nuls*? Paris：Ellipses Editions Marketing，2012，p. 254.

② 防务安全保护局是防务情报与安全局的前身。

的独特工作方法，在戴高乐阵营的大力宣传下，“自由法国”的情报机构被奉若典范，对秘密行动的执着从此扎根于法国的情报文化，并在二战后的数十年里深深影响着法国军事情报机构的发展和军事情报体制的构建。

一、创建国家情报机构

1945年11月，戴高乐出任法国临时政府[①]总理，在同年12月28日召开的内阁会议上，戴高乐决定解散“研究与调查总局”（la Direction générale des études et recherches，简称DGER）[②] 而代之以“国外情报暨反间谍局”，仍然将其置于内阁会议主席（即政府总理）的控制之下。成立之初，该局主要由军人以及部分来自工人国际法国支部[③]和戴高乐阵营的人员组成，在安德烈·德瓦弗兰领导下履行在战后和平时期应对共产主义威胁和防止德国重整军备的双重使命。1946年2月26日，因为德瓦弗兰被控非法筹集战争资金以抵抗可能诞生的共产党政权，来自工人国际法国支部的众议员亨利-亚历克西·里比埃（Henri-Alexis Ribière）取得了国外情报暨反间谍

① 1944年6月3日，法兰西民族解放委员会（le Comité français de la libération nationale，简称CFLN）改称为法兰西共和国临时政府（le Gouvernement provisoire de la République française，简称GPRF），先后由戴高乐（1944年6月—1946年1月）、费利克斯·古安（Félix Gouin，1946年1月—6月）、乔治·比多（Grorges Bidault，1946年6月—11月）和莱昂·布卢姆（Léon Blum，1946年12月—1947年1月）担任政府总理。

② 1940年7月1日，戴高乐在英国伦敦组建了“自由法国”的总参谋部第二局，由习惯上称作帕西上校（le colonel Passy）的安德烈·德瓦弗兰（André Dewavrin）领导。1942年7月28日，戴高乐将第二局正式改组为情报行动与中央局。1943年11月27日，抵达阿尔及尔的戴高乐在整合伦敦与北非情报机构的基础上，成立了特别任务总局（la Direction générale des services spéciaux，简称DGSS）。1944年10月，返回巴黎的戴高乐将特别任务总局改组为研究与调查总局，并将其置于政府首脑的直接控制下。11月16日，两年前遭到解散的领土监护局得以重新建立，在罗杰·韦伯（Roger Wybot）的领导下从事反间谍工作。同一时期，创立于1907年的综合情报中央局也进行了重组，主要负责帮助政府了解舆论民情。

③ 工人国际法国支部（la Section française de l'Internationale Ouvrière，简称SFIO）于1905年由让·饶勒斯（Jean Jaurès）推动成立，1969年先后更名为新社会党（le Nouveau Parti socialiste）和社会党（le Parti socialiste，简称PS）。

局的领导权，在他的主持下，该局分散的办公场所最终迁至位于巴黎第 20 区莫尔捷大道（le boulevard Mortier）141 号的图莱尔（Tourelles）兵营。1951 年皮埃尔·布尔西科（Pierre Boursicot）担任局长后，国外情报暨反间谍局成立了使用现代技术和秘密手段获取对方机密文件的第 7 处。1960 年 3 月 28 日，法国又成立了归政府总理直接领导的“部际监控编队”（le Groupement interministériel de contrôle，简称 GIC），依托国外情报暨反间谍局、内政部、国防部、通讯部的人员和设施，负责电话监听和录音工作。1966 年 1 月 23 日，戴高乐总统将国外情报暨反间谍局划归国防部长的下属机构管辖。

乔治·蓬皮杜总统上台后，1970 年 1 月 10 日任命与情报机构没有任何关联的亚历山大·德·马朗什（Alexandre de Marenches）领导国外情报暨反间谍局。1981 年 5 月 10 日，来自社会党的密特朗成为法兰西第五共和国历史上首位左翼总统，政治机关与情报机构之间开始变得互不信任。同年 6 月 17 日，皮埃尔·马里翁（Pierre Marion）代替马朗什担任国外情报暨反间谍局局长。1982 年 4 月 2 日，国外情报暨反间谍局更名为对外安全总局，11 月 10 日，海军上将皮埃尔·拉科斯特（Pierre Lacoste）被委以局长职务。1989 年 3 月 22 日，西尔伯灿接替空军中将弗朗索瓦·梅尔梅（François Mermet）出任对外安全总局局长后，开始致力于增加对外安全总局文职人员的编制。自此以后，这一国家级情报机构的工作范围逐步扩大到国外政治、经济、科技等情报的搜集，不过动用人力和技术手段搜集外国军事情报仍是其工作的重要构成。

二、组建军事情报机构

在各军种内部，继海军与空军分别于 1944 年 9 月和 1945 年 2 月组建了各自的安全机构外，1946 年 1 月 30 日，驻德法军总司令塔西尼成立了陆军军事安全处（le Service de sécurité militaire，简称

SSM），由博纳富少校（le commandant Bonnefous）担任处长。根据国外情报暨反间谍局第525号训令，三军的安全机构“负责开展各自军种的反间谍活动，保护军队士气、军事秘密和敏感军事设施，并与特种警察机构保持联系以镇压军事间谍活动”。[①] 同一时期，法国陆军、海军与空军的第二局也得以成立[②]，在各自军种参谋部的统一指挥下负责军事情报的搜集。1948年1月31日，三军的安全机构合并为武装力量安全处（le Service de sécurité des forces armées，简称SSFA），接受国防部[③]的直接领导。1950年初，为了协调军队内外情报机构的行动，法国成立了情报总局（la direction générale de documentation，简称DGD）。1953年12月14日，武装力量安全处改称国防与武装力量安全处（le Service de sécurité de la Défense nationale et des forces armées，简称SSDNFA）。1961年4月5日，国防与武装力量安全处被改组为军事安全局（la Direction de la sécurité militaire，简称DSM），这一全新机构“支配着各个指挥层级，确保人员、资

① Claude Faure, *Bref historique des services de renseignement et de sécurité français contemporains*, Revue historique des armées, 2007, No. 247, p. 3.

② 1942年8月，法国维希政府总理皮埃尔·拉瓦尔（Pierre Laval）迫于纳粹德国的压力解散了早前成立的反国家阴谋局（le Bureau des menées antinationales，简称BMA），并很快以法令的形式成立了一个跨军种的军事安全处（le Service de sécurité militaire，简称SSM）。同年11月，在英美盟军北非登陆、德军进逼法国“自由区”后，军事安全处的情报人员转往阿尔及尔，追随获得美国支持的法军驻北非总司令亨利·吉罗（Henri Giraud）将军，继续开展针对轴心国的情报斗争。其中，里韦上校被任命为情报任务与军事安全局（la direction des services de renseignement et de la sécurité militaire，简称DSR-SM）局长，负责协调陆、海、空三军情报工作，保罗·帕约勒（Paul Paillole）少校则领导反情报工作。1943年5月22日，吉罗将军又成立了直属其参谋机构的特别任务局（la Direction des services spéciaux，简称DSS）和一支名为突击营（bataillon de choc）的特别行动部队，分别由乔治·罗南（Gearges Ronin）将军和费尔南·冈比耶（Fernand Gambiez）少校负责。

③ 法国继大革命期间成立了陆军部和海军部之后，1915年又成立了军事航空次国务秘书处（le sous-secrétariat d'Etat à l'aéronautique militaire），1928年正式改称空军部（le Ministère de l'Air）。1948年，三部整合为国防部（le Ministère de la Défense nationale）。1958年法兰西第五共和国成立后，国防部改称军队部（le Ministère des Armées），虽然1969年一度改回国防部，但该称呼一直沿用至1974年，此后的43年间始终称为防务部（le Ministère de la Défense），2017年又再次启用军队部的叫法。为了便于理解，本书正文部分统一将其称作国防部。

料、器材与设施免遭各种性质的干预与破坏"①，尤其要防止东方国家情报机构、阿尔及利亚民族解放阵线②以及"秘密军组织"对法国军队的渗透。1981 年 11 月 20 日，军事安全局被解散，转而成立了防务安全保护局，先后由米歇尔·若朗（Michel Jorant）将军和阿尔芒·沃特兰（Armand Wautrin）将军担任局长。

1977 年 3 月，在瓦莱里·吉斯卡尔·德斯坦总统的任内，法军又进一步成立了直属于总参谋部的军事情报开发中心，在雅克·洛朗（Jacques Laurent）上校的领导下为总参谋部汇总和开发情报③。1986 年 9 月 1 日，法军总参谋部宣布将原有的情报培训与图像判读中心（le Centre d'instruction du renseignement et d'interprétation photographique，简称 CIRIP）、外国语言与军事研究中心（le Centre des langues et d'études étrangères militaires，简称 CLEEM）、德语教学中心（le Centre d'enseignement d'allemand）以及空军学校第 309 大队（le Groupement 309 des Ecoles de l'armée de l'Air）合并办学，成立三军情报与语言研究学校（l'Ecole interarmées du renseignement et de l'étude des langues，简称 EIREL），办学地点设在位于斯特拉斯堡市斯蒂恩街区（le quartier Stirn）的军事学院④。

三、构建情报行动力量

1946 年，出任国外情报暨反间谍局局长不久的里比埃指派雅克·莫拉纳（Jacques Morlane）上校成立了行动处（le Service Action，简称 SA）。在几年的时间里，行动处获得了较大发展，其人员

---

① Claude Faure, *Bref historique des services de renseignement et de sécurité français contemporains*, Revue historique des armées, 2007, No. 247, p. 6.

② 阿尔及利亚民族解放阵线（le Front de libération nationale，简称 FLN）成立于 1954 年 11 月，核心人物为激进民族主义者穆罕默德·本·贝拉（Mohammed Ben Bella），主要致力于将阿尔及利亚从法国的殖民统治中解放出来。

③ Claude Faure, *Bref historique des services de renseignement et de sécurité français contemporains*, Revue historique des armées, 2007, No. 247, p. 7.

④ Ibid., p. 8.

构成除了包括 150 名军官、450 名士官和士兵的现役军人，还有随时应召的 7800 名预备役军人[①]。同时，行动处还在法国各省建立起配有武器和无线电装备的分支机构并对其进行正规化训练，共同对付来自东方国家的威胁和可能的“红色”入侵。同年 9 月 1 日，行动处在法国蒙－路易市（Mont-Louis）组建了空降突击营（le Bataillon de choc aéroporté）。该营以曾经效力于情报与行动中央局的特工和伞兵为主力，负责培训军人的特种作战技能，并很快发展为行动处的作战支援力量。1947 年 6 月，空降突击营更名为第 11 伞兵突击营（le 11e Bataillon parachutiste de choc，简称 11e BPC），1955 年 6 月又改组为第 11 伞兵突击联队（la 11e demi-brigade parachutiste de choc，简称 11e DBPC），负责执行国外情报暨反间谍局策划的特种作战行动，并参与总参谋部规划的战役情报搜集任务。

1963 年夏，第 13 “龙骑兵” 伞兵团（le 13e Régiment de dragons parachutistes，简称 13e RDP）成为从事战略和战役情报搜集的地面部队，直接接受总参谋部的领导。同年 12 月 31 日，第 11 伞兵突击联队被解散，其部分使命转由第 13 “龙骑兵” 伞兵团履行。20 世纪 70 年代中期，阿兰·德·马罗勒（Alain de Marolles）上校担任行动处处长后，在该处下设一个行动参谋部和一支配有情报与安全专业设备的诸军种特种部队，从而创建了一个将秘密手段与特种力量合二为一的新机构。在时任国外情报暨反间谍局局长马朗什的要求下，第 1 海军陆战队伞兵团（le 1er Régiment parachutiste d'infanterie de marine，简称 1er RPIMa）同一时期也取代第 11 伞兵突击联队成为行动处的保障力量。该伞兵团随后成立了一个一百来人的作战编队（le Groupement opératinonel，简称 GO），多次在非洲发起秘密行动。1985 年 7 月，拉科斯特局长辞职，热内·安博（René Imbot）将军出任新的对外安全总局局长，第 11 伞兵突击团（le 11e Régiment parachutiste de choc，简称 11e RPC）随之成立，接

① Eric Denécé, *Les services secrets français sont-ils nuls*? Paris: Ellipses Editions Marketing, 2012, p. 230.

受该局行动处的直接支配。

四、探索协调控制机制

1959 年 1 月 8 日，戴高乐总统签署了关于法兰西第五共和国国防体制的第 59—147 号令，将情报机构置于总理的控制之下，并成立了常设情报委员会（le Comité permanent du renseignement，简称 CPR）与部际情报委员会，前者负责确定情报搜集的重大方向，后者负责情报机构的指挥与协调，两个委员会紧密合作，统一接受国防总秘书处处长海军上将乔治·卡巴尼耶（Georges Cabanier）的领导。1964 年 8 月 26 日，法国以法令的形式对国外情报暨反间谍局和领土监护局的权责进行了界定和划分，两者都负责侦破和控制针对法国或法国人利益的间谍和干涉活动，但前者在境外行动，后者则限于境内斗争。同时，成立了一个专门的协调委员会（le Comité de coordination），主持和指挥国外反间谍和国内反间谍两个分委员会的工作。1989 年 4 月 20 日，罗卡尔总理签署了一项新法令，着手对部际情报委员会进行重组，并于 1990 年 8 月 23 日宣布了对外安全总局改革的五年计划。

冷战期间，法国的情报控制也已出现。1966 年 1 月 28 日，法国国防部下达了关于执行控制任务的第 26/MA/CGA/CB 号训令，同年 7 月 5 日法国颁布了关于成立军队总监察部的第 66—474 号法令，并规定该局是直属国防部长的唯一机构。1976 年 4 月 27 日，法国进一步颁布了第 76—371 号法令，决定从将级军官、武器装备总工程师或在国防部有高层任职经历的文官中物色合适的人选，以担任履行特别职责的军队总监察长（le Contrôleur général des Armées，简称 CGA）。所谓特别职责，就是协助国防部长开展核查工作，确保所有下属机构（包括情报机构）严格遵守法律法规和国防部训令，跟踪决策的实施和成效。可以说，这是战后法国军事情报机构接受内部控制的开端。另一方面，由于当时的法国国家机关在传统行政框架下很难有效行使保护个人基本权利的职能，从 20 世纪 70 年代起，法国的独立行政机构获得很大的发展，其中就包括根据1978年1月6日法令和同年7月17日法令分别成立的行政文件知情权委员会（la Commission d'accès aux documents administratifs，简称CADA）和国家信息技术与公民自由委员会（la Commission nationale de l'informatique et des libertés，简称CNIL）。前者受理涉及敏感领域的行政文件的查阅请求，如果某个行政文件的传阅可能损害国防秘密或国家治安时，该委员会有权对该文件的不便提供做出解释；后者则对情报机构创建公民卡片资料的工作施加一定的影响，而且当有公民希望知道涉及国家治安、防务和公共安全的公民卡片资料中是否有涉及自己的信息时，该委员会也可介入调和。这两个委员会都包括数名议员，对法国情报机构的活动或多或少地有些了解，而且也可以接触某些涉密文件和信息，可以说是法国情报工作的外部控制机构，只是它们能够施加的影响非常有限。在冷战期间的法国，独立控制或监督情报机构的内部机关尚不存在。

第二节　冷战期间的法国情报协调机关

情报协调属于情报管理的范畴，是情报体制的重要组成部分，也是关系到整个情报界工作效率的重要一环。构建情报协调体系，旨在保证情报机构高效运转，满足决策层对情报工作的需要。冷战期间，法国情报界的这项职能领域由国防总秘书处和部际情报委员会主导。

一、国防总秘书处

法国成立国防高等委员会的设想，最早由法兰西第三共和国陆军部长让－巴蒂斯特·比约（Jean-Baptiste Billot）少将于1897年1月提出，旨在“将奠定法国大国地位的全部武装力量打造成一个整体，以巩固法国国防”①。后来在第一次摩洛哥危机②爆发、法德冲突风险增加的情况下，1906 年 4 月 4 日法国颁布法令，正式成立了履行政治与战略使命的国防高等委员会。同年 12 月 6 日，国家元首主持召开了首次会议，成员包括委员会主席、陆军部长、海军部长、外交部长、殖民地部长和财政部长，陆军参谋长、海军参谋长和殖民地防务顾问委员会主席也都列席会议。委员会的非常设秘书处由战争高等委员会（le Conseil supérieur de la Guerre）的一位少将秘书负责，并有 2 名校级军官和 1 名士官协助其工作。第一次世界大战爆发后，除了 1915 年旨在研究军事重组问题的四次会议，国防高等委员会的工作基本处于停滞状态。出于总结战争教训、协调部门工作的目的，1921 年 11 月 17 日法国以法令的形式宣告成立一个常设性的国防高等委员会总秘书处（le Secrétariat général du Conseil supérieur de la défense nationale，简称 SG/CSDN），1929 年 2 月又更名为国防总秘书处。

第二次世界大战后期，戴高乐在取得法兰西民族解放委员会的实际控制权后，着手对国防领导机构进行重组，并于 1943 年 12 月 16 日成立了国防委员会（le Comité de la défense nationale，简称 CDN）。然而随着亨利·吉罗的被边缘化，国防委员会成立后一度沦为纯粹的咨询机构，原来的国防高等委员会总秘书处也被改组为国防参谋部（l'Etat-major de la défense nationale，简称 EMDN），1945 年又更名为国防总参谋部（l'Etat-major général de la défense nationale，简称 EMGDN），主要负责“提供有用情报供行政长官作出军事决

① SGDSN，*Le SGDSN*，110 *ans d'histoire*，http：//www. sgdsn. gouv. fr/site_rubrique92. html.

② 摩洛哥北临地中海，西接大西洋，具有重要战略地位，历来就是欧洲国家争夺的对象。进入 20 世纪以后，法国迅速向摩洛哥扩张势力，继 1904 年 4 月英法签订协定承认摩洛哥是法国的势力范围后，1905 年 2 月法国要求摩洛哥在法国监督下进行改革，企图将摩洛哥进一步变为法国的保护国。德国立即表示反对，宣称要维护摩洛哥的独立，要求外国在摩洛哥的地位绝对平等，后来由于英、俄支持法国，讨论摩洛哥问题的国际会议最终做出了有利于法国的决定，即承认摩洛哥独立，但又承认法国对摩洛哥的控制权。

策，同时对其命令和指示进行传达与跟踪”[①]。戴高乐辞去临时政府总理后，国防总参谋部的作用迅速弱化，1949 年 2 月被一个级别更低的委员会主席团常设军民参谋部（l'Etat-major permanent civil et militaire de la présidence du Conseil，简称 EMPPC）取代，1950 年 1 月进一步改组为国防常设总秘书处（le Secrétariat général permanent de la défense nationale，简称 SGPDN），接受国防部长的领导。后经数次更名，直至 1962 年 7 月最终定名为国防总秘书处。

此后 30 多年里，国防总秘书处承担起了发展核威慑和情报开发的主要使命，此外还要负责武器出口方面的部际协调以及战略分析和前瞻工作[②]。1962 年的国防总秘书处下设综合事务司、情报司和组织司，从 1966 年起改设军事司、情报司、民事司和经济事务司，下辖国家防务安全机关（l'Autorité nationale de sécurité de défense，简称 ANSD）、防务科学行动委员会（le Comité d'action scientifique de la défense，简称 CASD）、国防高级研究所（l'Institut des hautes études de la défense nationale，简称 IHEDN）、盟军支援中心联络团（la Mission centrale de liaison pour l'assistance aux armées alliées，简称 MCLAAA）和情报开发中心（le Centre d'exploitation du renseignement，简称 CER）五个机构。为了便于在政府部门间开展工作，国防总秘书处从此被转归总理领导，1969 年米歇尔·德勃雷（Michel Debré）出任国防部长后一度又将其划归国防部，直至 1973 年 4 月时任总理皮埃尔·梅斯梅尔（Pierre Messmer）重新将这一部际机构置于他的领导之下。1978 年 1 月 25 日，根据时任秘书长空军上将罗歇·朗泰（Roger Rhenter）的倡议，法国政府对国防总秘书处再次进行重组，在肯定其部际防务政策协调者这一角色的基础上，又对其内部结构进行了简化，原来的四个司再次归并为综合事务司、情报司和防务民事司三个司，其下辖机构除了原来的防务科学行动委员会，也调整为政府通信中心（le Centre des transmissions gouvernemental，简称

① SGDSN, *Le SGDSN*, 110 *ans d'histoire*, http://www.sgdsn.gouv.fr/site_rubrique92.html.

② Ibid.

CTG）和盟军联络军事代表团（la Mission militaire de liaison auprès des armées alliées，简称 MMLAA），同时还包括新成立的形势评估常设工作组（le Groupe permanent d'évaluation et de situation，简称 GPES），该工作组由 6 名军官组成，负责每天早上撰写一份情报简报并上报总统与总理[①]。

经由上述内部改革的推动，国防总秘书处在法国冷战期间的战略工作中扮演着日益重要的角色。一方面，它为法国威慑政策的制定和实施发挥了决定性的作用。早在 1964 年，国防总秘书处就成立了一个智囊机构，用以确定新诞生的空军战略力量的指挥链，此后核问题一直是国防总秘书处的工作重心之一。另一方面，在情报领域，朗泰领导的国防总秘书处于 1980—1982 年间成立了专门的工作团队，直接参与了对苏联中校弗拉基米尔·维托洛夫（Vladimir Vetrov）所提供信息的分析和研判[②]，为海量文件的辨伪与解读发挥了十分关键的作用[③]。

二、部际情报委员会

法国与世界其他大国一样，“20 世纪以前的情报工作，基本不

---

① SGDSN，*Le SGDSN*，110 *ans d'histoire*，http：//www. sgdsn. gouv. fr/site_rubrique92. html.

② 冷战期间法国境内的反间谍工作异常繁重，1944 年重建的领土监护局从 1949 年起就开始对苏联的间谍网进行打击，而且由于担心在国外情报暨反间谍局大量存在“苏联鼹鼠”，领土监护局甚至在国外代行了反间谍工作的职责。特别是 1980 年春天，领土监护局在苏联情报界高层中发展了一名代号为“辞行”（Farewell）的线人弗拉基米尔·维托洛夫，此人所任职的克格勃第一总局内的 T 局负责针对西方进行科学和技术间谍工作。从 1981 年 4 月到 1982 年 2 月，维托洛夫共向法国传递了高度机密的 2997 页文件，当中就有在西方秘密工作的苏联谍报人员的清单，这些人已经渗透到了高度保密的武器实验室，揭露了苏联在西方从事与高技术相关的间谍活动的事实真相。根据维托洛夫的文件，法国在 1982 年完成了一份题为《苏联获得西方技术的组织体系》的绝密报告，应该说，法国和其他西方国家从中获取的信息不仅对情报界意义重大，而且对西方国家每一家主要高技术制造商都产生了深远的影响。参见（美）肯尼思·R. 蒂莫曼著，陈平译：《法国对美国的背叛》，北京：中央编译出版社，2010 年 12 月版，第 87 页。

③ SGDSN，*Le SGDSN*，110 *ans d'histoire*，http：//www. sgdsn. gouv. fr/site_rubrique92. html.

存在协调的情况”①，即使到了20世纪，这种状况也没有多大改观。各情报机构和侦察力量之间的关系很不融洽，常常从部门利益出发各自为战，彼此互相保密、明争暗斗。如前所述，直到20世纪60年代，法国开始酝酿成立一个专门的协调机关来加强对各情报机构的领导，以减少相互之间的内耗，更好地开展情报工作。正是在这样的背景下，法国部际情报委员会应运而生。

1962年10月17日和1989年4月20日，法国政府分别颁布了第62—1208号法令和第89—258号法令，对部际情报委员会的职责与组成做出了界定。根据这两项法令，该委员会确保对各情报机构的指导与协调，负责每3年撰写一份“国家情报计划”（le Plan national de renseignement，简称PNR）并报总统批准，由此明确情报工作的中期战略优先事项，以帮助负责国防、外交或经济事务的政府部门深入了解情况并制定合理政策。部际情报委员会每年至少召开两次会议，国防总秘书处负责其秘书工作，主席由总理担任，成员包括国防部长、外交部长、内政部长、工业部长、科研部长、通信部长、空间部长、海外省与海外领土部长以及经济、财政与预算部长，总理府秘书长、国防秘书长以及情报机构的负责人列席会议。此外，总理还可以视情召集其他政府成员和具有相关职能的人员参会。法令还规定，国防部长、外交部长与内政部长还可以下设自己的专家委员会，以辅助各部情报工作②（图2—1）。

① 高金虎、吴晓晓：《中西情报思想史》，北京：金城出版社，2016年版，第205页。

② Légifrance, *Décret n°89-258 du 20 avril 1989 fixant la composition et les attributions du Comité interministériel du renseignement*, JORF n°96 du 23 avril 1989, p. 5229.

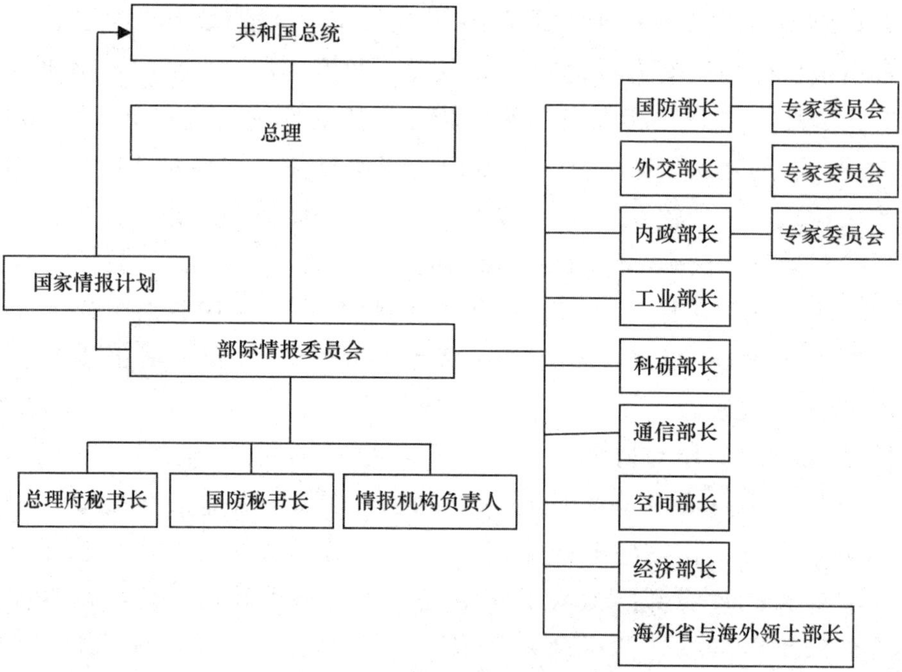

图 2—1　法国部际情报委员会组织体系图①

第三节　冷战期间的法国军事情报机构

作为情报系统和军队作战指挥系统的重要部门之一，“情报机构之所以存在，至少有四个主要原因：避免遭遇战略突袭，提供长期性的专业知识，为政策制定提供支持，以及对信息、（情报）需求和（情报）工作方法加以保密。”② 冷战结束时，法国行使情报搜集、分析和处理职能的军事情报机构主要是 20 世纪 80 年代改组成立的防务安全保护局和对外安全总局。

① 本图由笔者根据法国部际情报委员会的组织体系绘制。

② （美）马克·洛文塔尔著，杜效坤译：《情报：从秘密到政策》，北京：金城出版社，2015 年版，第 2 页。

一、防务安全保护局

1981 年 11 月由军事安全局改组成立的防务安全保护局直接隶属于法国国防部，其核心行政机关设在位于巴黎郊区马拉科夫市（Malakoff）的旺夫堡（le fort de Vanves）。该机构的主要职责是识别和评估各类国防部门面临的风险与威胁，从事防务领域的反干涉工作。“提供情报，旨在保护”的训言很好地阐释了该机构两方面的使命：一方面是情报工作，即查找薄弱环节、发出威胁预警；另一方面是保护职责，即采取防范措施、发挥抑制作用。防务安全保护局始终全力配合法国的对外军事行动，凡是有法国军队的战场上总会有该局的身影。在行动发起之前，防务安全保护局的工作人员会对相关设施的脆弱性进行评估，进而建议指挥部采取必要的防范措施。行动一旦展开后，防务安全保护局则通过联系当地人员、调查安全事件，为法军的行动提供全程保护，以免军队的作战能力受到威胁。

然而，从 20 世纪 80 年代起，法国政府为了推动经济复苏，试图脱离中央集权下的经济体制，逐步推行经济自由化和企业私有化，这给防务安全保护局带来了很大冲击。在此之前，法国的防务工业全部由国家资助，所以防务安全保护局的工作相对简单，只需要设立一个局长办公室，并行使方方面面的调查权。当防务工业逐渐私有化后，这些工业的领导人需要接受各自股东的监督，而不再完全听任防务安全保护局的摆布。这样一来，防务安全保护局被迫根据防务企业及其分包商的资金变化而调整自身的工作方法，与各个企业的安全负责人保持秘密联系，甚至将该局的前工作人员安插到这个岗位，特别是按照各大企业的地理分布重新规划在国土上的工作布局。

二、对外安全总局

1982 年 4 月 2 日，法国政府颁布了关于成立对外安全总局的第 82—306 号法令，规定该局的主要使命是“搜集和研判有关国家安全的情报，同时在国外调查和制止危害法国国家安全利益的间谍活动，防止发生严重后果”①。为了履行这一使命，对外安全总局需与其他相关机构或机关保持必要的联络，在其职责范围内执行政府委托的一切行动，并指定一名情报分析专家定期撰写情报简报，然后发往总统府、总理府、国防部和外交部“四大情报用户”②。该局总部仍设在图莱尔行政中心，因为地处莫尔捷大道的缘故，内部人员常将对外安全总局叫作“莫尔捷”，而又因为靠近图莱尔游泳池，新闻界则常常以“游泳池”作为对外安全总局的代称。

与防务安全保护局一样，对外安全总局直接隶属于国防部，故其活动最终需要接受政府总理的指导，更何况总理有权通过法兰西银行将“秘密基金”③的绝大部分直接转到对外安全总局的账户，以资助该局高度机密的各类行动。不过，根据第82—306号法令，对外安全总局局长由内阁会议以法令的形式任命，换言之，主持内阁会议的共和国总统才是对外安全总局的真正“监护人”。在1986—1988年的“左右共治”④时期，多重领导、政出多门的状况既对对外安全总局的工作造成一定的制约，又给了该局更为广阔的行动空间。

第四节　冷战期间的法军侦察情报力量

为了准确把握敌情和判断敌军行动，“第一种方法是建立一个完

① Légifrance, *Décret no 82－306 du 2 avril 1982 (abrogé) portant création et fixant les attributions de la direction générale de la Sécurité extérieure*, https://www.legifrance.gouv.fr/telecharger_rtf.do?idTexte=LEGITEXT000006063739&dateTexte=20081127.

② Pascal Junghans, *Les Services de renseignements français: sous l'oeil du Parlement*, Paris: Editions Edmond Dantès, 2006, p. 20.

③ 所谓“秘密基金”（les fonds secrets），也称“特别基金”（les fonds spéciaux）。参见本书第四章第二节第五点。

④ 所谓“左右共治”，指的是法国政坛的一种特殊现象，即由分属不同政党的总统与总理共同治理国家。

善的、花费巨大的间谍网。第二种方法是由精干的军官和轻装部队进行侦察”。[①] 在长期的战争实践推动下，冷战结束时的法国陆、海、空三军都已建立起自己的专业侦察情报力量。

一、陆军侦察情报力量

（一）第13“龙骑兵”伞兵团

这支部队的前身为1676年法国南部地区创建的一支骑兵团。1791年，该部队被正式冠以第13龙骑兵团（le 13e Régiment de dragons）的称号，此后伴随着历次战争和军事行动被多次解散和重组，直至1952年10月1日正式成为一支伞兵部队，番号定为第13“龙骑兵”伞兵团，其营地经历了数次变动后，最终确定于法国东北部摩泽尔省（la Moselle）的迪约兹（Dieuze）[②]。

20世纪50年代，法国关于核时代作战的思考推动了对战役情报需求的研究。1960年4月，法国陆军参谋部在德国最南端的小城朗根阿根（Langenargen）成立了一个远程情报实验连，番号为第7特遣连（la 7e Compagnie de commandos）。1963年7月1日，法国陆军参谋部决定将第13“龙骑兵”伞兵团打造为一支多兵种的情报搜集部队，并将第7特遣连纳入它的编制。从此，第13“龙骑兵”伞兵团不断完善自己，逐渐成为法国军队一支完整、独立的空降侦察部队。该团涵盖了陆军的各个兵种，核心力量驻扎在法国迪约兹，德国境内的第7特遣连则成为伞兵团的第2营[③]。正是得益于第7特遣连侦察方面的军事技能，第13“龙骑兵”伞兵团的官兵熟悉了军事侦察的各种程序，可以向法国军队高级指挥层搜集、处理、传递各

① （瑞士）安托万·亨利·若米尼著，盛峰峻译：《战争的艺术》，武汉：武汉大学出版社，2014年版，第222页。

② （法）菲利普·布莱著，孙羽译：《法国特种部队档案揭秘：陆军特种作战旅》，北京：人民邮电出版社，2015年版，第51页。

③ （法）13^{eme}RDP著，禹力译：《法国特种部队档案揭秘：第13龙骑兵团》，北京：人民邮电出版社，2015年版，第15页。

类情报。

1964—1965 年间，伞兵团组织三次代号为“欧仁妮”（Eugénie）的作战演习，先后共有 23 个小分队参加了与军团直接联络下的战术情报搜集。1968 年，“野战情报”常设顾问委员会（la Commission consultative permanente sur le《renseignement en campagne》）最终确定了在战区层次动用第 13“龙骑兵”伞兵团的具体条件。在冷战时期的特殊环境下，伞兵团超过 90% 的任务主要集中于针对苏联军队和德意志民主共和国（简称民主德国）的情报搜集。不过在 20 世纪 70—80 年代，第 13“龙骑兵”伞兵团的行动区域主要集中在非洲：1977 年，前往毛里塔尼亚监督人民解放运动；1978 年，在扎伊尔开展“金枪鱼行动”（l'Opération Bonite），先于海外军团几个小时在该国完成跳伞着陆任务；1979 年，前往中非共和国开展“梭鱼行动”（l'Opération Barracuda）；1978—1980 年、1983—1986 年和 1986—1992 年，在乍得先后执行了“鳕鱼行动”“螳螂行动”和“雀鹰行动”[①]。

（二）第 1 海军陆战队伞兵团

作为一支特种作战部队和巡逻侦察部队，第 1 海军陆战队伞兵团尽管名义上为“海军部队”（les Troupes Marines，简称 TDM）[②]，实际上却是法国陆军的有机组成。1940 年，乔治·贝尔热（Georges Bergé）上尉根据戴高乐的指令建立了第 1 空降连（la 1ère Compagnie d'infanterie de l'air，简称 1ère CIA），1941 年 4 月 10 日更名为第 1 伞兵连（la 1ère Compagnie parachutiste）。1941 年 7 月，第 1 伞兵连拆分为 3 个排，其中 1 个排归入法国特工预备中心第 36 研究所，并组成特工部队，直接听命于“自由法国”的情报与行动中央局。1942 年 1 月，在埃及执行任务的过程中，贝尔热与英国特种空勤团（Special

---

① “鳕鱼行动”（l'Opération Tacaud）旨在支持乍得正规军平定叛乱势力，“螳螂行动”（l'Opération Manta）是为了支持乍得对抗利比亚对该国政治的军事干预，而“雀鹰行动”（l'Opération Epervier）是“螳螂行动”的继续，直至 2014 年 8 月。

② “海军部队”是法国陆军的一支重要部队，包括步兵、炮兵、装甲兵和伞兵等多个兵种。

Air Service，简称 SAS）的创始人之一大卫·斯特灵（David Stirling）上尉达成共识，50 名轻装伞兵连战士组成的小分队加入了英国特种空勤团，驻扎在苏伊士运河西岸。以此为起点，法国第 1 海军陆战队伞兵团成为特种空勤团框架内唯一的非盎格鲁－撒克逊部队，并且也是法国本土以“勇者胜”（Qui ose gagne）①为座右铭的唯一部队。

1955 年 2 月，在原殖民地军第 1 伞兵突击联队（la 1ère Demi-brigade coloniale de commandos parachutistes，简称 1ère DBCCP）的基础上成立了殖民地军伞兵旅（la Brigade de parachutistes coloniaux，简称 BPC），1958 年 12 月改编为海外伞兵旅（la Brigade de parachutistes d'outre-mer，简称 BPOM）。1960 年 11 月 1 日，驻守在巴约纳（Bayonne）的伞兵部队首次获得海军的称号，正式组建了第 1 海军陆战队伞兵团，同时成立了面向所有伞兵部队后备人员的训练中心，以保证军队内部伞兵的补充。随着伞兵部队的职业化，这支部队的职能逐渐向情报和行动演变。1976 年，伞兵团组建了约由 150 名军官和士官构成的作战编队，并听候国外情报暨反间谍局行动处的调遣，在乍得参加了始自 1983 年的“螳螂行动”②。

（三）第 44 通信团和第 54 通信团

第 44 通信团（le 44e Régiment de transmissions，简称 44e R. T）的前身为 1949 年在远东地区创建的一支监听和无线电测向连（la Compagnie autonome d'écoute et de radiogoniométrie），该连在 1954 年拆分成两支部队后，1967 年又再次合并成立了第 708 电子战营（le 708e Bataillon de guerre électronique，简称 708e BGE）。随着作战领域（高频电波、超高频电波、赫兹电波束、雷达等）的扩展和电子战运用层级的提升，第 708 电子战营于 1971 年 10 月 1 日改称第 44 通信

① 法语 Qui ose gagne 译自英国特种空勤团的座右铭 Who dares wins。

② Jacques Rosier & Étienne Leclère, *Les Forces spéciales françaises dans guerre du Golfe* 1991, Paris: Éditions LBM, 2011, p. 11.

团，驻地为法国驻德部队（les Forces françaises en Allemagne，简称FFA）在德国的兰道市（Landau）。1986年，该团又一分为二成为新的第44通信团和第54通信团（le 54e Régiment de transmissions，简称54e RT），其中负责高频电波领域的连队归入前者，负责超高频电波领域的连队归入后者。

不过，第54通信团最为久远的前身可以追溯到20世纪20年代的法国驻摩洛哥部队以及“二战”时期法国在意大利和德国的作战部队。尤其是1955年，法国在阿尔及利亚正式组建了第54通信营（le 54e Bataillon de transmissions），在经历多次解散与重建后，最终于1986年由前第44通信团拆分并在整编第2军团的情报与电子支援连队的基础上成立，驻地位于下莱茵省阿格诺市（Haguenau）。

二、海军侦察情报力量

（一）海上战略部队

在符合法国实际的“核威慑和常规打击战略”① 思想指导下，1972年3月1日，法国组建了海上战略部队（la Force océanique stratégique，简称FOST），并在此后的十余年中组建起“可畏”号、“可惧”号、“雷霆”号、“无敌”号、“霹雳”号和“不屈”号② 6艘“可畏”级弹道导弹核潜艇（les sous-marins nucléaires lanceurs d'engins，简称SNLE）组成的海军纵队，驻地设在布雷斯特（Brest）。同一时期，作为海上战略部队的另一重要组成，由“红宝石”号、“蓝宝石”号、“卡萨布兰卡”号和“绿宝石”号③ 4艘“红宝石”型攻击型核潜艇（les sous-marins nucléaires d'attaque，简称SNA）组成的海军纵队也在土伦港列编。

---

① 左立平：《国家海上威慑论》，北京：时事出版社，2012年版，第164页。

② 6艘弹道导弹核潜艇的法语称号分别为le Redoutable，le Terrible，le Foudroyant，l'Indomptable，le Tonnant和l'Inflexible。

③ 4艘攻击型核潜艇的法语称号分别为le Rubis，le Saphir，le Casablanca和l'Emeraude。

尽管两支纵队在设于克罗宗半岛（la presqu'île de Crozon）上长岛（l'Île Longue）作战基地的指挥下主要执行威慑和攻击的职能，但同时也执行“水下光学或红外摄影以及电子拦截等情报侦察任务”①。毕竟，核潜艇装有搜索雷达、声呐、侦察告警接收机等探测设备以及短波、超短波、超长波收发信机和卫星通信、水声通信等通信设备，故“可以时刻监听敌国海域的种种信号和活动，窃听海底电缆和海岸无线电通信，在水中搜索、追踪所攻击的目标，在某种情况下还能操纵或回收包括沉没的船只、潜艇、飞机、武器、火箭、宇宙飞船、核弹头以及其他国家的电缆和监听装置等方面的设备”②。除了分布在法国本土的罗斯奈（Rosnay）、圣阿西兹（Sainte Assise）、法兰西之南—拉雷吉娜（France Sud-La Régine）和凯尔鲁昂（Kerlouan）4个海军通信中心（le Centre de transmission Marine，简称CTM）外，法国海上战略部队还设立了一个声学侦察与判读中心（le Centre d'interprétation et de reconnaissance acoustique，简称CI-RA），以对海洋噪声进行不间断地监听和识别。

（二）海军航空部队

作为夺取和保持海洋战区制空权的主要兵力，海军航空部队是海洋战场的重要突击和保障力量，能对海战的进程和结局产生重大影响。在这一兵种中，有的部队主要履行远程作战、高速机动和猛烈突击等职能；有的部队同时或专门遂行侦察、监视和预警等任务，法国的第11、12、21、23、24、31海军航空飞行队就是这样的兵种。

第11飞行队（la Flotille 11F）在法国海军航空部队中有着最为悠久的历史，它的前身是1919年创建的海军作战纵队AC1，二战中

① Ministère de la Défense, *La Force océanique stratégique de la Marine nationale*, http://www.defense.gouv.fr/marine/operations/forces/forces-sous-marines/la-force-oceanique-strategique-de-la-marine-nationale.

② 孙建民等：《战后情报侦察技术发展史研究》，北京：军事科学出版社，2008年版，第132页。

曾在维希政府的领导下与盟军作战，在参加印度支那战争后的1953年正式获得第11飞行队的称号。1967年5月，该飞行队离开耶尔市（Hyères），转而驻扎朗迪维肖（Landivisiau）海军航空基地，并从“克列孟梭”号和“福煦”号航空母舰上定期起降执行任务。1978年，第11飞行队配备了第一批“超军旗”（Super Étendard）战斗机，在专门执行对海、对岸攻击任务的同时，还从事海上和岸上情报侦察①。

第12飞行队创建于1948年8月，曾广泛参与在印度支那和北非地区的军事行动，1963年解散1年之后又在朗比韦（Lann-Bihoué）海军航空兵基地重组，1968年7月迁至朗迪维肖。1989年12月，法国海军决定延长“F8E十字军战士”（F8E Crusader）喷气战斗机的服役期限，并通过升级改造重新命名为“F8P十字军战士”，以便与未来列装的“海军型阵风”（le Rafale M）战斗机对接。这一时期，第12飞行队依附于“克列孟梭”号和“福煦”号航空母舰，在对外军事行动中执行空中拦截、对地攻击以及情报侦察和支援侦察等任务②。

第21飞行队的前身为1940年6月在摩洛哥卡萨布兰卡创建的2B海军纵队（l'escadrille 2B），当时配备的是“格雷恩·马丁167F”（Glenn Martin 167F）轰炸机，曾在法属北非和西非地区多次执行作战任务，直至1944年4月被解散。时隔8年，法国在拉蒂格（Lartigue）海军航空兵基地创建了继承2B海军纵队传统、配备“兰开斯特”（Avro Lancaster）轰炸机的第11飞行队。在1953年的海军航空部队重组中，第11飞行队转而配备“洛克希德海王星P2V6”（Lockheed P2V6 Neptune）海上巡逻机执行海上巡逻、侦察和反潜作战，并将番号改为第21飞行队。阿尔及利亚战争结束后，该部队转

---

① Ministère de la Défense, *Flotilles* 11*F*, http://www.defense.gouv.fr/marine/operations/forces/aeronautique-navale/flottilles/flottille－11f.

② Ministère de la Défense, *Flotilles* 12*F*, http://www.defense.gouv.fr/marine/operations/forces/aeronautique-navale/flottilles/flottille－12f.

赴尼姆－加龙（Nîmes-Garons）基地，并于1965年12月成为首支装备“宝玑Br－1150大西洋”（Bréguet Br－1150 Atlantic）海上巡逻机的海军航空部队。在此后的30年时间里，第21飞行队完成了10万小时的飞行，并在毛里塔尼亚、乍得、黎巴嫩、波斯湾和南斯拉夫等地的对外军事行动中很好地执行了包括情报搜集以及监视海上和水下威胁在内的多重任务①。

第23飞行队最初于1940年12月1日创立，当时的番号为2F轰炸飞行队（la flottille de bombardement 2F），先是配备了“格雷恩·马丁167F”和“哈德逊”（Hudson）轰炸机，1943年改配“威灵顿”（Wellington）重型轰炸机，1952年又配备“兰开斯特”轰炸机，开始执行反潜任务。1953年6月，2F轰炸飞行队正式更名为第23飞行队，并在随后的阿尔及利亚战争期间配备“洛克希德海王星P2V6”海上巡逻机参与了对阿尔及利亚和摩洛哥海岸的监视。1961年1月，该飞行队先后在驻守塞内加尔达卡160空军基地、摩洛哥利奥泰港②海军航空兵基地之后，最终入驻法国的朗比韦基地，并于1972年配备“大西洋”海上巡逻机，在多场境外作战中执行安全警戒、情报搜集和汇总等任务③。

第24飞行队先后有过B201、3R1、2R1、2S1和10 F的别称，在1943年的反潜作战中有过出色的战绩，二战结束后曾被解散多年，直至1952年被重新启用，并远赴印度支那作战。1954年8月，返回法国的第24飞行队正式入驻朗比韦基地，并配备“兰开斯特”战机在大西洋海岸执行监视任务。此后，陆续配备了“海王星”“大西洋1”等海上巡逻机的第24飞行队在亚丁湾、红海和刚果（布）等地成功执行了反潜、反舰、攻击制导、轰炸以及监视、情报

---

① Ministère de la Défense, *Flotilles* 21*F*, http：//www. defense. gouv. fr/marine/operations/forces/aeronautique-navale/flottilles/flottille－21f.

② Port-Lyautey，现克尼特拉（Kénitra）。

③ Ministère de la Défense, *Flotilles* 23*F*, http：//www. defense. gouv. fr/marine/operations/forces/aeronautique-navale/flottilles/flottille－23f.

搜集等任务①。

1956 年 8 月创建于北非的第 31 飞行队是法国海军首支直升机部队，最初配备的是 H21 直升机，1960 年 3 月改为 HSS 直升机，并从此转而从事反潜作战，并于 1968 年与“克列孟梭”号和“福煦”号航空母舰配合参与了在太平洋地区的核试验。1978 年 1 月，第 31 飞行队接收了第一批“山猫”（Lynx）直升机，遂行海洋监视、情报搜集以及人员与器材的运输与起吊等任务②。

（三）海军突击队

法国成立海军突击队的构想最早来自菲利普·基费（Philippe Kieffer）。二战爆发后，身为银行家的基费赶往伦敦，加入了海军上将埃米尔·米瑟利耶（Emile Muselier）指挥的自由法国海军部队（les Forces navales françaises libres，简称 FNFL）。在他屡次向米瑟利耶和戴高乐提出建议后，“自由法国”的第 1 海军陆战和突击营（le 1er Bataillon de fusiliers marins commandos）于 1943 年 10 月正式成立，并参加了多次对德突击作战任务，直至 1944 年 3 月接到命令而停止战斗。1946 年 4 月 6 日，法国海军参谋部决定成立一支海军陆战队员和突击队员组成的混编部队。从 1946 年 11 月到 1948 年 1 月，法国现有的特雷贝尔突击队、德·蒙福尔突击队、德·庞芬特尼奥突击队、若贝尔突击队和于贝尔突击队共 5 支作战突击队③先后建立起来，每支突击队都以在战斗中牺牲的某位军官命名，除了于贝尔突击队的营地在土伦之外，其余 4 支全部驻守于洛里昂市（Lorient）。作为法国海军的特种作战部队，5 支突击队在这一时期共同履行三个方面的主要职能：一是远海行动，包括海上反恐、打击海盗以及

---

① Ministère de la Défense, Flotilles 24F, http://www.defense.gouv.fr/marine/operations/forces/aeronautique-navale/flottilles/flottille-24f.

② Ministère de la Défense, *Flotilles 31F*, http://www.defense.gouv.fr/marine/operations/forces/aeronautique-navale/flottilles/flottille-31f.

③ 5 支突击队的法语称号分别为 le Commando Trépel, le Commando de Montfort, le Commando de Penfentenyo, le Commando Jaubert 和 le Commando Hubert。

其他各种非法活动；二是岸上特种作战；三是由海抵岸行动，包括两栖作战、侦察特种行动和情报搜集。

（四）“贝里”号情报侦察船

海上情报侦察船是最主要的水上侦察平台，素有“海上情报吸尘器”的美誉。因为这种侦察船上一般安装有各种信号侦收、分析和处理设备，并通过通信线路与其他一些平台相联系，具有其他侦察平台不可比拟的优势。从 1977 年 5 月 19 日开始，法国海军从事情报搜集的主要力量是“贝里”号（le Berry）情报侦察船。1958 年 1 月 30 日，它的前身诞生于德国不来梅市的罗兰造船厂，当时船长为 86.70 米，船宽为 11.60 米，标准排水量为 1150 吨，5 月 10 日下水时的满载排水量为 2700 吨。同年 10 月 11 日，因马赛的沃尔姆斯船运公司征用，该船以“梅多克”号（Médoc）的命名正式投入运营，当时船员人数为 22 人，主要负责货物运输。

1964 年 1 月 1 日，法国从陆海空三军（其中海军占 70%）和原子能委员会（le Commissariat de l’Energie atomique，简称 CEA）抽调人员成立了太平洋试验中心（le Centre d’expérimentation du Pacifique，简称 CEP），决定在南太平洋的岛屿上开展一系列核试验。同年 9 月 24 日，法国海军采购委员会经过实地考察决定收购“梅多克”号船，以作为运输船向出入法属波利尼西亚首府帕皮提（Papeete）的大型舰船提供原料补给。9 月 26 日，“梅多克”号船正式进入法国海军服役，先是在土伦军港接受了海军兵器制造局（la Direction des constructions et armes navales，简称 DCAN）为期 9 个月的维修与改造，后以法国历史上的贝里省（le Berry）命名列装，并形成了 2 名军官、29 名船员的作战队伍。

1965 年 9 月 17 日，在核试验中心局（la Direction des Centres d’éxpérimentation nucléaires，简称 DIRCEN）的指挥下，“贝里”号作为太平洋试验中心的补给舰正式驶往南太平洋地区。1973 年 10 月 2 日，完成任务的“贝里”号返回法国土伦港，接受地中海地区总司令的统一领导。此后的一段时间里，“贝里”号转入预备役，并接受了一个专家委员会主导下的技术改造。1977 年 5 月 19 日，“贝里”号再次服役，成为专门从事军事情报搜集的试验舰。该舰装配了一套名为“多军种电磁情报手段（moyen interarmées naval de renseignement électromagnétique，简称 MINREM）的监听系统，用来拦截和测量目标国的无线电与电子通信。尤其是冷战的后半期，“贝里”号不仅在巴伦支海和黑海从事针对苏联的情报侦察，而且在地中海和波斯湾等危机频发的地区执行了大量情报搜集任务。

三、空军侦察情报力量

美国战争问题研究专家詹姆斯·F. 邓尼根在其 20 世纪 80 年代出版的《现代战争指南》中说道：“空军作战行动的核心是搜集情报。过去如此，现在仍然如此。”① 法国早在 1789 年大革命时期就已利用空域进行军事侦察活动②，此后一直重视将空中力量作为情报搜集的重要手段。在 20 世纪 60 年代和 70 年代，法国空军先后组建了两个空军大队，专业从事电磁情报的搜集。

（一）敦刻尔克 01. 054 空军电子大队

敦刻尔克 01. 054 空军电子大队继承了两次世界大战时期 MF20 空军电子中队（l'Escadrille MF20）的优良传统。当时，作为侦察和情报部队，该电子中队先后驾乘“亨利 – 法尔曼”（Henry-Farman）双座侦察机、“勒托尔”（Letord）三座侦察机和“斯帕德”（Spad）系列侦察机参加了一战中的所有重大战役。之后，侦察职能得到进一步确认的 MF20 电子中队划归 I/35 侦察编队（le Groupe de reconnaissance I/35），并在二战中驾驶“马丁·布洛克 131”（Martin Bloch 131）侦察机进行了长里程的作战，直至 1940 年 7 月法国兵败

① （美）詹姆斯·F. 邓尼根著，军事科学院外国军事研究部译：《现代战争指南》，北京：军事科学出版社，1986 年版，第 106 页。

② （法）穆罗汉著，杨杰、袁俊生译：《21 世纪的战争》，北京：经济出版社，2003 年版，第 89 页。

而被解散。

1964 年 1 月 1 日，在德国拉尔（Lahr）的空军 139 基地，法国的 00.054 空军电子中队［l'Escadrille électronique（EE）00.054］正式成立，并被冠以“敦刻尔克”的称号，主要负责战术层级的电子战。在空军战术部队（la Force aérienne tactique，简称 FATAC）等部队长官的指挥下，该电子中队在柏林周边地区执行了多次情报搜集任务。1967 年，该中队转往本国梅兹－弗莱斯卡蒂（Metz-Frescaty）空军 128 基地，并于 1985 年升格为 00.054 空军电子大队（l'Escadron électronique 00.054），所配备的 Nord－2501 Gabriel 电子侦察机也从最初的 3 架增至 7 架。1988 年，当组建第 54 空军战术电子大队（la 54ᵉ Escadre électronique tactique，简称 EET）的工作启动时，01.054 空军电子大队（l'Escadron électronique 01.054）得以正式成立，下设 11.054（l'EE 11.054）、21.054（l'EE 21.054）和 31.054（l'EERE 31.054）三个空军电子中队。1989 年 10 月 26 日，“塔尔－25101G”（Nord－2501 Gabriel）电子侦察机全部退出现役，由法国与德意志联邦共和国（简称联邦德国）联合成立的欧洲 Transall 集团所研制生产的两架“加布里埃尔”（Gabriel）电子侦察机取而代之，每架飞机的机组人员包括 2 名飞行员、1 名领航员、1 名机械师以及 9—14 名专业从事通信情报和电了情报工作的的操作手。该侦察机是 C－160 运输机的通信中继改进型，座舱内经过改造，加装了多个情报收集系统和操作手座席，可收集敌方的电子信号情报①。

（二）奥布拉克 51 空军电子大队

1976 年 4 月 1 日，法国在巴黎南部布雷蒂尼（Brétigny-sur-Orge）空军 217 基地组建了奥布拉克 51 空军电子大队（l'Escadron électronique 51 Aubrac），用以执行战略层级的电子战任务。1977 年

---

① Ministère de la Défense, *Escadron électronique aéroporté* 00.054《*Dunkerque*》, http://www.defense.gouv.fr/air/activites/unites-aeriennes/escadron-electronique-aeroporte/escadron-electronique-aeroporte－00.054－dunkerque.

12 月 12 日，该大队迁往北部厄尔省（l'Eure）埃夫勒 - 福维尔（Évreux-Fauville）空军 105 基地，直到冷战结束时，该大队只配备了一架装有“机载电子战信息收集系统”（système aéroporté de recueil d'informations de guerre électronique，简称 SARIGUE）的道格拉斯 DC - 8 飞机，机组人员包括 2 名飞行员、1 名机械师以及 15—24 名专业从事通信情报和电子情报的操作手。作为冷战期间法国军方最为机密的战略信号情报侦察机，DC - 8 飞机装载的侦察设备非常齐全。关于电磁情报，该机机舱内装有 6 个操纵台，所有操纵台与一个记录仪和一台中央计算机连接。关于通信情报，该机采用的设备是美国生产的带有 VH - 103 耦合器的 566 型接收机。关于电子情报，该机使用的则是法国电子业巨头汤姆逊公司①生产的 Furet 3A 设备，它可以截收信号，并对包括频率、脉冲长度、极化和脉冲重复间隔在内的主要信号参数进行分析。而在测向设备方面，汤姆逊 - CSF 公司当时选择了干涉仪测向机，天线安装在机翼顶部的两个电子情报吊舱内。此外，飞机至少还携带 2 部高分辨率摄像机②。

第五节　冷战期间的法国军事情报体制的困境

如前所述，情报体制的好坏，既影响着一个国家情报能力的高低，也影响着这个国家情报机构运转效率的高低。综观冷战期间法国军事情报体制的建设与发展，不难看出它在军事情报的协调与控制方面存在着较大的问题。

一、国家层面的情报协调有名无实

法国成立部际情报委员会的初衷，是打破各级情报机构的任务

① 该公司 1968 年由法国汤姆逊电子集团（le Groupe électronique Thomson）和无线电报总公司（la Compagnie générale de télégraphie sans fil，简称 CSF）合并而成。

② 佚名：《法国退役的信号情报飞机配备情况》，《电信技术研究》，2002 年第 4 期，第 45—46 页。

和工作范围长期以来互有交叉、分工不明的局面。然而，自成立以来，部际情报委员会的运作效果一直不佳，决定秘密基金在各情报机构间的分配成为其唯一的职能。该委员会制定的国家情报计划多达一百余页，所确立的工作目标过于详尽，常常难以得到各情报机构的切实执行。所以，在很长的一段时期里，部际情报委员会基本处于名存实亡的境地。

直到1989年，时任总理罗卡尔的安全顾问、领土监护局局长雷米·波特拉（Rémy Pautrat）等人经过积极筹备，部际情报委员会才得以重新激活。同时，波特拉还从各情报机构选拔人员成立了十余个工作组，每个工作组负责一个特定的情报工作方向。其中，对外安全总局重点支持“非洲组”的日常工作，并且每半年提交一份报告，以指导旧国家情报计划的落实和新国家情报计划的拟定[①]。不过，对外安全总局只向总统或总理提交报告，领土监护局只向国家警察总局（la Direction générale de la police nationale，简称DGPN）局长汇报工作，各情报机构各自为政、各为其主，对部际情报委员会下达的国家情报计划常常持排斥态度，甚至有的机构负责人说：“国家情报计划毫无用处，我们知道哪些情报值得搜集。”[②] 所以，部际情报委员会的工作依然流于空谈。更何况从理论上讲，自1978年1月25日的第78—78号法令颁布以来，国防总秘书处才是情报协调的实施者，因为是它负责“将情报方面的总需求告知相关情报机构，并主持情报搜集、确保情报开发”[③]。

不过，即便国防总秘书处也难以实现法国各机构情报活动的真正协调，毕竟“法式的情报协调属于修修弄弄的杂活”[④]，各情报机构不仅只对各自的“监护人”负责，且常常为了各自的利益而寻求

① Pascal Junghans, *Les Services de renseignement français: sous l'oeil du Parlement*, Paris: Editions Edmond Dantès, 2006, pp. 50 – 51.

② Ibid., p. 20.

③ Ibid., p. 51.

④ Ibid., p. 52.

建立与政治领导人的直接联系。法国律师贝特朗·瓦鲁斯费尔（Bertrand Warusfel）曾这样评论法国的情报协调工作："这种严重的无能遭到所有情报专家的一致诟病，尽管因为缺乏准确的指令而使得各情报机构最终有了充分的战略自主。各机构自我指导情报工作，且常常拒绝信息共享。从政府决策者方面来说，这种局面只能增加他们对情报的怀疑，往往将其视为不可靠的信息源而拒绝采纳。"①

二、军队内部的情报协调效率低下

相比其他西方大国，法国军队情报机构的协调工作起步较晚。1977 年，在时任总参谋长居伊·梅里（Guy Méry）上将的大力推动下，法军总参谋部成立了军事情报开发中心，用以协调驻外武官、各军种参谋部第二局以及驻德侦察部队②的军事情报搜集工作。然而，由于冷战的特殊历史背景，该中心的斗争矛头主要指向华沙条约组织国家的武装力量，从而缺乏一种"全球视野"，人力与技术手段配备不足，加之内部竞争激烈，所以军事情报开发中心的协调机制并不尽如人意，效率十分低下："侦察部队发往巴黎进行分析的某些情报，往往需要三到四周的时间才能得到反馈，而此时对于作战研判早已为时过晚。"③

---

① Pascal Junghans, *Les Services de renseignement français: sous l'oeil du Parlement*, Paris: Editions Edmond Dantès, 2006, p. 52.

② 二战后，美、英、法、苏等德国占领国曾达成共识，即相互了解对方的军事活动，以免发生不必要的冲突。法军早在 1947 年就往苏联在德高级指挥部派遣了法国军事联络考察团（la Mission militaire française de liaison），先是驻扎在民主德国的波茨坦，1950 年迁至西柏林。根据协议，该考察团有权在民主德国地区自由通行，这为其搜集情报提供了极大便利，从而获得了有关苏联在德军事部署、民主德国军队发展动向的大量信息。从 20 世纪 60 年代起，为了增强针对西欧的攻击力量，苏联在德意志民主共和国的驻军实力大幅提升，法国军事联络考察团的活动也由此日趋密集，尽管苏联和民主德国为此加强了监视和反情报工作，然而截至 1991 年考察团的行动从未有过间断。在长达 40 多年的时间里，"法国所获得的有关苏联和东方国家的新式装备、军队作战环节与指令等情报中，大约有 80% 来自军事联络考察团的搜集"。参见：Roland Pietrini, *Vostok, Missions de renseignement au coeur de la Guerre froide*, Missions spéciales éditions, 2008, p. 151.

③ Claude Faure, *Aux services de la République, Du BCRA à la DGSE*, Paris: Fayard, 2004, p. 671.

对于法国军事情报的生产与协调，1988年5月担任政府总理的罗卡尔也深表失望："我阅读（情报简报）的最初感觉，就是为它的平庸而错愕，与其说令人反感，不如说令人伤感。领土监护局、对外安全总局和防务安全保护局三家机构定期给我们寄送文件，我很快发现，我们收到的都是未经加工、缺乏实质分析的事例，即便有少量评估但也很不具体，甚至自相矛盾。"[①] 为了改变这一局面，他向履行第二任期总统职责的密特朗建议改良法国的情报体制。1988年12月20日，罗卡尔造访莫尔捷大道的对外安全总局总部，在阐述其情报观的同时，誓言将使对外安全总局享有更多的合法性和更大的尊严，并声称将"就加强法国各情报与安全机构间的合作问题展开深入思考"。[②]

三、议会应有的情报控制难以突破

所谓"情报控制"，就是"确保情报机构及其情报、反情报、隐蔽行动和其他相关情报活动符合美国宪法、现行法律、行政命令、规章制度等的规定，在保证其正确履行职能、维护国家安全的同时保护宪法和法律赋予公民的合法权利"[③]。长期以来，在情报与民主的议题上存在一种两难的抉择：一方面，情报不同于其他政府职能，它具有保密需求；另一方面，公众又希望情报部门能确保其秘密活动使用的手段和追求的目标都不会遭到谴责[④]。作为两个方面折中的产物，立法机构的监督制度应运而生。自从荷兰于1952年将情报机构的控制权委托给议会起，大多数的西方国家分别在20世纪70年代和90年代建立起了约束力或大或小的情报控制机制，以期在情报

① Michel Rocard, *Si ça vous amuse*, Paris: Flammarion, 2010, p. 167.

② Claude Faure, *Aux services de la République*, *Du BCRA à la DGSE*, Paris, Fayard, 2004, p. 546.

③ 张晓军等：《美国军事情报理论研究》，北京：军事科学出版社，第176页。

④ （美）艾布拉姆·N. 舒尔斯基、加里·J. 斯密特著，罗明安、肖皓元译：《无声的战争：认识情报世界》，北京：金城出版社，2010年版，第225页。

机构的保密性与公众要求的透明度之间维持一种平衡，然而唯独法国在这方面一直是个空白。

如果说，美国国会情报监督委员会的成立是因为“水门”丑闻的推动，那么法国呼吁议会情报监督的催化剂则是1985年7月的“绿色和平组织事件”。当法国对外安全总局的特工炸毁绿色和平组织的船只“彩虹勇士”号这一丑闻被公之于众后，时任总理洛朗·法比尤斯（Laurent Fabius）于8月27日发出训示，要求领导法国主要情报机构的国防部长和内政部长每年都要向议会两院的防务委员会提交一份报告，以详细说明各个情报机构所从事的活动。然而，这一要求最终还是沦为一纸空文而不了了之。

本章小结

法国是一个情报工作历史悠久的国家，每个时期的情报工作都具明显的时代烙印，每个时期的情报思想与实践都对法国情报体制的逐渐形成产生了重要影响。冷战期间的法国军事情报体制不仅继承了大革命时期、尤其是拿破仑帝国时代的情报传统，也受到第二次世界大战期间法国情报工作的深刻影响。一方面，与拿破仑帝国时期执政者有无限权力而两院形同虚设的情况如出一辙，法国在军事情报工作方面行政权力过大，议会监督始终难有突破。另一方面，与二战时法国“自由区”、北非地区法军和伦敦“自由法国”的情报机构各自为战相类似，法国各情报机构单独运作，甚至具有为各自部门或领导人服务的倾向，各军种侦察情报力量也是过于分散，作为情报协调机关或机构的部际情报委员会与军事情报中心作用非常有限，而且也缺乏真正有效的情报控制机制，所以情报工作的效率较低，透明度也不高。

第三章 1990—2000 年法国军事情报体制改革的成因与举措

面对冷战后全新的国际环境，世界不少舆论认为情报工作的重要性已大打折扣，法国情报机构自身也曾陷入一种不知何去何从的茫然状态中。然而随着国际形势的发展，法国对情报机构的地位和作用逐渐有了新的认识，即情报机构仍是新形势下处理国际关系、维护国家安全十分重要的幕后力量。有鉴于此，法国决定抓住高新技术发展、信息时代来临的历史机遇，对其情报界、尤其是军事情报工作发动“一次真正的革命”①，力求以崭新的姿态迈入 21 世纪。

第一节 1990—2000 年法国军事情报体制改革的成因

自 20 世纪 90 年代以来，法国之所以加快了军事情报改革的步伐，一方面基于法国所面临威胁的变化和欧洲防务一体化的进展，另一方面则源自新军事革命的开展和海湾战争的刺激。

一、世纪之交的“战略断裂”

（一）两极体制解体

以 1985 年 11 月日内瓦首脑会晤为转折，苏美关系逐渐从冷战和对抗进入比较持久稳定的缓和与合作期。而从 1989 年 11 月 9 日

---

① Eric Denécé, *Les services secrets français sont-ils nuls?* Paris: Ellipses Editions Marketing, 2012, p. 265.

柏林墙倒塌、1990年10月民主德国和联邦德国实现统一起，东欧社会主义国家也纷纷完成了由政治体制变革带动政权转移的过程。1991年7月1日，华沙条约组织在布拉格的会议中宣布正式解散。在同月举行的领导人峰会上，美苏两国的国家元首乔治·布什和米哈伊尔·戈尔巴乔夫宣布美苏建立战略伙伴关系，冷战从此走向终结。同年12月25日，戈尔巴乔夫宣布辞职，并建议苏共中央委员会自行解散，苏联由此宣告解体。这样一来，维持40余年的“雅尔塔”体系完全崩溃，以东西方“冷战”为基本特征的两极体制不复存在，世界政治格局呈现出多极化发展的趋势。同时，这一时期美国与苏联在核军备控制方面的对话与合作也取得了较大进展，两国从1991年7月起签订了一系列削减或销毁核武器的条约和协定。这样一来，“没有人会怀疑，过去影响到法国根本利益的直接的、具体的、可估量的主要威胁如今已渐趋消失”①，“法国历史上第一次在其国境线上不再面临直接的军事威胁”②。

然而，冷战结束后的法国从此面临许多潜在的危险。来自苏联和中东欧国家以及巴尔干地区的宗教冲突和民族矛盾日益加剧，有可能爆发危机的地区不断扩大，某些国家因种族和政治因素导致的内战频发，而国际社会对此缺乏必要的控制和行动手段。苏联红军的解散，宣告独立的各加盟国对苏联武器库的分割，有可能导致核武器和大规模杀伤性武器的扩散。从互联网革命和经济全球化中受益的犯罪组织也不断扩大非法交易，已经对某些国家的安全构成重大威胁。自由制度催生的反资本主义群体对现代社会的运作模式产生质疑，甚至发展成为达目的不择手段的暴力集团。此外，恐怖主义活动在这一时期也取得了不可忽视的发展③。所有这一切，对法国

---

① Ministère de la défense, *Livre Blanc sur la Défense* 1994, Paris: La Documentation française, juin 1994, p. 7.

② Ibid., p. 7.

③ Eric Denécé, *Les services secrets français sont-ils nuls?* Paris: Ellipses Editions Marketing, 2012, p. 256.

的经济、社会、文化等各个领域都构成了新的挑战。

（二）欧洲一体化进程加快

1992 年 2 月 7 日，欧洲共同体 12 国外长和财政部长在荷兰正式签署了《马斯特里赫特条约》（le Traité de Maastricht）[①]，为共同体建立政治联盟和经济与货币联盟确立了目标与步骤，奠定了欧洲联盟成立的基础。特别是在法国和德国的力促下，共同体最终决定把西欧联盟建设成共同体的防务机构，实行共同的外交与安全政策，同时与北大西洋公约组织（简称北约）保持一定联系。欧洲一体化进程由此取得突破性进展，共同体从此朝着一个政治、经济、外交和安全等多种职能兼备的联合体方向发展。1992 年，法国总统密特朗与德国总理赫尔穆特·科尔举行首脑会晤，宣布正式成立欧洲军团，最高司令部设在法国的斯特拉斯堡。作为欧洲防务合作的产物，该军团是在法德混合旅的基础上扩建而成的一支欧洲多国部队，接受西欧联盟的指挥，执行该联盟赋予的军事使命，并可在保持自身特性的基础上接受北约调遣。欧洲军团的成立，是朝欧盟发展独立军事力量、实现防务一体化迈出的重要一步。为了更好地建设这个"欧洲防务的基石"，法国总统希拉克于 1996 年 2 月宣布了一系列空前的防务改革：逐步实现法国军队的职业化，总兵力减至 35 万人；发挥法国军工和科技潜力，使之更加适应欧洲防务的具体情况；取消义务兵役制；将核威慑确立为法国防务战略的主要内容，今后将进一步成为欧洲核威慑的一部分；继续履行法国在欧洲军团内的义务[②]。

显然，这些"战略断裂"为法国的防务和安全形势带来了深刻的变化，不仅会直接引起法国情报机构的调整，也使法国制定冷战后防务政策的任务如箭在弦，并进一步推动法国情报工作的改革。

---

① 该条约也称《欧盟条约》（le Traité sur l'Union européenne，简称 TUE）。

② 吴国庆：《法国》，北京：社会科学文献出版社，2003 年版，第 295 页。

二、世纪之交的法国防务政策与情报价值认识

1994 年 2 月，法国发表了冷战结束后的第一份《国防白皮书》。根据变化了的国际形势，法国确立了新时期防务政策的目标：第一，能够最大程度地独立捍卫法国的根本利益，使其免遭来自任何方面的任何威胁；第二，提高欧洲自身防务能力，致力于构建国际安全；第三，贯彻实施“全面防务观”，即在军事防务的基础上，密切协调和组织民防、经济、社会等方面的行动，增强法国的整体防务能力。同时，白皮书对冷战时期的法国国防战略进行了修正，不仅确立了“预防”“行动”和“保护”三大核心职能，还提出了“足够可靠的”核威慑与常规武装力量相结合的“多方位防御战略”和以“远距离干涉”“防止危机”为重点的作战方针①，强调要特别加强来自北非、中东和地中海的威胁。

该白皮书44 次提到了“情报”一词，不仅指出“情报、指挥与投送手段是军队应该具备或优先强化的根本能力”②，而且首次将情报确立为一种“战略工具”和“主权手段”。为此，法国除了要调整情报机构的地理与职能分布外，还要对情报搜集工作做出如下变通：军事情报的职能应进一步扩展至监督（如裁军协定和军备控制的落实）和预警（如危机、武器扩散）；制定长期规划，持续追加对情报工作的技术、装备和人力投资，依托“太阳神”系列光学侦察卫星和相关电子系统，发展空间情报手段；启动雷达侦察卫星和监听卫星项目的运作；革新战略、战役和战术三个层次的电子战手段；继续推动情报机构的现代化发展；增加人员（军人和文职）编制，加大培训力度，提高情报人员的专业技能；快速研发和落实高度自动化的情报融合手段；加大欧洲范围内的情报合作与共享，继

---

① 吴国庆：《法国》，北京：社会科学文献出版社，2003 年版，第 294 页。

② Ministère de la défense, *Livre Blanc sur la Défense* 1994, Paris: La Documentation française, juin 1994, p. 105.

续推动陆基、海基、空基、天基侦察和通信设备的共同制造与开发[①]。应该说，通过颁布这份白皮书，“法国的军政决策层首次承认了情报在国家安全中极其重要的地位”。[②]

三、新军事革命的开展

20 世纪后半叶以来，包括信息获取、传输、交换、处理和控制技术，特别是光纤与卫星通信、遥感、仿真等技术在内的信息技术发展迅速，这不仅带动了所有高技术群的巨大进步，也使军事技术装备正在发生由工业时代的机械化装备向信息时代的信息化装备的“跨时代飞跃”，从而催生了信息化军事变革。而新军事变革与战争形态的跨时代转型互为因果、相辅相成，随着世界新军事变革的深入发展，信息时代的信息化战争取代了工业时代的机械化战争。在这种新战争形态的导引下，从 20 世纪 90 年代中期开始，法军就借鉴美、英军队的做法，调整和改革军事组织体制，建立联合作战指挥体制，使其向着“便于信息快速流动与使用”的方向发展[③]。具体到服务于军事决策、作战、指挥和军事训练的法国情报工作，也享受到了信息化革命带来的红利，毕竟系统集成技术中的数字化使声音、图像和数据的趋同成为可能，从而带来了通信的实时化、处理的自动化以及计算与存储能力的成倍增长，情报机构通过电子网络进行调查取证和实施信息误导的行动也变得更加可行。

然而，情报界也遭遇了信息技术发展带来的严峻挑战，特别是从 20 世纪 80 年代末起，在不足 10 年里电子情报工作受到电信新工艺和密码技术普及的严重冲击，传统的情报搜集方式日益暴露出自身存在的严重不足。首先，世界范围内的通信数量激增。电话技术、

---

① Ministère de la défense, *Livre Blanc sur la Défense* 1994, Paris: La Documentation française, juin 1994, p. 107.

② Eric Denécé, *Les services secrets français sont-ils nuls*? Paris: Ellipses Editions Marketing, 2012, p. 271.

③ 王保存：《世界新军事变革新论》，北京：解放军出版社，2003 年版，第 254 页。

全球移动通信系统（GSM）、互联网和其他通信手段迅猛发展，与20世纪60—70年代相比，世纪之交的联网计算机、传真、移动电话的数量均以几何级数增长，这显然给情报机构的信号拦截带来很大的难题。其次，对密码技术的管制被解除。这一技术的普及如同打开了“潘多拉的盒子”[①]，在自由接入互联网方面的技术应用层出不穷，而且大多数的民用系统都已提供旨在保护个人信息的安全功能，这就使得电子情报机构的工作变得愈发艰难。再次，信息来源急剧增加。可以获得信息的公开渠道日益多样化，线上信息来源更是呈爆炸式增长，“每天都会有将近800万网页诞生，其容量每4年都会翻上一番”[②]，许多重要数据库面向全球有偿提供各种各样的海量信息，图像的商业化使许多企业和个人可以获得越来越多的卫星照片，从而打破了国家在空间情报方面的垄断。此外，情报人员的专业技能有待提升。尽管大量的信息可以通过电子情报、信号情报、通信情报和图像情报等技术手段以及互联网和数据库等电子渠道获得，而且对信息的技术处理也越来越优化，然而一个情报机构的出色与否，根本上还是取决于其所属人员的专业知识与技能的高低。有了高超的拦截、侦察和数据自动化处理能力，情报人员的直觉与判读依然不可替代，尤其在情报分析和情报秘密搜集方面更是如此[③]。

四、海湾战争的刺激

局部战争常常被世界军事大国“用于试验新式武器和检验新的作战方式与方法”。[④] 1991年1月17日，以美国为首的34国部队对伊拉克发动了为期42天的海湾战争。“这场战争向全球展示了新的

---

① Eric Denécé, *Les services secrets français sont-ils nuls?* Paris: Ellipses Editions Marketing, 2012, p. 260.

② Ibid., p. 261.

③ Ibid., p. 262.

④ （苏）沙夫罗夫主编，王方仁等译：《局部战争今昔》，北京：解放军出版社，1984年版，第2页。

军事技术所带来的全新战争面貌和广阔发展前景”[①]，而高技术侦察情报力量在保障战略和战术行动中所起的巨大作用，更被证明是从海湾战争中得出的重要经验之一。换言之，这次局部战争勾勒出了未来战争样式的部分轮廓：“即使不在实时、至少也是在极短的时间内利用空中和卫星系统将情报传递给参谋部和作战部队；有了能悄悄进入敌人侦察、通信系统的仪器，该仪器能在敌对行动开始前、远程战斗直升机攻击的同时将对方的侦察、通信网络摧毁；实施远距离的精确打击。”[②]

海湾战争的爆发，明显暴露了法国国家利益的矛盾：一方面，尽管法国视美国的阴谋无处不在，但表面上还要维护同美国的联盟关系；另一方面，法国要顾及国内军事工业的需要，毕竟国防部期待着与伊拉克签订更多的新式武器合同。最终，时任总统密特朗做出了最终决定：“在美国人觉得他们的安全处于危险之中时，和美国人作对是不慎重的”[③]，同时也是为了“加强法国在海湾的存在”[④]，于是派出 66 架飞机与 2 万名法国军人参与了对伊军的空中打击和地面进攻。虽然法军在这次战争中的表现也很出色，但法军的情报工作却令人不敢恭维。当美国部署的“锁眼”（Key Hole）照相侦察卫星以平均 2 小时一次的间隔飞越海湾地区从而对伊拉克军队的部署了解得清清楚楚时，“法国的军事情报开发中心却不具备一个可信的地缘战略视野”[⑤]，其在海湾地区的远征部队“幼鹿师”（la division

---

① 军事科学院世界军事研究部：《世界军事革命史（上卷）》，北京：军事科学出版社，2012 年版，第 5 页。

② （法）穆罗汉著，杨杰、袁俊生译：《21 世纪的战争》，北京：经济出版社，2003 年版，第 5 页。

③ （美）肯尼思·R. 蒂英曼著，陈平译：《法国对美国的背叛》，北京：中央编译出版社，2010 年版，第 184 页。

④ 同上书，第 185 页。

⑤ Gérald Arboit，*La Direction du renseignement militaire a 15 ans*：*les moyens d'une ambition ratée*，http：//www. cf2r. org/fr/notes-de-reflexion/la-direction-du-renseignement-militaire-a-quinze-ans-les-moyens-dune-ambition-r. php.

Daguet）只能依靠本国的民用地球探测卫星“斯波特”[①] 来监视战场情况。所以，尽管时任国防部长让－皮埃尔·舍韦内芒（Jean-Pierre Chevènement）强烈反对法国在海湾地区的军事力量与美国人之间发生任何联系，而且也向海湾地区迅速派出了一位对外安全总局上校军官率领下的情报分队，但是法军所需要的卫星图像和有关萨达姆·侯赛因后续行动的情报却依然大量依赖于美国最先进的航天侦察技术。显然，法军在这场战争中无法“维护法国指挥机关的自主性”，正如在“沙漠风暴”发起之初出任国防部长的皮埃尔·若克斯（Pierre Joxe）所抱怨的那样，“美国人什么时候给我们情报，给我们什么情报，全凭他们高兴”[②]。

海湾战争后，法国对海湾战争中法军的情报工作进行了总结，除了反思战争期间过度依赖美国的军事卫星提供情报而损害战略自主以外，对本国以对外安全总局为主的情报界也非议颇多：在中东地区的部署极为薄弱，没有可靠的人力情报源；反应拙劣，对掌握的信息缺乏应有的判断，未能预料敌方的目标和企图；机构过于分散，无法在危机爆发时发挥作用，富有成效的情报合作更是无从谈起[③]。虽然时任对外安全总局局长西尔伯灿以法国从来没有发射过一颗军用卫星、情报人员主力从中东转往非洲等事实进行辩解，但法国政府的上上下下还是因情报机构的“无能”而深感震撼，逐渐意识到法国要在新世纪的国际舞台上占据一席之地，情报界的改革势在必行。

第二节　增设情报的行政控制机构

“情报与军队、警察、监狱一样，同为政府职能的一部分，情报

① Spot，即 Système probatoire d’observation de la terre 的缩写。

② 高金虎主编、匀宏展等著：《塞纳河畔的管子工——二十世纪法国情报机构绝密行动》，北京：东方出版社，2005 年版，第 252 页。

③ 同上书，第 252 页。

控制只是整个政府控制的内容之一。"[①] 情报控制的目的，是确保情报机构及其情报、反情报、隐蔽行动和其他相关情报活动符合宪法和有关法律法规的要求，在保证情报机构高效运转、满足决策者情报需求的同时，保护宪法和法律赋予公民的合法权利。20 世纪 90 年代，法国军事情报工作的行政控制机构除了国防部的军队总监察部以及行政文件知情权委员会和国家信息技术与公民自由委员会以外，又增设了国家安全拦截控制委员会（la Commission nationale de contrôle des interceptions de sécurité，简称 CNCIS）和国防秘密咨询委员会（la Commission consultative du secret de la défense nationale，简称 CCSDN）。

一、国家安全拦截控制委员会

1982 年，在时任总统密特朗的指使下，法国总统府成立了一个由克里斯蒂安·普鲁托（Christian Prouteau）领导的反恐小组，于随后的 4 年中对法国公民的近 3000 个通话进行了监听。后来这一工作被媒体披露，反恐小组才于 1986 年"结束"了此类监听活动[②]，此即所谓的"爱丽舍宫监听事件"。在该事件推动下，法国于 1991 年 7 月 10 日颁布了第 91—646 号法律——《电信发送邮件保密法》（la Loi du 10 juillet 1991 relative au secret des correspondances émises par la voie des télécommunications），并据此成立了国家安全拦截控制委员会。条文中提到，"安全拦截"又称"行政监听"，与司法机关下令进行的拦截情形不同，因为安全拦截的目的在于搜集攸关以下事项的情报：维护国家安全，保护法国经济与科技优势，防范恐怖主义以及有组织犯罪和违法行为，防止根据 1936 年 1 月 10 日关于私人

① 张晓军等：《美国军事情报理论研究》，北京：军事科学出版社，2007 年版，第 198 页。

② 事实上，法国"以国家的名义"进行的监听从未停止，2007 年成立的反恐斗争协调部队（l'Unité de coordination de la lutte antiterroriste，简称 UCLAT）所拥有的监听系统每年可以处置 20000 份监听申请。

保安队和战斗小组的法律而解散的群体再次出现①。

国家安全拦截控制委员会由2名众议员、1名参议员和3名法官组成，而其主席的产生比较严格，先是由法国行政法院②的副院长和法国最高法院③的第一院长联合提交一份4人名单，然后由总统从中指定1名人选担任委员会主席，任期为6年。该委员会的主要职责是确保已付诸实施的相关法律法规得到切实遵守，对于情报机关为了达到上述目的而批准实施通信拦截的某个决定，委员会有权向总理表达自己的意见。如果说根据第91—646号法律规定，该委员会起初对拦截许可只能实施事后控制的话，在其运作几个月后，便从政府总理那里获得了更大的权力，即情报机构做出批准拦截的决定之前必须接受委员会的控制。一般而言，总理在听取委员会意见的基础上做出决定，然后交由隶属于总理、实施监听活动的部际控制工作组（le Groupement interministériel de contrôle，简称GIC）具体执行。行政监听不止针对“目标”的个人电话，也包括可能由“目标”使用的其他电话，并确保能够对其定期检测或重新检测。

二、国防秘密咨询委员会

1998年7月8日，法国颁布第98—567号法律④，正式成立了国防秘密咨询委员会。作为一个独立的行政机关，当法国的某个司法机构要求相关部长解密并提供冠以国防秘密的信息时，该委员会负责向该部长传达自己的意见。当然，这种意见的作出必须符合一些

---

① La Documentation Française, *Les modes de contrôle des services de renseignement*, http: //www. ladocumentationfrancaise. fr/dossiers/d000068 – le-renseignement-francais-face-au-defi-du-terrorisme-a-la-fin-des-annees – 2000/la-coordination-des-services-francais-de-renseignement.

② 法国行政法院（le Conseil d'Etat）负责审理和平时期颠覆活动案件以及司法部长以政治罪为由指定其审理的案件。

③ 法国最高法院（la Cour de cassation）为普通法院的最高审级，但只复议法律问题，不审理案件，不作新判决。

④ Légifrance, *La Loi No.* 98 – 567 *du* 8 *juillet* 1998 *instituant une commission consultative du secret de la Défense nationale*, JORF No. 157 du juillet 1998, p. 10488 – 10489, NOR DEFX9700140L.

标准，即一方面必须考虑到司法机构工作的正常开展，以及对无罪的辩护和推定；另一方面也要考虑到国家防务能力的保护，以及法国对国际契约的遵守和对人员安全的保障。只是这些标准没有严格的审定程序，往往只是由该委员会根据双方的情况权衡利弊后做出决定。预审法官往往有权接触涉密文件，但需要事先把这些文件提交给国防秘密咨询委员会审查。

换言之，法国成立国防秘密咨询委员会的初衷，是为了在行政机构和请求解除国防秘密的司法机构之间发挥一个“筛子”的作用。即便委员会的意见一般会得到执行，但它的职能纯粹是“提供咨询”，相关部长有非常自由的选择空间，无论委员会给出的意见是否有利，该部长都可以做出同意解密或拒绝解密的决定。毕竟，国防秘密咨询委员会只是司法程序履行过程中的一个调解机关，不具有任何优先控制权。

第三节 组建和调整军事情报机构

冷战结束后，非传统安全威胁的出现和信息技术在情报侦察领域的广泛应用，推动着包括法国在内的世界军事强国开始了新一轮的军事情报转型。作为军事情报工作领域的一场深刻革命，军事情报转型“必然涉及现有情报机构编制体制的调整、任务的变化以及部门利益格局的调整”①。

一、组建军事情报局

（一）组建过程

1989年3月，梅尔梅因达到服役年限而卸任对外安全总局局长一职，时任国防部长舍韦内芒曾就军事情报工作与新任局长西尔伯

① 孙建民等：《战后情报侦察技术发展史研究》，北京：军事科学出版社，2008年版，第327页。

灿有过这样的谈话："侦察、监听以及信息传输与处理技术的迅速发展，将对情报的搜集、开发和传递工作产生重要的影响。与世纪之交危机情势密切相关的各类威胁的变化或新威胁的出现，也应引起对军事情报指导工作的深度思考。"① 他还进一步要求"重视尤其与北约伙伴国之间的军事情报合作"。② 然而，当时的军事情报指导工作并未受到较大的质疑，军事情报能力也未能得到迅速的提升。加之冷战结束后，法军情报界长期存在着一种争论：是彻底打破旧有的情报机构及其运作方式，培育一个真正自主的军事情报机构？还是基于对外情报机构中的现有人员与设备，在对外安全总局的内部成立一个军事情报分支机构？当时的总参谋部着眼于技术情报的需要，倾向于第一种意见，对外安全总局则希望做出第二种抉择。这样，最终裁决权就落在了军队高层的身上。

1989 年，舍韦内芒启动了军事情报机构的重组。5 月 10 日，他委托离职不足两月的梅尔梅就"军事情报的使命及其未来 10 年的展望"进行论证。在遍访北约成员国的军事情报机构后，梅尔梅清醒地意识到，组建一个集权式的军事情报机构势在必行，因为只有这样，才能将散布在陆、海、空三军的各种情报手段与资源集中起来，打造一个向国防部、武装力量以及其他部门或机构提供情报支持的一体化组织，更何况新型传感器、太空技术的发展所带来的财政压力也亟须情报界的互助共享。同年 9 月，梅尔梅向当时的军政高层提交了一份报告，贯穿全文的关键词就是"情报自主"和"军种情报联合化"。

1991 年 1 月 29 日，若克斯被密特朗总统任命为新的国防部长，这位前内政部长因为见证了法国对外情报工作史上的最大丑闻——"绿色和平组织事件"，所以更加感受到打造一个强有力的军事情报机构的紧迫性。首先，若克斯要求参与处置海湾危机的对外安全总

① Claude Silberzahn &Jean Guisnel, *Au cœur du secret*: 1500 *jours aux commandes de la DGSE* (1989 - 1993), Paris: Fayard, 1995, p. 84.

② Ibid. , p. 84.

局和军事情报开发中心提交尽可能完整的工作汇报，并在新任总参谋长海军上将雅克·朗扎德（Jacques Lanxade）的支持下，重新启动对梅尔梅报告的论证。同时，若克斯要求5月1日进入国防部工作的菲利普·龙多（Philippe Rondot）将军尽快拟定一个可行的改革方案。5月6日，在海湾战争结束3个月后，若克斯在法国国防高级研究所做了一次有关军事情报工作的陈述，指出“在决策程序中，情报没有得到充分的重视”，“无论就技术、空间和人力而言，情报都应被视作法国防务体系的重要组成，它既能服务于核威慑战略，也能为常规力量提供支持”。[①] 为此，他主张在军队内部组建一个专门的兵种以负责情报工作，“优先发展与太空相关的情报技艺和指挥技术”，并强调“太空是未来情报常态化搜集的主要领域”[②]。在同年9月初的政府重组中，若克斯委托让·海因里希（Jean Heinrich）准将就未来军事情报局的组织体制和运作模式草拟一个方案[③]。

由于海因里希曾在对外安全总局任职4年，所以一度曾有将未来的军事情报局纳入对外安全总局的传言，然而7个月后，若克斯宣布将成立一个总参谋长领导下的独立情报实体。1992年6月16日，法国政府颁布了第92—523号法令，决定在整合原军事情报开发中心以及陆、海、空三军第二局的基础上正式成立军事情报局。根据法令，军事情报局接受总参谋长的领导，负责满足总参谋部军事攸关情报的需求，此外也向国防部各下属机关和机构、作战指挥部、建制指挥部以及政府其他相关机构提供此类情报的支持；军事情报局负责军事攸关情报工作指导方针的制定和落实，并对该方面的工作加以主持和协调；在与各军种参谋部、国防部其他相关机构保持联络的基础上，军事情报局负责制定旨在提升工作人员情报技

① Jean-Pierre Faure, *Evolution des structures de renseignement militaire 1960 – 1995*, Paris: Economica, 1998, p. 226.

② Ibid., p. 227.

③ Gérald Arboit, *La Direction du renseignement militaire a 15 ans: les moyens d'une ambition ratée*, http://www.cf2r.org/fr/notes-de-reflexion/la-direction-du-renseignement-militaire-a-quinze-ans-les-moyens-dune-ambition-r.php.

能的培训规范，并参与培训工作的管理①。为了有效履行上述使命，该局需要获得从事军事情报工作的所有机构的鼎力协助，而国家宪兵和武器装备总局（la Direction générale de l'armement，简称 DGA）②所属情报机构的支持尤为重要。

（二）发展壮大

在法国历届政府的支持下，军事情报局的资源与手段逐年得到加强。在其成立后的 5 年时间里，编制由最初的不足 1200 人增至 1700 人。其预算也有了大幅度的追加，1999 年增长了 25%③。科索沃战争结束以后，军事情报局更将其工作聚焦于作战支援，尤其是空中打击准备所凸显的重要性促使该局大力发展系统分析技术，以同时应用于作战的规划阶段和瞄准打击阶段④。在经历了海因里希和布律诺·埃利（Bruno Elie）两任少将局长后，海军准将伊夫·德·凯尔索松·德·佩南德莱夫（Yves de Kersauson de Pennendreff）从 1998 年 3 月开始执掌军事情报局。在其 3 年的任职时间里，他推动该局与美国、英国、德国、加拿大、比利时、西班牙、意大利等国的军事情报机构建立了对话关系，不仅使法国军事情报局的势力延伸到了国外，还为自己成就了法国情报界“教皇”的称谓。

尤其令人关注的是，法国在海湾战争中见证了美军依靠当时最先进的航天侦察技术牢牢掌握了战场情报主动权，为了摆脱对美国

---

① Ministère de la Défense, *Le Décret n°92 – 523 du 16 juin 1992 portant création de la direction du renseignement militaire*, https://www.legifrance.gouv.fr/affichTexte.do? cidTexte = LEGITEXT000006079258.

② 该局的前身为 1961 年成立的国防部武器装备署（la Direction ministérielle pour l'armement，简称 DMA），1977 年改组成立武器装备总署（la Délégation générale pour l'Armement，简称 DGA）。2009 年 10 月 5 日，法国政府颁布第 2009—1180 号政令，将武器装备总署更名为武器装备总局。

③ Eric Denécé, *Les services secrets français sont-ils nuls?* Paris: Ellipses Editions Marketing, 2012, p. 269.

④ Ibid., p. 269.

卫星侦察情报资源的严重依赖，法国在始自1977年“萨姆罗”计划①的基础上，加快了纯军事用途的光学侦察卫星的研制步伐。在与西班牙和意大利的资金与技术合作下，1995年7月7日，三国联合研发的“太阳神－1A”成功进入轨道。1999年12月3日，法国再度成功发射“太阳神－1B”卫星。军事情报局作为这种军用光学成像卫星的实际控制者，依靠其1993年成立的三军图像判读与培训中心（le Centre de formation et d'interprétation interarmées de l'imagerie，简称CF3I）承担“太阳神”系列卫星的运作事宜，并对由此收集的情报进行分析，极大满足了军事情报局和对外安全总局以及其他欧洲联盟（简称欧盟）国家的军事情报需求。

二、优化对外安全总局组织体系

冷战后，与西方其他国家的情报机构经历了从缩减到再加强的过程不同，法国情报机构始终处于上升的势头，对外安全总局的不断扩大便是很好的例证。1994年，法国政府批准了该局在未来5年内增加500名情报人员的计划，实际上该局每年新招募的人数都超出了年度计划，2000年的工作人员已达4000余人。

在内部组织体系方面，这一时期的对外安全总局也有了较大的调整。特别是1989年西尔伯灿担任局长后，在时任国防部长舍韦内芒的支持下，对对外安全总局的内部设置进行了重组。在总局（la Direction générale，简称DG）原有的行政局（la Direction de l'administration，简称DA）、情报局（la Direction du renseignement，简称DR）和技术局（la Direction technique，简称DT）的基础上，西尔伯灿决定将总部设在巴黎郊区罗曼维尔市（Romainville）努瓦西要塞（le Fort de Noisy）的行动处纳入一个更为广阔的架构，于是连同具有相关职能的其他机构一并成立了作战局（la Direction des

① “萨姆罗”（satellite militaire de reconnaissance optique，简称SAMRO）计划旨在提高法国军队战场监视、军事制图、目标定位的能力。

opérations，简称 DO）。20 世纪 90 年代末，又组建了新的分支机构战略局（la Direction de la stratégie，简称 DS）。

直到 2000 年以前，情报局主要由情报搜集处（le Service de recherche，简称 SR）和反间谍处（le Contre-espionnage，简称 CE）构成。其中，情报搜集处根据地理区划（如“阿拉伯世界科”“非洲科”等）负责情报的搜集，每个区划又按照“搜集”（线人的招募和管理）和“开发”（信息处理和情报生产）两条主线设立更小的工作小组；反间谍处则负责对敌对机构进行监视，及时侦破这些机构对总局发起的行动，并对情报搜集处的情报渠道进行监督，以防被信息误导，同时还负责招募特工、发展双面间谍。对外安全总局的情报官常常采用掩护身份，通过在国外正式任职（多数工作于法国驻外使馆）或短期出差来实施线人的招募和管理。2000 年，情报局进行了重组，从而催生了政治情报处（le Service de renseignement politique，简称 SRP）和安全情报处（le Service de renseignement de sécurité，简称 SRS），其中安全情报处专业从事反间谍、反犯罪、反恐怖和反大规模杀伤性武器扩散。在新的体制下，对外安全总局的驻外人员都要执行这两个处的指令，随后又成立了一个情报搜集中央部（le Département central de la recherche，简称 DCR）以加大对这些人员的指挥。

至于作战局，经过十余年的发展，2000 年时已经形成了四大处构成的基本格局：行动处接受设于巴黎地区的一个联合参谋部的指挥，负责秘密行动的规划和实施；任务处（le Service mission，简称 DO SM）负责在对外安全总局没有正常哨位的地区进行人力情报的搜集；支援处（le Service assistance，简称 DO ASS）专业从事外国情报机构人员的培训；作战处（le Service opérations，简称 SO）在其历史上先后被称为特种作战科（la Section des opérations spéciales）或 25 2/4 科、第 7 处、KY 处、Y 处和 X 处，负责在法国的领土上通过潜入宾馆房间、监控邮件、私拆外交邮袋等方式窃取外国情报①。

此外，技术局也得到了进一步的完善，在2000年时已下设三个处，分别是技术搜集处（le Service technique de recherche，简称STR）、信息技术与通信处（le Service informatique et communication，简称SIC）和技术支援处（le Service technique d'appui，简称STA）。其中，技术搜集处负责电磁来源情报的搜集、信息技术攻击、加密和破译工作，技术支援处负责图像来源情报等特种技术的支持以及技术局公共市场的管理等。

三、成立特种作战指挥部

鉴于海湾战争为法国军队带来的教训，出于对美国特种作战指挥部（United States Special Operations Command，简称USSOCOM）和英国特种部队（United Kingdom Special Forces，简称UKSF）的效仿，在成立军事情报局的8天之后，即1992年6月24日，法国国防部长若克斯以部长决议的方式宣布成立“特种作战指挥部”（le Commandement des opérations spéciales，简称COS）。1993年，时任总参谋长朗扎德曾经下达“允许特种指挥部发展心理战能力”的指令，但该指挥部一直没有设立开展心理战和军民联合行动②的部队，这是它与美国特种作战指挥部的不同之处。自2006年起，特种作战指挥部的参谋部设于伊夫林省（les Yvelines）维里齐－维拉库布莱市（Vélizy-Villacoublay）的空军107基地。

法国特种作战指挥部在总参谋长的直接领导下，实现了法国三军特种力量的有效整合，从而弥补了海湾战争期间法国特种部队缺乏协同作战的不足。一方面，尽管它对各支特种部队并无直接的建制权，但为了有效执行各项任务，它有权支配总参谋部在全军范围内征调的任何力量与手段，并在装备、研发和训练政策以及作战准

① Intelligenceonline, *Le SO sur la touche à la DGSE*, no 633, 20 janvier, 2011.

② 法语为l'action civilo-militaire，英语为Civil Military Cooperation，简称CIMIC。

备等方面行使整合职能。另一方面，尽管特种作战指挥部的主要任务是指挥和协调特种作战，但它也参与情报的搜集和开发，其所依靠的特种力量正是前文述及的陆军第13“龙骑兵”伞兵团和第1海军陆战队伞兵团以及海军的作战突击队①。自成立至今，特种作战指挥部参加了在非洲、欧洲、亚洲以及西印度群岛的几乎所有军事行动。

第四节　整合和壮大侦察情报力量

“情报部（分）队是遂行战场情报支援任务的基本力量。”② 冷战后情报侦察技术的发展促使法国军队进一步加大情报部队建设，以使技术进步带来的战斗力最大限度地发挥出来，更好地执行战场情报支援任务。

一、陆军整合情报部队，组建“情报旅”

“几乎所有的战争原则——而不只是一条——都可以化约成一个名词，那就是‘集中’”③。服务于军事斗争的情报工作也是如此。1993年9月1日，法国将陆军主要的战场情报手段集中起来，组建了情报与电子战旅（la Brigade de renseignement et de guerre électronique，简称BRGE），用于搜集服务于战区参谋部的军事情报，1998年更名为情报旅（la Brigade de renseignement，简称BR或BRENS），参谋部设于梅兹市。整合而成的情报旅负责创建和训练独特的指挥机构与多兵种部队，以向军事情报局、法国快速反应部队

① Eric Denécé, *Les services secrets français sont-ils nuls*? Paris: Ellipses Editions Marketing, 2012, p. 271.

② 孙建民等：《战后情报侦察技术发展史研究》，北京：军事科学出版社，2008年版，第301页。

③ （英）李德·哈特著，纽先钟译：《战略论：间接路线》，上海：上海人民出版社，2010年版，第289页。

(le Corps de réaction rapide France，简称CRRFR）或各兵种参谋部提供人力情报、电磁情报、图像情报和地理情报。从成立到2000年，先后有第44通信团、第54通信团、第2轻骑兵团（le 2e Régiment de hussards，简称 2e RH）和第61炮兵团（le 61e Régiment d'artillerie，简称61e RA）列入情报旅建制[①]。除此之外，这一时期的第13“龙骑兵”伞兵团也接受情报旅的调度和指挥。

（一）电子战部队：第44通信团和第54通信团

1993年10月，第44通信团最先被纳入情报与电子战旅。1994年9月1日，该团离开法国驻德部队在德国兰道市的营地，从此驻扎在法国东北部下莱茵省（le Bas-Rhin）的米齐格市（Mutzig）。作为专业的情报侦察部队，第44通信团主要立足作战现场并经由离驻地不远的电子战中心，从事无线电的搜集、分析、定位、监听和拦截[②]，其中深居地下的电子战中心受到非常严密的保护，以便执行战略电磁情报的搜集和处理任务。该团兵力大约1000人，分为1支固定部队（即米齐格监听中心）和1支机动部队，总共由6个电子战连和1个指挥与后勤连组成。该团的电子战专家分布在五大专业领域：拦截、定位与系统干扰，从业人员须在通信学院（l'Ecole des transmissions，简称ETRS）接受8个月的先期培训；电磁信号侦测与分析，从业人员亦需在通信学院受训；情报分析（即通过数据研读，将其变为清晰情报），从业人员须在斯特拉斯堡的诸军种情报培训中心（le Centre de formation interarmées au renseignement，简称CFIAR）接受1年的先期培训；语言翻译，从业人员须在诸军种情报培训中心接受2年的先期培训；密码破译。在执行对外军事行动时，第44通信团常常被编入陆军作战，并提供不可或缺的电子战支持。而第54通信团作为法国陆军唯一的战术级电子战团，编入情报

① Eric Denécé, *Les services secrets français sont-ils nuls*? Paris: Ellipses Editions Marketing, 2012, p. 270.

② Ibid., p. 270.

旅后也参与电磁情报的搜集，并对敌方的无线电网络进行电子攻击。为此，该团配有最为现代化的拦截、定位和干扰设备，在战斗的最前沿开展作战行动。目前，该团正在发展电子战的轻度干预能力，以在最短的时间内处置各种突发性危机。从成立至今，第54通信团先后现身于乍得、中非、索马里、卢旺达、扎伊尔、沙特阿拉伯、南斯拉夫、阿尔巴尼亚、马其顿、科索沃、黎巴嫩、阿富汗等地的作战现场。

（二）纵深情报搜集部队：第2轻骑兵团

第2轻骑兵团最早根据路易十四于1734年12月21日做出的决定，于1735年1月25日在斯特拉斯堡正式成立，当时称埃斯特拉齐轻骑兵团（le Régiment d' Esterhazy Houzards），后因所效力的贵族不同而多次更名，1791年正式命名为第2轻骑兵团，并在随后的法国大革命和拿破仑帝国的战争中屡建功勋。1939年，该团被解散后改编为1个军团侦察大队和5个步兵师侦察大队，1946年再次与第4轻骑兵团的部分兵力重组为第2轻骑兵团。1956年和1958年，该团先后被改组为步兵训练中心、装甲兵与骑兵训练中心，1962年在整编第12龙骑兵团的基础上回归轻骑兵序列①。如同1963年的第13“龙骑兵”伞兵团，1998年第2轻骑兵团的任务发生了根本性的改变，应时任陆军参谋长加强前瞻性情报能力的要求，该团在秉承轻骑兵团作战勇敢、思想自由等传统的基础上，转化为陆军的情报搜集装甲团，划归情报旅领导。该团下设9个装甲兵连，包括4个情报搜集连、1个情报处理与分发连、2个信息收集连、1个指挥与后勤连和1个预备役连，其中每个情报搜集连下设11支装甲搜集小分队和2—4个专业侦察小分队（如水上侦察、摩托侦察等）。在执行任务时，各侦察小分队相互之间不进行交流但有各自的明确目标，依靠超强的机动能力和专业化的伪装技巧，在最短的时间内渗透到敌人后方开展完全自主的侦察行动，然后以加密的方式将侦察到的

① Gérard-Antoine Massoni, *Historique du 2e hussards*, Saint Dié, Imp. de l'Ormont, 2002.

结果发送到某个情报分析中心，最后传至战区指挥部，用以指挥下一步的作战行动。某些小分队还通过直接设定或无线制导，操纵飞行器对目标进行抵近侦察。正是基于这些高超的综合侦察能力以及与其他电子和图像侦察手段的高度集成，第 2 轻骑兵团不仅赋予法国陆军一种崭新的常规作战能力，而且获得了北约指挥层的高度认可，并被指定为欧洲军团的纵深情报搜集部队①。该团从 1979 年 7 月起驻守塞纳－马恩省（la Seine-et-Marne）的苏尔丹市（Sourdun），2009 年 8 月迁往阿格诺市。

（三）图像情报搜集部队：第 61 炮兵团

第 61 炮兵团的历史可以追溯到 1910 年，当时称第 61 野战炮兵团（le 61e Régiment d'artillerie de campagne，简称 61e RAC），作为第 42 步兵师的炮兵主力驻扎在凡尔登。1919 年、1947 年和 1963 年，该团分别更名为第 61 师属炮兵团、第 61 防空炮兵团和第 61 旅属炮兵团。随着法国军队职业化的大力推进和陆军重组的深入开展，炮兵团原在驻德国特里尔的营区于 1999 年 5 月 31 日撤防，从 20 世纪 60 年代就开始装备无人机的第 7 炮兵团（le 7e Régiment d'artillerie）成为法国炮兵的先锋部队。同年 7 月 1 日，第 7 炮兵团继承了第 61 炮兵团的番号，驻扎在上马恩省肖蒙市（Chaumont）。该团下辖 4 个炮兵连，其中 3 个配有 CL－289 无人机，另外 1 个配有“红隼”（Crécerelle）无人机，此外还配备了接收卫星图像的各种手段。作为法国陆军专业的图像情报搜集部队，第 61 炮兵团负责在最短的时间内向联合作战长官提供关于战区形势和攻击目标的必要情报，帮助长官设计、开展下一步的作战行动，直至对目标进行纵深打击②。

二、海军改良航空部队，更新情报侦察船

进入 20 世纪 90 年代，随着“紫水晶”号（l'Améthyste）、“珍

---

① Eric Denécé, *Les services secrets français sont-ils nuls?* Paris: Ellipses Editions Marketing, 2012, p. 270.

② Ibid., p. 270.

珠”号（la Perle）2 艘“红宝石”型攻击型核潜艇以及“凯旋”号（le Triomphant）、“鲁莽”号（le Téméraire）2 艘“凯旋”级弹道导弹核潜艇的陆续下水，法军海上战略部队的两个海军纵队无论是威慑、作战还是水下侦察能力都得到了进一步的提升。除此之外，随着飞行器的升级换代以及部分飞行队的重建，法国海军用于监视和侦察的航空部队也得到了壮大，同一时期的水面侦察力量也得到了加强。

（一）海军航空部队装备升级

20 世纪 90 年代，法国海军将现代化了的“超军旗”舰载机（Super Étendard Modernisé，简称 SEM）列装第 17 飞行队，从而使这支 1958 年 4 月 17 日诞生于耶尔基地、后来迁至朗迪维肖基地的飞行队成为配备此类飞机的首支海军航空部队。从 1993—1996 年的三年时间里，第 17 飞行队随“克列蒙梭”号和“福煦”号航空母舰出海，飞行于南斯拉夫的上空，遂行空中侦察，支援地面部队。同一时期，第 11 飞行队也改配了现代化了的“超军旗”舰载机，并参与了“戴高乐”号航空母舰在黎巴嫩、南斯拉夫、阿富汗、利比亚等地的所有军事行动。第 21 飞行队和第 23 飞行队从 1991 年起都改装了“大西洋 2”（Atlantique 2，简称 ATL2）海上巡逻机，这种远程巡逻反潜机具有巡航速度快、低空巡逻时间长、低空机动性能好等优点，加之装配了多款性能出色的敏感元件，从而成为侦察卫星的理想搭配，更好地行使情报搜集职能。这一时期，装配“大西洋 2”海上巡逻机的还有第 24 飞行队，1998 年 9 月起该飞行队停止服役，2000 年 3 月 10 又被重新激活后主要从事海上监视活动，配备的机型还有“兴古河”（Xingu）、“诺尔 262”（*Nord* 262）和“猎鹰 50*M*”（*Falcon* 50*M*）等，尤其是“猎鹰 50*M*”具有续航距离远、巡逻监视时间长等特点，可以很好地执行侦察任务①。

---

① Ministère de la Défense: *Flottille* 24*F*, http://www.defense.gouv.fr/marine/operations/forces/aeronautique-navale/flottilles/flottille-24f.

也是在 2000 年 3 月 10 日，法国海军将舰载警戒航空部队（la Formation avion de guet embarqué，简称 FAGE）改组为第 4 飞行队，基地依然设在朗比韦。其实，它直接起源于 1918 年法军创建的第一支舰载航空部队——舰队航空兵（l'Aviation d'escadre），这支部队参加了二战时期的许多战事和印度支那战争，1997 年停止服役。舰载警戒航空部队重组成立后，先是被派往美国学习"E－2C 鹰眼"预警机在"肯尼迪"号航空母舰上的起降与飞行技术，归来又在法国"戴高乐"号航空母舰上进行了密集的适应性训练，最后正式成立了第 4 飞行队。依靠从美国订购的 3 架现役"E－2C 鹰眼"预警机，该飞行队发挥远距离识别和探测能力，并对拦截机进行控制和制导，从而应对来自空中或水面的威胁，保护海军航空力量的安全；此外还行使信息与数据中转站的功能，可将资料传输给整个战斗群的舰艇①。

（二）"布干维尔"号情报侦察船服役

应法国核试验中心局的采购请求和资助，起初作为运输和支援舰的"布干维尔"号（le Bougainville）于 1986 年 1 月 28 日开工建造，1988 年 6 月 25 日正式服役，在法属波利尼西亚负责岛屿间的海上运输，并为太平洋试验中心提供支援，此外也会参与海上难民救助、废船拖曳回收等公共服务活动。1997 年太平洋试验中心解散后，"布干维尔"号于 1998 年 9 月离开波利尼西亚，并于同年 11 月 30 日抵达本土的洛里昂。也就是在这一时期，"布干维尔"号转换职能成为情报侦察船，并在 1998 年 12 月至 1999 年 7 月的"海洋监听在继续"行动（l'Opération de continuité des écoutes Marine，简称 OCEN）中，其内部设施得到了根本性的改造，尤其是在桅端加装了波段为 H/V/UHF 的无线电拦截和测向装置，并安装了海事卫星电话和"锡拉库斯 II"（Syracuse II）卫星通信系统。经过改装的"布

---

① Ministère de la Défense，*Flottille 4F*，http：//www.defense.gouv.fr/marine/operations/forces/aeronautique-navale/flottilles/flottille－4f.

干维尔”号情报侦察船以土伦港为基地，接替原来的“贝里”号情报侦察船（1999年卸装退役），为法军总参谋部服务。除了编配的6名军官、17名士官、29名下士和水手共52名船员以外，船上还驻有30名军事情报局的技术人员，以执行电磁情报和电子情报等性质的通信情报的搜集。

三、空军建设空中预警力量，完善空降侦察建制

20世纪90年代的法国空军解散了第54空军战术电子大队，并成立了空军情报大队（l'Escadre de renseignement Air，简称ERA）。同时着眼于加强情报侦察，法国空军大力加强空中预警和空降侦察力量建设。

（一）改良空中侦测与指挥大队装备

法国空军发展预警力量的历史始自1987年2月26日，当时法国向美国波音公司订购了4架样机。1990年6月26日，法国空军的一架预警机在美国的兰顿和西雅图之间进行了首飞。1992年6月19日，法国将4架“波音E－3F”预警机交付空军空中侦测与指挥大队（l'Escadron de détection et de commandement aéroporté，简称EDCA），从而使驻扎于阿沃尔（Avord）空军702基地的这支部队成为法国重要的空中预警力量。由于“E－3”预警机安装了先进的“空中侦测与指挥系统”[①]，空中侦测与指挥大队从1992年7月起就被部署到巴尔干半岛，后来又参加了法国在科索沃和阿富汗的军事行动，负责报告作战地区的空中与海上情势，并为拦截机提供制导功能[②]。

（二）完善伞兵突击队建制

在1956年的阿尔及利亚战争中，法国驻阿空军指挥官阿兰·

① 法语为le système de détection et de commandement aéroporté，简称SDCA。英语为Airborne Warning and Control System，简称AWACS。

② Ministère de la défense，*Escadron de détection et de commandement aéroporté*（*EDCA*）00.036《*Berry*》，http：//www.defense.gouv.fr/air/activites/unites-aeriennes/escadron-de-detection-et-de-controle-aeroporte/escadron-de-detection-et-de-commandement-aeroporte-edca－00.036－berry.

德·马里古（Alain de Maricourt）将军为了便于开展空军部队的地面作战，一直尝试建立属于空军的突击力量，并留下了“一只鸟走路远比一条蛇飞行来得容易！”的名言。在他的推动下，空军伞兵突击大队（le Groupement des commandos parachutistes de l'Air，简称 GC-PA）同年正式成立，其旗下的第 10、20、30 伞兵突击队也一并诞生。1992 年 6 月 10 日，时任国防部长若克斯签署了成立特种部队的命令，并将各军种的特种力量纳入次年成立的特种作战指挥部参谋部的统一领导下。在 1993 年空军重大改组过程中，空军特战与突击指挥部（le Commandement des fusiliers commandos de l'Air，简称 CF-CA）成立，随后原有的空军保护与干预大队（l'Escadron de protection et d'intervention，简称 EPI 11.301）和空军特战与突击中队（l'Escadron des fusiliers commandos de l'Air，简称 EFCA）分别发展为空军第 10 伞兵突击队（le Commando parachutiste de l'Air 10，简称 CPA 10）和空军第 20 伞兵突击队（CPA 20），两支部队这一时期的驻地分别是奥尔良空军 123 基地和维拉库布莱空军 107 基地。而 1994 年 2 月 1 日在波尔多空军 106 基地成立的空军第 30 突击队（le Commando de l'air numéro，简称 CA 30）在 1999 年改称空军第 30 伞兵突击队（CPA 30）。

如此，法国空军伞兵突击力量的建制已经成形，三支部队在安全与干预力量空军旅（la Brigade aérienne des forces de sécurité et d'intervention，简称 BAFSI）的直接指挥下，共同对境内外法国空军敏感设施的保护进行干预和支持，参与帮助公共机构抗灾，参加国内与国际军事演习。此外，各有明确的职责分工：第 10 伞兵突击队重在发展情报搜集、地面侦察和突击作战的重要能力，同时作为空军特种力量的重要组成，接受特种作战指挥部的调遣；第 20 伞兵突击队重在为作战部队提供空中火力支援，同时履行外围巡逻、攻击前的地面侦察、维护空域安全、保护空军基础设施等职能；第 30 伞兵突击队虽然重在作战搜救，但也有维护空域安全的义务①。

本章小结

20世纪90年代，在美苏结束对峙、国际局势发生巨变以及新军事革命迅猛发展的大背景下，特别是在海湾战争实践的直接刺激下，法军总参谋部通过正式组建军事情报局来整合军事情报力量，成为这一历史时期法国军事情报体制改革的重中之重。该局的成立，使得法国军种情报机构和侦察情报力量以往各自为政、情报资源不能共享的局面得到很大改观，法国的军事情报工作效率因而得到很大的提高。这一时期，对外安全总局的“五局架构”也基本形成，并且逐步完善。同时，特种作战指挥部的成立不仅实现了法军特种力量的有效整合，也在一定程度上成为领导情报搜集和开发工作的重要机关。此外，法国各军种继续强化侦察情报力量建设，特别是陆军情报旅的组建实现了陆军侦察情报部队的有效规整和统一指挥。然而需要看到的是，法国这一时期依然没有确立一种真正有效的情报协调机制，而即便先后成立了国家安全拦截控制委员会和国防秘密咨询委员会等外部控制机构，但情报控制的作用依然有限，这将是其未来军事情报体制改革需要解决的重要问题。

① Ministère de la défense, *Les fusiliers commandos*, http://www.defense.gouv.fr/air/activites/unites-au-sol/les-fusiliers-commandos/les-fusiliers-commandos.

第四章　2000—2010 年法国军事情报体制改革的成因与举措

法国前国防部顾问、美国兰德公司研究员穆罗汉（Laurent Murawiec）曾说："冷战结束使我们一时产生的幻觉烟消云散之后，显而易见的是：未来像过去一样，我们还会打仗"①，毕竟"21 世纪的世界将不会像莎士比亚所梦想的那样，是一个'美妙的新世界'，而是一个充满冲突，充满各种复杂的、新式的战争的世界"②。为此，法国进一步明确情报机构的作用与地位，加快军事情报体制的调整与改革，以提高情报工作的效率与战斗力，迎接新时期的挑战。

第一节　2000—2010 年法国军事情报体制改革的成因

进入 21 世纪以后，法国的防务与安全面临着新的风险。一方面，2001 年"9 · 11"事件的发生标志着全球范围内的恐怖活动跨越了一个历史门槛；另一方面，全球化在为所到之处带来经济发展的同时，也带来了"全球范围内的两极分化""民族主义的突起"和"霸权主义的嚣张"③ 等重大问题和矛盾，"战争降临的威胁可能

① （法）穆罗汉著，杨杰、袁俊生译：《21 世纪的战争》，北京：经济出版社，2003 年版，第 1 页。

② 同上书，第 89 页。

③ 资中筠、陈乐民：《冷眼向洋——百年风云启示录（上）》，北京：中国出版集团，2009 年版，第 26—27 页。

会暂时降低，但在未来仍蕴含着巨大风险”[①]，世界形势呈现出“更加不可测、更加不稳定”的特征。

一、新世纪之初的“战略断裂”

（一）“9·11”事件爆发，恐怖主义成为全球性威胁

长期以来，法国境内分裂势力、极端势力以及无政府主义者对本土的威胁从未消失，加之法国是较多介入伊斯兰世界的西方国家，不断通过政治、经济、军事等手段保持着对伊斯兰地区的传统影响，境外宗教极端势力对法国国家安全利益的威胁始终存在。而当代恐怖主义“既是全球化洪流的一部分，又是对全球化的一种抵制”[②]，随着全球化的深入发展，恐怖主义给法国的国家安全带来了更加广泛和深远的影响。2001 年发生在美国本土的“9·11”恐怖袭击事件进一步表明，这种威胁的规模和方式已经发生了重要转折，“恐怖主义已经能够以过去从未有过的准备工作和密集程度，在所有国家的心脏发动暴力攻击”[③]。国际恐怖主义从此成为全球安全的主要威胁，反恐成为国际政治的主题词。

其中，“基地”组织是全球尤其需要警惕的对象。作为全新的恐怖主义实体，该组织不依附于任何国家，不受制于任何政权，其头目本·拉登与首席战略家艾曼·扎瓦西里也不直接指挥恐怖主义组织分支。可以说，整个组织如同一家“控股公司”[④]，其主要职能就是确立斗争的策略，并向各分支机构提供资金、培训和后勤上的支

---

① （美）马克思·布特著，石祥译：《战争改变历史：1500 年以来的军事技术、战争及历史进程》，上海：上海科学技术文献出版社，2011 年版，第 490 页。

② （法）居伊·奥利维耶·富尔著，蔡晋译：《谈判专家：面对恐怖分子的战略、战术与政策》，北京：社会科学文献出版社，2012 年版，第 3 页。

③ Ministère de la Défense, *Le Livre blanc sur la Défense et la Sécurité nationale*, Paris: Odile Jacob/la Documentation Française, 2008, p. 27.

④ Eric Denécé, *Les services secrets français sont-ils nuls?* Paris: Ellipses Editions Marketing, 2012, p. 254.

持，实际已成为资助伊斯兰恐怖主义的大本营。随着计算机网络技术的迅速发展，“基地”组织还向其分支机构推广利用互联网传递加密信息的技能，传授炸弹和化学武器的制造技术与引爆方式。尽管美国及其盟友先后发动的几场反恐战争取得了一定的成效，但是“基地”组织持续利用美国中东政策引起的不满依然获得伊斯兰民众的广泛支持，这就使得打击恐怖主义注定是一场长期的斗争。

（二）金融危机肆虐，全球化负面影响日益凸显

21 世纪以来，全球化的负面影响不断显现出来，法国面临着比冷战结束时更为脆弱的安全形势。2007 年美国爆发的次贷危机迅速演变为波及全球的金融海啸，由于欧洲和美国互为世界最大的投资和贸易伙伴，所以美国以及世界的投资和贸易环境趋于恶化时，欧洲的投资和贸易自然也会受到影响。相对于其他国家，法国的银行业在这场危机中受损最为严重，巨大的金融冲击波随后使法国经济陷入全面衰退，这在一定程度上必然制约着法国的国防预算。同时，通信手段带来的各种危机传播的迅即性使国家的调整能力变得脆弱，危机管理因此变得更为复杂，世界多样性受到威胁，对同质化的抵制催生了更为高涨的民族主义和宗教极端主义，无论是国际条约规定的违禁或管制武器和技术的扩散，还是大规模走私犯罪的发展，还是自然和卫生领域新危险的爆发，也因为全球化而变得更加便利①。基于这种形势，法国的防务与安全战略应着力应对新的问题，即“不再只是针对防务或界定空间的控制问题，而是考虑针对不受控制的人员、资金或思想流量的大爆炸问题”②，而解决问题的办法只能来自全球化本身，即“结合公共权力机构和社会组织的所有能力，以及在国家、欧洲和国际所有层面上的动员”③。

新世纪之初发生的上述“战略断裂”，使得 20 世纪 90 年代的法

---

① Ministère de la Défense, *Le Livre blanc sur la Défense et la Sécurité nationale*, Paris: Odile Jacob/la Documentation Française, 2008, pp. 33 – 56.

② Ibid., p. 23.

③ Ibid., p. 23.

国国防政策已经难以应对防务与安全领域面临的全新挑战，确立一种适应新形势的法国国家安全战略已成当务之急，服务于国家安全需要的情报工作也亟待优化与改善。

二、新世纪之初的法国防务政策与情报价值认识

“9·11”事件后美国发动的阿富汗战争和伊拉克战争所展示出的信息化条件下战争的趋势与特点，推动了世界大国的军事转型，世界新军事革命由此进入了一个“整体规划、全面推进、稳步发展”① 的新时期。为了适应欧盟防务一体化和自身安全的需要，法国于2003 年 1 月通过了《2003—2008 年军事规划法》［la Loi de programmation militaire（2003/2008）］，把提高部队信息作战能力作为重心，大力推进指挥通信信息系统、数字化战场和军用航天系统建设，走上一条特色鲜明的新世纪军事变革之路。

“国家安全战略是治国安邦之道，关乎国家的兴衰存亡。”② 基于“全球化深刻改变了法国的社会经济、日常生活和国际关系，加上不断深化的军事革命的推动，法国的防务与安全政策又一次走到道路的交叉口”③，于是法国政府在 2008 年 6 月 17 日颁布了主导未来 15 年国防与军队建设的《国防与国家安全白皮书》。如果说 1972 年的《国防白皮书》确立的是威慑防务战略，1994 年的《国防白皮书》确立的是重在远距离投送和行动的防务战略，那么新世纪的第一份《国防与国家安全白皮书》确立的则是一种适应全球化时代的国家安全战略。该白皮书指出，法国国家安全战略的首要目的是保护居民和领土，第二是为构建欧洲安全和国际安全履行相应的责任，第三是捍卫将全体法国人与国家维系在一起的共和价值。为此，该

---

① 军事科学院世界军事研究部：《世界军事革命史（下卷）》，北京：军事科学出版社，2012 年版，第 1496 页。

② 杨毅：《国家安全战略理论》，北京：时事出版社，2008 年版，第 5 页。

③ Ministère de la Défense, *Le Livre blanc sur la Défense et la Sécurité nationale*, Paris: Odile Jacob/la Documentation Française, 2008, p. 9.

白皮书重新确立并定义了国家安全战略的五大职能——了解与预测、预防、威慑、保护和干预，并指出这五个方面应灵活组合并随时调整，以适应新的战略形势。法国将根据选定的军事行动目标确定军队的新编制，同时大力推动国防工业欧洲化，力争使欧盟成为管理危机和国际安全的重要力量，并强调欧盟与大西洋联盟的互补性①。

需要特别指出的是，新时期的法国国家安全战略首次将“了解与预测”单独确立为一项全新的战略职能，并将其提上首要位置。换言之，法国已将情报工作列为“国家安全战略的基本组成部分”，并将其作为“政府决策的支架”和“国家的支柱之一”②。该白皮书认为，情报的目标是为了使法国最高决策层、军队以及外交和内部安全与民事安全方面的部署能够先敌而行，拥有评估、决策和行动的主动权。情报应尽可能完整、真实地呈现政治、军事、经济、能源等各个方面面临的危险、威胁和机遇，贯穿于行动的全过程并启发决策。为此，法国应综合使用多种途径，包括通过人力或技术手段就地采集信息、军事与民事情报部门联合行动、军队特种部队情报作战，保持对涉及国家安全的新的危险和变化的不间断监视。这就要求一方面要加强情报的实时传递、使用与管理，另一方面要更新升级搜集和处理情报的能力③。

三、情报透明度的民主诉求加剧

在新的历史时期，政治人物与公众对情报工作的效能与透明度产生了新的期待。长期以来，法国情报机构常常“以国家的名义”享有很大的行动自由，且只对行政权力机关负责。如今，这种情形

① Ministère de la Défense, *Le Livre blanc sur la Défense et la Sécurité nationale*, Paris: Odile Jacob/la Documentation Française, 2008, pp. 62 – 63.

② 孙建民、汪明敏、杨传英：《情报战战例选析》，北京：国防大学出版社，2010 年版，第 4 页。

③ Ministère de la Défense, *Le Livre blanc sur la Défense et la Sécurité nationale*, Paris: Odile Jacob/la Documentation Française, 2008, pp. 133 – 134.

已经遭到民众的强烈质疑，议会议员也对各机构的情报活动日益关注，由议会对情报实施控制、增加情报工作透明度的社会呼声越来越高。因为在今天看来，“一种适度、灵活的议会控制不应纯粹成为对情报机构的束缚，而是有助于加强立法机构对情报工作的了解和认可，从而使情报机构获得履行使命所需要的预算支持，同时不会由此损害成功开展情报行动所必须的保密性”①。

另一方面，情报工作会引发许多道德问题，情报伦理的概念由此产生。特别是在打击恐怖主义的斗争中，美国情报机构实施的境外绑架、非法引渡、秘密监狱与刑讯逼供等行为更加引起了国际社会的广泛争论，对情报伦理的诉求也直接影响到情报领域的国际合作。出于处置危机的需要，情报机构往往为了分享国外合作伙伴的相关情报而不顾及这些情报的获得方式，如今在追踪恐怖主义、履行驱逐程序的过程中，国际法已将来自第三国通过酷刑获得的情报认定无效。正如1984年的《禁止反酷刑和其他残忍、不人道或有辱人格的待遇或处罚公约》（la Convention contre la torture，les autres traitements cruels，inhumains ou dégradants ou les châtiments）第15条规定的那样，通过实施酷刑而做出的任何声明不应被视为任何案件的证据②。

此外，在当代民众的眼里，情报工作的透明离不开一定的交流机制。今天，长期蛰居隐秘世界的情报机构愈来愈成为民众的关注对象和讨论话题，这一“催生了无数幻景”③ 的特殊领域有必要向公众做出适度的展示。一方面，它应对自己的职责做出明确解释，以获得舆论的认可和社会的最大支持；另一方面，它既要说清资金的使用情况，也要向公众汇报由此取得的工作业绩。当然，公众和媒体也应理解和尊重情报机构所从事活动的秘密属性，因为这对情

① Eric Denécé，*Les services secrets français sont-ils nuls?* Paris：Ellipses Editions Marketing，p. 263.

② Ibid.，p. 264.

③ Ibid.，p. 264.

报行动的顺利开展和国家的安全至关重要。

四、传统的情报工作方式面临挑战

新时期的伊斯兰恐怖主义已经成为一种全球性的威胁，性质也已发生了根本性的变化，传统的情报工作方式由此受到极大的挑战。

首先，应对微型事件亟待微型情报的搜集。与冷战时期情报机构搜集有关陆军驻地、海军和空军基地、导弹营地、兵工厂等大型目标信息的工作不同，新时期的情报机构针对可能发生但又难以预料的恐怖主义袭击，只能抽丝剥茧，从细微处寻找最有价值的信息，以尽可能地预测“圣战”组织袭击的目标、地点以及可能采用的行动方式，尽管如此，情报机构依然面临着全然的不确定性，突然袭击不能完全避免。

其次，人力情报的有效搜集愈加艰难。由于伊斯兰圣战组织都是封闭式的群体，在其内部招募线人几乎失去了可能性，更何况激进的伊斯兰运动分子都具有强烈的信念，旧有的收买变节方式难以奏效，情报机构只能通过长期的考察，招募那些忠诚度较为脆弱的外围人员向恐怖组织渗透，而即使将线人成功地打入这些组织，由于恐怖分子推行非常极端的安全措施，情报传递渠道的维持也很不容易，加之面临迫近的自杀式袭击，每名线人都要遭遇道德上的困境。

最后，情报搜集的技术手段存在局限。“基地”组织在享受现代通信手段便利的同时，继续使用专业通讯员传递信息，因而西方国家很难通过技术手段迅速识别、截获、破解和翻译恐怖分子的通信内容，更何况恐怖分子频繁地更换手机进行通话，监听工作面临很大的障碍①。

---

① Eric Denécé, *Les services secrets français sont-ils nuls*? Paris: Ellipses Editions Marketing, 2012, pp. 257–258.

第二节　确立情报领导、协调与控制机制

如前所述，冷战后的法国虽然在军事情报机构和侦察情报部队的整合上取得较大的进展，但是情报体系的领导、指挥、协调等组织制度仍然近乎空白。进入21世纪后，随着情报工作被提升到前所未有的高度，法国必然会在情报的管理层面做出一系列积极而必要的改革①。

一、新建国防与国家安全委员会

“法国始终根据安全环境和安全威胁的变化调整国家安全体制机制”②，其国防与国家安全委员会是在国防委员会和国内安全委员会（le Conseil de sécurité intérieur，简称CSI）制度积累的基础上建立起来的。其中，国内安全委员会是由时任政府总理希拉克在1986年秋发生的恐怖暴力活动之后倡导成立的，成员包括内政部长、国防部长、外交部长、海外省－海外领土部长、司法部长、金融部长等。不过，在1993—1997年的一段时期里，该委员会并未发挥多大的作

① 这一时期，法国情报界的重大改革还包括组建新的国内情报机构——国内情报中央局（la Direction centrale du renseignement intérieur，简称DCRI）。萨科齐还在担任内政部长时，就多次表达了将负责国内反间谍工作的领土监护局和负责国内情报工作的综合情报中央局合并，在赢得总统选举后不久，萨科齐就主持内阁会议，启动了这一合并计划。2008年7月1日，法国政府以领土监护局原班人马和综合情报中央局的部分人员为基础，正式成立了国内情报中央局。这一“法国式的FBI”隶属于内政部，接受国家警察总局的直接领导，总部位于上塞纳省（les Hauts-de-Seine）勒瓦卢瓦－佩莱市（Levallois-Perret）的维利耶街（la rue de Villiers）84号。其具体职责是：预防和抵抗来自外部的干涉与威胁；预防和抵抗恐怖主义行为，以及旨在威胁国家主权、国防秘密或国家经济财产的所有行为；监管通信和抵御网络犯罪；监视具有破坏性的暴力运动、团体、组织以及可能给国家安全带来威胁的社会现象；反对核武器、生化武器以及弹道武器的扩散；监督公共政治，搜集经济情报；监管涉及敏感技术和工业信息的国有企业与私营企业。该局的成立，意在以其强大的情报分析能力与遍布全国的情报网络相结合，避免人力物力上的资源浪费和办案重叠，提高国内情报工作的效率。

② 张骥：《世界主要国家国家安全委员会》，北京：时事出版社，2014年版，第184页。

用。1997 年利昂内尔·若斯潘（Lionel Jospin）出任政府总理后，随即颁布了第 97—1052 号法令[①]，正式赋予国内安全委员会法律地位。这一时期的委员会仍由总理领导，成员除了内政部长、国防部长、司法部长外，还会根据会议讨论的要点召集其他相关部长与会。它的主要职责是确定国内安全政策的总方向，协调政府各部行动以及安全手段与实施。

2001 年"9·11"事件发生后，希拉克总统决定通过重组国内安全委员会改善重大危机的处置，并提高国内安全的级别。从此，该委员会转由总统领导，而内政部长尼古拉·萨科齐作为政府的"真正二号人物"，全面负责国内安全事务。新的安全委员会根据内阁会议的法令于 2002 年 5 月 15 日正式成立，并于 24 日召开了首次会议。国内安全委员会总秘书处（le Secrétariat général du conseil de sécurité intérieure，简称 SGCSI）也从总理办公室主任负责的一个下属机构升格为一个专门的权力部门，秘书长由国家元首任命。2007 年萨科齐当选总统后，曾计划设立一个美国式的国家安全委员会，只是该委员会将不再负责国内安全。根据计划，委员会由来自外交部、国防部和直属总理的国防总秘书处的 30 余名专家及部分高校研究人员组成。后来由于来自国防部门的极力反对，该计划宣布流产。不过受此启发，法国政府于 2009 年 12 月 24 日颁布了第 2009—1657 号法令，正式成立国防与国家安全委员会（le Conseil de défense et de sécurité nationale，简称 CDSN），代替先前的国防委员会和国内安全委员会，同时成立的委员会秘书机构——国防与国家安全总秘书处（le Secrétariat général de la défense et de la sécurité nationale，简称 SGDSN），合并执行国防总秘书处和国内安全委员会总秘书处的职能。

---

① Légifrance, *Décret n°97 - 1052 du 18 novembre 1997, portant création du Conseil de sécurité intérieure*, JO du 19 novembre 1997, p. 16736.

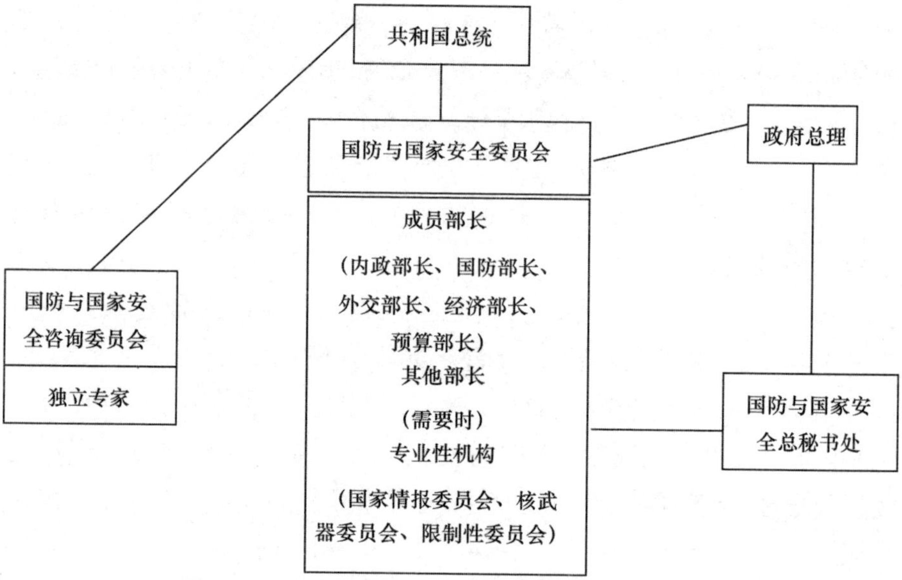

图4—1　国防与国家安全委员会组织体系图

在机构职能方面，“国防与国家安全委员会界定军事规划、威慑、对外行动开展、重大危机应对预案、情报、经济与能源安全、有助于维护国家安全的国内安全规划以及打击恐怖主义等方面的抉择，并确定这些活动的优先事项”。[①] 作为安全领域的重要机构，国防与国家安全委员会还协调和开展针对违法行为的斗争，有权对国内安全领域实施的有关措施的有效性进行评估，确保应对“国内安全”概念下重大事件的手段切实可行。

在组织体系方面，如图4—1所示，国防与国家安全委员会由共和国总统领导，成员主要包括政府总理、国防部长、内政部长、经济部长、预算部长、外交部长。根据议题的需要，国防与国家安全委员会可以召开全会，也可以召开限制性国防委员会（le Conseil de

---

① Légifrance, *Décret n°2009－1657 du 24 décembre 2009 relatif au conseil de Défense et de Sécurité nationale et au secrétariat général de la Défense et de la Sécurité nationale*, https：//www. legif-rance. gouv. fr/jo_pdf. do？ id＝JORFTEXT000021533568.

défense restreint）会议，还可以召开专业性国防委员会（les Conseils de défense spécialisés）会议，即国家情报委员会（le Conseil national du renseignement，简称 CNR）和核武器委员会（le Conseil des armements nucléaires）会议。无论什么范围的委员会会议，委员会主席（即总统）都可以根据需要征召其他相关的政府部长以及任何的议题相关人员参会，其秘书工作也均由国防与国家安全总秘书处负责①。

二、成立国防与国家安全总秘书处

国防与国家安全总秘书处成立于 2010 年 1 月 13 日，设在巴黎第 7 区的莫堡塔大街（le boulevard de la Tour-Maubourg）51 号“荣军大厦”（l’Hôtel des Invalides），隶属于政府总理。国防与国家安全秘书长负责秘书处的各项工作，根据总统、总理的指令与相关政府部门沟通联络，保障各项会议的筹备工作；此外还负责整理会议做出的决定明细并将其通知到各单位，同时跟踪各项决定的实施。

国防与国家安全秘书长协助总理履行防务与国家安全方面的各项责任，具体包括：主持和协调与防务和国家安全政策以及各种支持性公共政策相关的部际工作；在密切联系各相关政府部门的基础上，跟踪可能影响法国防务与国家安全利益的各种危机与国际冲突的演变，并研究可行性措施，同时还参与涉及防务与国家安全的各种国际谈判或会议的筹备与开展，并跟踪谈判或会议的结果；负责建议、发布、推动和控制保护国防秘密所需的各项措施，拟定防务与国家安全方面的部际条例，并确保这些条例的发布，跟踪它们的实施；协助国家情报协调官将各情报机构的行动纳入一个合适的法律框架，协助规划情报手段，确保部际情报分析与综合团队的有效组织；制定部际防务与国家安全规划并跟踪它的实施，协调落实列

① Légifrance, *Décret n°2009 - 1657 du 24 décembre 2009 relatif au conseil de Défense et de Sécurité nationale et au secrétariat général de la Défense et de la Sécurité nationale*, https://www.legifrance.gouv.fr/jo_pdf.do?id=JORFTEXT000021533568.

不同政府部门的各项防务与国家安全措施的拟定与实施，确保重大危机情况下军事与民事手段的连贯统一；确保共和国总统与政府拥有防务与国家安全领域的指挥与电子通信手段，保证这些手段的正常运行；就信息系统的安全问题向总理提出建议，推动政府相关政策的实施，为此下设一个国家职能机构——国家信息系统安全局（l'Agence nationale de la sécurité des systèmes d'information，简称 ANSSI）；确保在有关防务与国家安全的科研政策和技术计划方面所采取行动的连贯一致，协助保护国家在这一领域的战略利益①。

三、设立国家情报委员会与国家情报协调官

作为国防与国家安全委员会的专业性机构之一，成立于2008年7月23日的国家情报委员会取代先前的部际情报委员会，负责确定战略抉择和情报领域的战略重点，并对各情报机构的人力与技术手段进行规划，确保各情报机构间的协调一致。在共和国总统的领导下，该委员会的成员包括政府总理、国家情报协调官（le Coordonnateur national du renseignement）以及会议议题所涉及的政府部长与所属的专业化情报机构领导②。

2008年8月，法国总统府正式批准设立国家情报协调官，由内阁会议以法令的形式任命，在总统府秘书长③的领导下为总统履行情报顾问一职，在总统与情报机构之间扮演着桥梁角色。在国防与国家安全秘书长的协助下，该官员向国家情报委员会汇报工作，负责委员会会议的筹备，跟踪委员会所做决定的具体实施，提交需要知会总统、总理的各种情报；协调各专业情报机构的行动，召集情报

---

① Légifrance, *Décret n°2009 – 1657 du 24 décembre 2009 relatif au conseil de Défense et de Sécurité nationale et au secrétariat général de la Défense et de la Sécurité nationale*, https://www.legifrance.gouv.fr/jo_pdf.do?id=JORFTEXT000021533568.

② Ibid.

③ 在法国的行政体制中，总统府秘书长（le Secrétaire général de la présidence de la République）是总统最重要的助手，协助总统决定重大的政治问题；就文件的处理向总统直接汇报，就各类问题与总理和部长沟通；参加部长会议和部际会议，协调总统府各个部门的工作。

机构的负责人定期开会，向他们传达总统的指令，确定情报研究的侧重点，了解各情报机构的需求，确保机构间的良好合作；通过制定年度预算，监督情报目标、手段的规划与实施，并主持情报领域技术投资的部际会议。此外，国家情报协调官还需向议会情报评议会（la Délégation parlementaire au renseignement，简称 DPR）汇报工作①。国家情报协调官拥有“一个小型的支撑结构”，即数名顾问和一个规模不大的团队。

四、组建议会情报评议会

“在民主制下面，透明度是继续生存的最好保障。”② 为了推动议会对情报的监督，法国国内情报机构领土监护局首先采取了行动。2002 年 7 月担任该局局长的皮埃尔·德·布斯凯·德·弗洛里安（Pierre de Bousquet de Florian）上任之初就赴英国伦敦，学习该国反间谍机构军情五处接受议会质询的经验。同年，有多名在领土监护局和综合情报中央局任职的“国家警察署警员与高级公务员工会”会员（le Syndicat des commissaires et hauts fonctionnaires de la Police nationale，简称 SCHFPN）草拟了一份内部文件，表达了从速建立一个议会控制委员会（la Commission de contrôle parlementaire）的主张。更何况欧洲安全与合作组织（l'Organisation sur la sécurité et la coopération en Europe，简称 OSCE）也对法国缺乏情报控制颇有微词：“所有成员国一致认为，对军事、泛军事和国内安全力量以及情报和治安机构的民主政治监督，是维护国内安全不可或缺的因素。”③

---

① Légifrance，*Décret n°2009 – 1657 du 24 décembre 2009 relatif au conseil de Défense et de Sécurité nationale et au secrétariat général de la Défense et de la Sécurité nationale*，https：//www. legifrance. gouv. fr/jo_pdf. do? id = JORFTEXT000021533568https：//www. legifrance. gouv. fr/jo_pdf. do? id = JORFTEXT000021533568.

② （法）雅克·哈尔斯特里克、法博利济奥·卡勒维著，唐伯新译：《无所不用其极——法国普通情报局内幕》，北京：法律出版社，2000 年版，第 227 页。

③ Pascal Junghans，*Les Services de renseignement français：sous l'oeil du Parlement*，Paris：Editions Edmond Dantès，2006，p. 109.

自此之后，法国逐渐重视情报的议会监督问题，并将成立议会控制委员会的筹备工作排上了日程。

萨科齐在竞选总统期间就曾多次呼吁“要把议会变成一个真正的‘反权力’”[①]，即与行政权相对立的权力，主张用包括国民议会和参议院的议会来制约共和国总统和政府总理的行政权。其实早在2006年1月23日，法国国民议会投票通过《反恐怖斗争法》（la Loi n°2006－64 du 23 janvier 2006 relative à la lutte contre le terrorisme）时，在野的社会党的国民议会党团就此提出了一项修正案，“从而导致议会建立了一个对法国情报机构的活动实行监督的委员会”[②]，应该说这得益于时任若斯潘政府内政部长的萨科齐的大力推动。萨科齐总统胜选后，最终于2007年10月9日颁布了关于成立议会情报评议会的第2007－1443号法令，对这一情报控制机构的组成、职责与工作做出了明确界定。

议会情报评议会属于国民议会和参议院的一个公共机构，成员有8人，由两院的各4名议员组成：两院中分别负责国防事务和国内安全的常设委员会主席均是议会情报评议会的法定成员；其余4名非法定成员由两院议长指定，并确保多数党派的代表性，其中2名国民议会议员在每届国民议会的任期开始时指定，任期与本届国民议会等长，2名参议员在参议院每次改选议员后产生[③]。

议会情报评议会的主要职责是将分别由国防部长、内政部长和经济与预算部长领导的专业情报机构纳入监督的范畴，对其一般性工作和情报手段进行跟踪。各位部长需向议会情报评议会提交各情报机构财政预算、组织结构和一般性活动方面的信息与评估性文字，只是这些信息和文字既不能涉及各情报机构的作战活动、公共权力

---

① （法）尼古拉·萨科齐著，曹松豪译：《见证——萨科齐自述》，上海：辞书出版社，2007年版，第115页。

② 同上书，第117页。

③ Légifrance, *La loi n°2007－1443 du 9 octobre 2007 portant création d'une délégation parlementaire au renseignement*, https://www.legifrance.gouv.fr/jo_pdf_frame.do.

所下达的作战指令以及这方面的资金投入，也不能涉及法国情报机构与外国机构、国际组织间的情报交流。议会情报评议会成员有权了解这些信息和文字，但不包括那些将情报机构编内编外人员的匿名身份、安全或生命置于危险境地、暴露情报获取的行动方式的各类数据。至于议会两院中那些被指定协助评议会成员工作的人员，他们必须按照实施《刑法》第413—9条所具备的条件获得了解这些信息和文字的资格。议会情报评议会的一切工作均属国防秘密，评议会成员以及辅助他们工作的议员必须对所了解到的情报、行动和事件等信息严格保密。议会情报评议会有权听取政府总理、国防部长、内政部长、经济与预算部长以及国防与国家安全总秘书处的汇报，而涉及正在或曾经在情报机构任职的特工人员的情况，议会情报评议会只能听取各情报机构在职领导的汇报。议会情报评议会每年需撰写一份罗列自身工作的公开报告，但不能涉及被认定为国防秘密的信息和评估性文字。此外，在其工作范围内可以向总统和总理提供一些建设性的意见和建议，并知会议会两院议长。议会情报评议会负责制定内部规章条例，但需报请议会两院办公室同意，评议会的运作资金列入议会两院的经费支出①。

五、改革特别基金核查委员会

所谓“特别基金”，是指以“国家的名义”而拨付的专门经费，用于资助攸关国家外部与内部安全的各类秘密行动，其历史最早可以追溯到法国大革命以前的君主专制时期，过去称“秘密基金”。在整个19世纪和20世纪前半叶，法国政府在“初始财政法案”（les lois de finances initiales）的框架内表决通过特别基金拨款，供陆军部、海军部、外交部和殖民地部支配。当然有关这种经费表决的必要性曾在议会内部引起很大的争论，直到1946年后，这种“秘密拨款”才真正地实现

① Légifrance, *La loi n°2007－1443 du 9 octobre 2007 portant création d'une délégation parlementaire au renseignement*, https：//www. legifrance. gouv. fr/jo_pdf_frame. do.

了机制化而稳定下来。1947 年 11 月 19 日，法国政府颁布了第 47—2234 号法令，正式成立了用于控制国外情报暨反间谍局（即后来的对外安全总局）经费使用的专业核查委员会（la Commission spéciale de vérification）。该委员会包括 3 名成员，1 名主席从法国审计法院（la Cour des comptes）直属的法庭庭长的人选中产生，另外 2 名委员则从该法院、法国行政法院或财政监察部中选拔。该委员会完成核查工作后，需要撰写两份报告：一份是描述国外情报暨反间谍局特别基金的具体使用情况的秘密报告，只能提交政府总理审阅；另一份是不包含任何敏感信息的笔录，先提交给政府总理和财政部长，然后再由财政部长传送给审级法院。通过这份笔录，财政司法机构可以“了解”而不能“证实”委员会的核查结果，所以无从对特别基金的使用进行实质性的控制，况且并非所有的特别基金都能得到有效的核查。

21 世纪初，关于时任总统希拉克“机票费用核销”的丑闻引起了他与总理若斯潘的纷争，这促使若斯潘委托审计法院对特别基金的管理改革展开论证。根据审计法院随后提交的论证报告，法国议会在表决 2002 年度初始财政法的框架下，一并同意压缩特别基金的划拨范围，从此特别基金只能作为维护国家安全的经费提供给当时的对外安全总局、领土监护局和综合情报中央局。此外，根据 2002 年度的上述法律，法国决定撤销之前的专项核查委员会，成立一个全新的特别基金核查委员会（la Commission de vérification des fonds spéciaux，简称 CVFS）。该委员会由 6 人组成：2 名众议员，任期与他们的议员任期相同，其中 1 名担任委员会主席，由国民议会议长任命；2 名参议员，由参议院议长在每 3 年一次的成员更新后任命；2 名审计法院法官，任期 5 年，由该法院第一院长以法令的形式任命①。就实质而言，由若斯潘主导的这次特别基金委员会改革，意在确保特别基金的使用符合《金融法》的相关规定。

最后需要提及的是，2008 年的《国防与国家安全白皮书》认

① Légifrance, Loi No. 2001 - 1275 du 28 décembre 2001 de finances pour 2002, JO, 28 décembre 2001, p. 21074.

为，“情报领域最近开展了提高机构效率，并于2008 年内建立国内情报中央局的改革，情报机构的现有规模与赋予它们的任务的多样性相符合，因此不考虑对其采取超过这一改革范围的改动。”所以，连同业已存在的隶属于经济与财政部的两个情报机构——1988 年成立、负责监控和打击海关走私行为情报工作的“国家海关调查情报局”（la Direction nationale du renseignement et des enquêtes douanières，简称 DNRED），与1990 年成立、负责打击洗钱和资助恐怖主义行为情报工作的“反非法金融流转情报处理和行动处”（le Service traitement du renseignement et de l’action contre les circuits financiers clandestins，简称 TRACFIN），2008 年的法国情报界（la communauté française du renseignement）组织体系大致如图 4—2 所示。

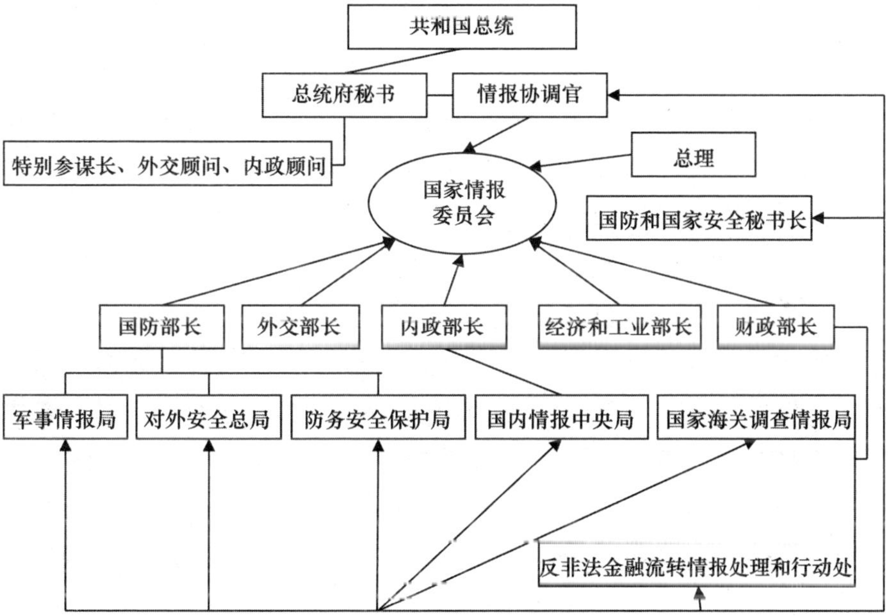

图 4—2　2008 年法国情报组织体系图①

① 本图由笔者根据法国 2008 年《国防与国家安全白皮书》第 141 页图表译制。参见：Ministère de la Défense, *Le Livre blanc sur la Défense et la Sécurité nationale*, Paris: Odile Jacob/la Documentation Française, 2008, p. 141.

第三节　调整军事情报机构内部设置

“9·11”恐怖袭击是21世纪初的重大历史事件，它引起了美国政府精神上的剧烈震荡，继而带来了美国主导下的推翻阿富汗塔利班政权的军事行动以及非直接的伊拉克战争，而作为这些军事行动的负面产物，随后在西班牙、英国等欧洲国家发生了许多恐怖主义活动。为了应对这些动荡局势和非传统安全威胁，法国国防部通过颁布一系列部长决议，对其军事情报机构的内部设置进行了适时的调整与优化。

一、完善防务安全保护局内部组成

如前所述，防务安全保护局既负责安全情报的搜集，又致力于落实对武装力量、信息系统和优势防务产业与经济的保护，所以在更多的时候，该局的主要工作在于对军事基地和机构的监视以及对军队内部破坏分子的监视与搜查。然而，新世纪之初的“9·11”恐怖袭击爆发以后，防务安全保护局的任务发生了很大的转变。

2001年11月29日，法国政府颁布了新的有关防务安全保护局组织体系的法令，对该局的内部架构（图4—3）与分局职能进行了明确的界定[①]。根据该法令，防务安全保护局设有2名副局长，负责协助或代替局长履行职责，此外还配备有多名任务主管。直接隶属于局长的机关单位包括局长办公室、综合研究与展望室以及负责与内政部关系的联络室。其中，综合研究与展望室负责发挥战略职能、从事综合研究，主导与欧洲乃至国际社会同类机构的关系，开展理论研究、任务汇报和经验总结，行使管理工作的指导、审计和监督

① Légifrance, *Arrêté du* 29 *novembre* 2001 *portant organisation de la direction de la protection et de la sécurité de la défense*, https://www.legifrance.gouv.fr/affichTexte.do?cidTexte=JORFTEXT000000580736.

职能，筹备、协调内部的监查与监察，推动内部结构的优化调整，提供法律分析与咨询，研究制定规章制度，管理档案与行政文献。

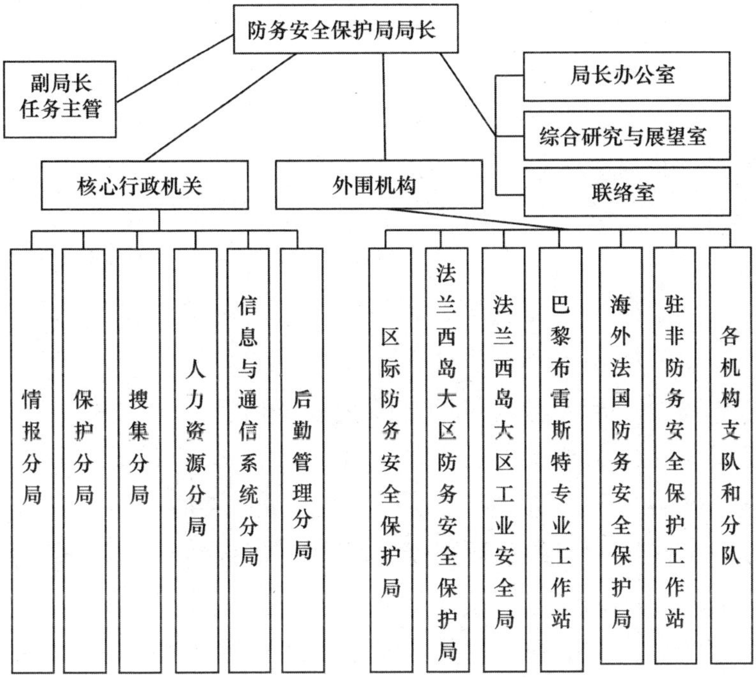

图 4—3　2001 年防务安全保护局组织体系图①

防务安全保护局的核心行政机关下辖情报分局（la Sous-direction du renseignement）、保护分局（la Sous-direction de la protection）、搜集分局（la Sous-direction recherche）、人力资源分局（la Sous-direction des ressources humaines）、信息与通信系统分局（la Sous-direction des systèmes d'information et de communication）、后勤管理分局（la Sous-direction de l'administration et de la logistique）。情报分局负责指导和协调履行总局使命所必需的信息的搜集工作，并对信息进行分

① 本图由笔者根据法国防务安全保护局 2001 年的组织体系绘制。

析、研判和综合；对来自内部或外部的可能损害防务利益的阴谋进行预警和搜查；执行相关授权程序，确保可能接触敏感信息、地区、器材或设施的人员的安全。保护分局参与制定必要的安全措施，以保护防务产业和科技优势以及敏感设施与信息系统的安全，并监督这些措施的实施；参与对军火贸易的监督和控制；开展相关研究，以识别和跟踪各种形式的危机防务企业的短板和风险，并采取相关的补救与预防措施。搜集分局借助人力或技术手段，负责搜集履行总局使命所必需的信息。人力资源分局负责制定和实施人力资源方面的指导政策；落实现役军人、预备役军人和文职人员的编配，并对这些人员的征用进行管理；开展对履行总局使命所必需的专业人员的选拔、聘用和培训；针对总局工作人员开展补充性的培训活动；确保对总局军人和文职人员的行政管理。信息与通信系统分局负责总局信息与通信系统操作工作的总体设计；构建和启用整个信息系统与电信网络；开展作战、资源管理、协助指挥所需的研究工作，并推动研究成果的应用，同时对系统使用者进行信息技术和办公自动化方面的培训；制定和落实保护信息系统安全的方法和程序，对信息技术产品的质量进行把关，确保系统运营与现行法律不相抵触。后勤管理分局则负责开展与预算的规划、筹备和执行相关的系列工作；按照相关金融法，履行总局的财政管理责任；制定和协调总局的采购政策，开展公共采购方面的法规性行动；制定核心行政机关自身的卫生与工作安全措施，并确保这些措施的切实执行；对核心行政机关和下文述及的外围机构提供后勤支援，并对这些外围机构实施财政管理上的监督。

防务安全保护局在其各级指挥层次还设有一些相应的外围机构，包括东部、西部、南部、北部、东南部、西南部六大防务区的区际防务安全保护局（les Directions interrégionales de la protection et de la sécurité de la défense），法兰西岛地区防务安全保护局（la Direction régionale de la protection et de la sécurité de la défense d'Ile-de-France），法兰西岛大区工业安全局（la Direction de la sécurité industrielle de la région Ile-de-France），与巴黎圣日耳曼岛、巴黎空军城、巴黎海军和布雷斯特海军相对应的专业工作站，在安的列斯群岛、法属圭亚那、留尼汪岛、新喀利多尼亚和法属波利尼西亚等海外法国的本地防务安全保护局，服务于驻守非洲（科特迪瓦、塞内加尔、加蓬、吉布提）法军的常设性防务安全保护工作站，等等。所有外围机构均听从防务安全保护局的指挥，在所属地区履行安全方面的责任。在这些机构之下，还会设有一些各自的支队或分队，常常按照防务安全保护局局长和总参谋长的联合指令，参与执行各种对外军事行动。

二、优化军事情报局组织体系

"9·11"恐怖袭击事件发生后，法国先后于 2002 年和 2005 年对军事情报局进行了两次调整。根据国防部 2002 年 7 月 25 日颁布的有关军事情报局组织体系的部长决议[①]（图 4—4），军事情报局局长的职责在于向国防部长提供履职所需的军事攸关情报方面的协助与建议，动用该局的一切手段以完成 1992 年 6 月 16 日法令赋予他的使命，还要根据总参谋长的指令，指挥和协调法国驻外使馆武官与军事情报专业武官的行动。局长之下设有 2 名副局长：1 名负责规划，即指导和开展中长期研究并将其体现于发展计划中，在与总参谋部沟通的基础上确定开展情报工作所需的各类资源，指挥全国范围内的人员调遣；1 名负责作战，即主持各类情报行动，当局长不在位或履职不便时可以全权代理局长一职。此外，军事情报局还设有 3 个分别负责情报对外关系和安全工作的局长助手，1 个由局长直接领导的研究与展望室，1 个直属于规划副局长的行政与财政办公室，1 个直属于作战副局长的情报行动协调办公室。其中，研究与展望室负责就一些潜在的危机以及应对未来威胁所需的情报工作开展综合研究，行政与财政办公室参与政府拨付给本局资金的预算编

① Légifrance, *Arrêté du* 4 *décembre* 2002 *portant organisation de la direction du renseignement militaire*, https://www.legifrance.gouv.fr/affichTexte.do?cidTexte=JORFTEXT000000231646.

制，并确保预算的切实执行，情报行动协调办公室则负责筹备、开展和控制本局的情报行动。此外，军事情报分局还下设6个分局和一些外围机构。

军事情报局的6个分局分别是搜集分局（la Sous-direction de la recherche）、开发分局（la Sous-direction de l'exploitation）、武器装备和扩散分局（la Sous-direction des armements et de la prolifération）、系统分局（la Sous-direction des systèmes）、人力资源分局（la Sous-direction des ressources humaines）和手段分局（la Sous-direction des moyens）。其中，搜集分局负责组织、指挥和协调利用本局既有的手段或者有权支配的手段而进行的情报搜集；开发分局与武器装备和扩散分局都负责汇总、分析和开发军事攸关情报，只是前者涉及的是非科技情报，后者涉及的是科技情报；系统分局负责置办和跟踪开展情报工作所需的技术手段；人力资源分局确保军事情报局的用人需求得到保障；手段分局则负责军事情报局的一般性支持。有关6个分局的组织结构由国防部长决定且不能对外公布，各个分局的职责与运作方式以部长训令的方式加以确定。

军事情报局的外围机构包括：三军情报与语言研究学校，主要面向陆、海、空三军的各级军官讲授战场情报的组织与处理，培训外语技能；三军图像判读与培训中心，主要开展图像情报的生产，为此负责"太阳神"系列卫星的操作，并对所收集的图像进行分析；电磁发射培训与应用中心（le Centre de formation et d'emploi relatif aux émissions électromagnétiques，简称CFEEE或CF3E），1998年9月1日由电磁放射信息中心（le Centre d'information sur les rayonnements électromagnétiques，简称CIREM）更名而来，主要负责电磁情报的生产，该中心克服电信全球化带来的各种挑战，通过全天候的战略警戒对全球的突发性危机与冲突进行跟踪，依托由监听操作员、语言学家、网络或信号分析师以及密码破译人员等组成的专家团队，执行监听传感器的导引、情报分析、国家雷达与电信军事技术参考系

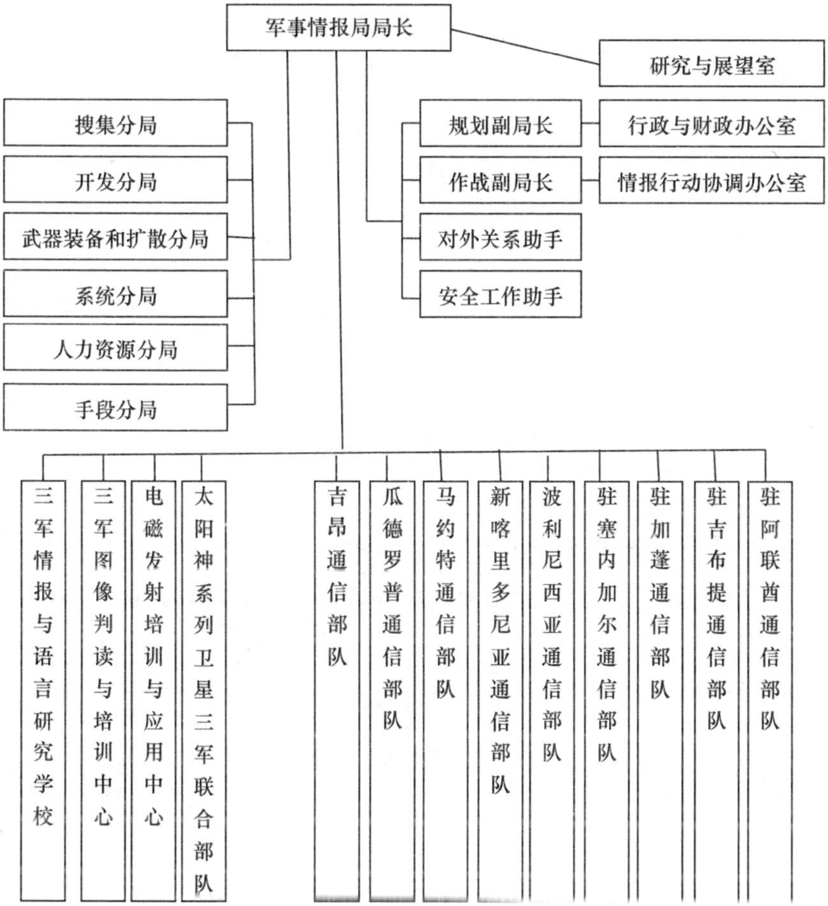

图 4—4　2002 年军事情报局组织体系图①

的制定等三大业务，始终保持与作战需求和技术进步的常态化对接，并与对外安全总局长期开展互助共享，以提高作战效率；“太阳神”系列卫星三军联合部队和军事情报局的 9 支前沿通信部队（les Détachements avancés de transmissions，简称 DAT），主要负责拦截远距离通信，其中前沿通信部队的 1 支部署于法国本土东南沿海的吉昂（Giens），4 支分别部署于加勒比海的瓜德罗普、印度洋上的马约特和

① 本图由笔者根据法国军事情报局 2002 年的组织体系绘制。

南太平洋的新喀里多尼亚与法属波利尼西亚，其余4支则分别部署于非洲的塞内加尔、加蓬、吉布提和海湾地区的阿拉伯联合酋长国。

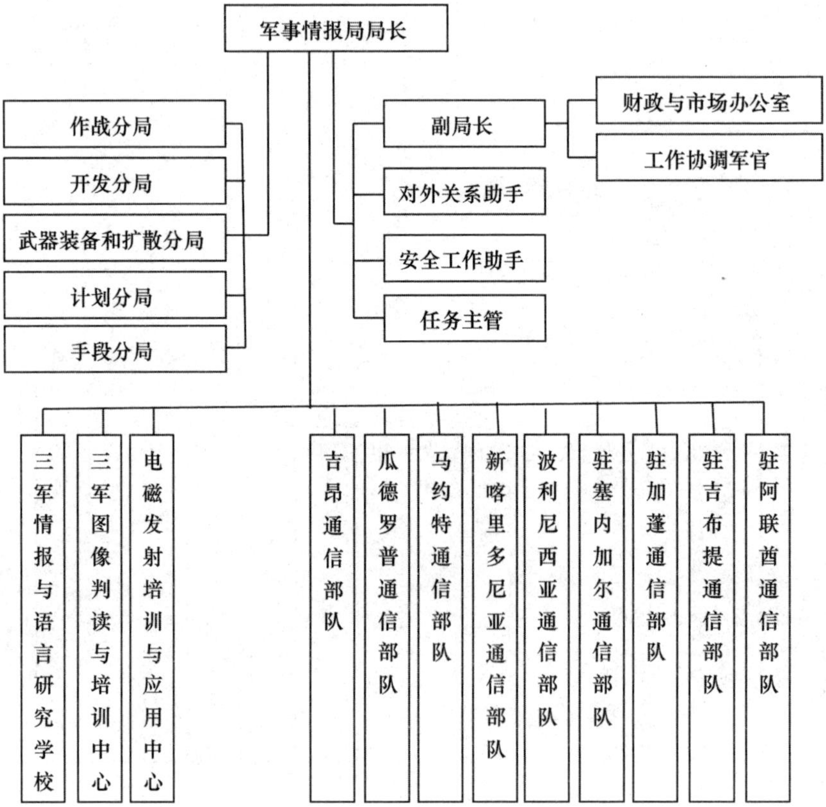

图4—5　2005年军事情报局组织体系图①

2005年4月11日，法国国防部又通过颁布部长决议，再次对军事情报局进行了局部调整（图4—5）②。首先，将原来的2名副局长调整为1名，并增加了数名任务主管。其中，副局长综合履行前规

① 本图由笔者根据法国军事情报局2005年的组织体系绘制。

② Légifrance, *Arrêté du* 11 *avril* 2005 *portant organisation de la direction du renseignement militaire militaire*, https://www.legifrance.gouv.fr/affichTexte.do? cidTexte = JORFTEXT000000785792& categorieLien = id.

划副局长和前作战副局长的职责，并设有一名军官负责协调各分局的运作，当副局长不在位或履职不便时代行其职务；副局长下设 1 个财政与市场办公室，在继承前行政与财政办公室管理预算、财务职责的基础上，还在其权限内负责市场的开拓与跟踪。其次，将原来的 6 个分局调整为 5 个：将原搜集分局更名为作战分局（la Sous-direction des opérations），撤销系统分局和人力资源分局，保留开发分局、手段分局以及武器装备和扩散分局，其中手段分局除了为军事情报局提供后勤支援之外，还继承了前人力资源分局满足总局人员需求的职能；另外设立计划局（la Sous-direction des plans），负责筹划军事情报局的未来，并就三军联合情报职能展开研究。此外，在军事情报局的外围机构中不再设立“太阳神”系列卫星三军联合部队。

三、强化对外安全总局内部管理

2002 年 12 月 4 日，法国国防部颁布了关于对外安全总局组织体系的部长决议①。根据决议，对外安全总局局长下设办公室、总监察处和安全处。其中，办公室主任协助局长工作，当局长不在位或履职不便时代行局长职务；总监察处负责对对外安全总局的整体结构进行评估，并提出合理化的控制建议；安全处负责制定和落实各项措施，以确保对外安全总局的人员和设施安全，并对该局结构、手段和使命的隐秘性进行保护。

除了上述对外安全总局局长直属的人员和机构，总局之下依然设立行政局、作战局、情报局、战略局和技术局 5 个局，这次决议尤其对行政局的职责做出了详细界定。该局主管所有局、处的行政工作，具体说来：第一，制定和落实对外安全总局公务员的招聘和管理政策，在适用于这类人员的法规框架下确保国家公务员相关法规性措施的落实；在不属于各军人管理单位权限的职责范围内，制

① Légifrance, *Arrêté du* 4 *décembre* 2002 *portant organisation de la direction générale de la sécurité extérieure*, https://www.legifrance.gouv.fr/affichTexte.do?cidTexte=JORFTEXT000000600051.

定和落实军事人员的分配政策；在和全体局、处保持沟通的基础上，制定和落实人员使用政策，并针对所有编内人员实施前瞻性跟踪和管理。第二，行使法律咨询、答疑和援助职能，与国际部内所有职能单位一道确保对总局特工的行政管理和法律保护，推动和跟踪有关卫生、安全、工作条件等措施的落实。第三，在对外安全总局的权限内，制定和落实人员培训政策，开展针对国内外其他机构或实体的培训活动，并与之展开交流。第四，负责预算的筹措与执行，主管收支的财务工作，跟踪经费的管理，对写入《金融法》的资源分配程序进行协调，负责市场开拓与跟踪。第五，制定和落实器材与设施的置办、维护与改良政策，并向各局、处提供该领域的支持。

决议也对其他5个局的职责做出了说明：作战局参与情报的搜集，并执行政府委托的一切行动；情报局负责搜集和开发关系到法国国家安全的各类情报，侦破并阻止损害法国利益的境外间谍活动，并预测可能出现的后果，与其他相关单位保持必要的联系，并向其提供情报简报；战略局“作为对外安全总局和政府的接口”①，负责传达和跟踪对外安全总局对口单位的指导性意见，并主持和评估情报的生产；技术局则负责技术来源情报的搜集和开发，并就对外安全总局在技术层面的指导方针提供建议并付诸实施（图4—6）。

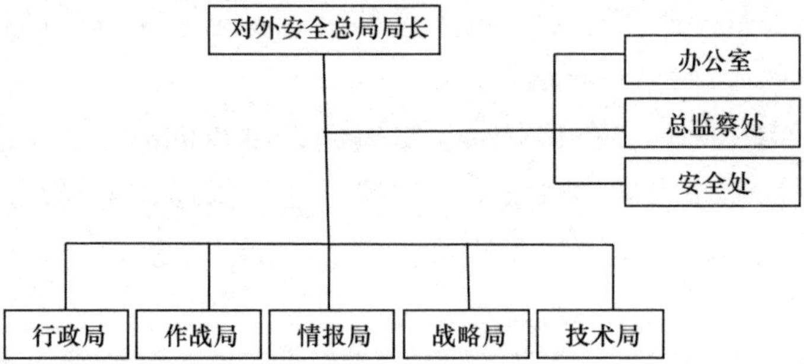

图4—6　2002年对外安全总局组织体系图②

---

① Eric Denécé, *Les services secrets français sont-ils nuls*? Paris: Ellipses Editions Marketing, 2012, p. 245.

② 本图由笔者根据法国对外安全总局2002年的组织体系绘制。

第四节　扩充和新建侦察情报力量

在法国军方看来，“除了支持因恐怖主义袭击或自然、技术灾难等引起的危机处置行动以外，法国国土上纯属军事的行动在可预见的将来可以排除”①。在未来较长的一段时间里，法国武装力量将继续在远离国土的地方为保卫法国国家安全利益、支持国家政治与外交活动而开展行动。所以，法国军队需要享有有关各类风险与威胁以及潜在的动乱和颠覆活动的情报，并对可能发生的危机进行预测。为此，法国陆、海、空三军进一步强化情报力量建设，以更好地满足这一首要目标。

一、陆军增加情报旅编成

2009年6月24日，第28地理信息大队（le 28e Groupe géographique，简称28^{e} GG）加入陆军情报旅，成为法国专业从事地形测量和地图绘制的陆军情报部队。它的前身是在法国本土和海外领土上一直战斗到二战最后一刻的多支军事地理学部队，1946年5月16日，法国将这些部队整合为独立地理信息大队（le Groupe géographique autonome），隶属于炮兵指挥部，驻扎于上塞纳省的蒙鲁日市（Montrouge）。1949年，这支部队迁往约讷省（l'Yonne）的茹瓦尼市（Joigny），并于1966年3月26日更名为第28炮兵团（le 28e Régiment d'artillerie）。1972年7月，第28炮兵团改称第28地理信息团（le 28e Régiment géographique），7年之后又改为现名，并从1999年7月1日起转由工兵旅领导，直至该旅解散后转隶于情报旅，并从2010年8月1日起从茹瓦尼市迁往阿格诺市。

无论在战略预测和战役预测环节，还是在作战规划和作战开展

① Ministère de la Défense: *Le Livre blanc sur la Défense et la Sécurité nationale*, Paris: Odile Jacob/la Documentation Française, 2008, p. 129.

环节，第 28 地理信息大队都负责为作战司令部和部队提供地理信息支援，同时也参与“陆军共同使命”（les missions communes de l'armée de Terre，简称 MICAT）的履行。由于军事地理学涵盖了防务机构战时或平时开展工作所需的全部地理信息，而这些工作不仅涉及地球物理学、大地测量学、地形测量学、水文地理学等诸多领域，而且也涉及军事文献下的政治学、经济学和人类学，所以地理信息支援首先在于熟悉作战地区物理和人文环境的描述，继而为作战部队提供这方面的详细信息。具体说来，第 28 地理信息大队需要提供的支援包括四个方面：第一，定位支援，即植入 1 个军事测量网和 1 个航空救援网，构建 1 个磁偏角站和 1 个调谐与校准流程，制作地形图和城市平面图，确定图像校正的支撑点；第二，行进支援，即执行涉水和靠岸方面的测绘，提供呈现公路运输能力的地形图；第三，部署支援，即执行基础设施和空中障碍物的测绘，构建阵地数字模型；第四，完善地理数据库的支援，即开展主题地理信息搜集。

第 28 地理信息大队编有 300 名军人和部分文职人员，由 2 个地理信息连和 1 个指挥与支援连构成，其中每个地理信息连均包括 1 个地图绘制排和 2 个地形测量排。为了很好地履行使命，第 28 地理信息大队配备了专门的定位、测角、测距仪器，建有配置了阵地数据处理软件和地理信息系统（les systèmes d'information géographique，简称 SIG）的微机站，并配有若干越野车。大队的核心从业人员均需接受地理学专业的理论和实践培训，其中地理信息支援分队队长、地理学分析师以及联络与操作分队队长均由军官担任，从事地形测量与地图绘制的小队队长、班长、地理学专家、教官均由士官担任，而从事地形测量与地图绘制的操作员以及越野车、载重汽车与装甲车的导航员和驾驶员均由士兵担任①。

除了第 28 地理信息大队这支力量的加入外，这一时期的情报旅

① Ministère de la Défense：28e groupe géographique，http：//www. defense. gouv. fr/terre/l-armee-de-terre/le-niveau-divisionnaire/commandement-du-renseignement/28e-groupe-geographique.

也发生了这样或那样的一些调整和变动。为了加强战区情报的搜集工作，2000 年 6 月 28 日，情报旅在摩泽尔省的蒙蒂尼莱梅斯市（Montigny-les-Metz）成立了一支新的情报部队——信息收集兵团（le Groupement de recueil de l'information，简称 GRI），其职责是通过开展与普通民众间的交流和审讯俘虏来获取有用的信息。不过，在 2010 年法国陆军大规模的重组中，这支部队被解散，其使命转而由第 2 轻骑兵团担当。2002 年 7 月 1 日，于 1997 年由第 1 海军陆战队伞兵团和陆军特种作战轻航空兵支队①组成的独立特种兵团（le Groupement spécial autonome，简称 GSA）改组为陆军特种力量旅（la Brigade des forces spéciales terrestres，简称 BFST），随即将第 13“龙骑兵”伞兵团纳入它的编制序列，这支伞兵团从此不再接受陆军情报旅的领导。2010 年 7 月 1 日，情报旅的司令部从蒙蒂尼莱梅斯市迁至阿格诺市。

二、海军全方位壮大侦察力量

进入 21 世纪以来，海上及水下侦察在现代海战中的地位越来越重要，特别是从 21 世纪初的几次局部战争可以看出，未来的高技术战争将呈现出信息化作战的特征，“海上及水下侦察作为未来信息化作战的主要组成部分，必将成为未来海战取得胜利的重要保障。”②为此，法军对其侦察情报力量进行了全方位的建设和强化。

（一）组建海军陆战和突击部队

2001 年，法国海军在 5 支作战突击队和 7 个海军陆战连的基础上，正式成立了海军陆战和突击部队（la Force maritime des fusiliers marins et commandos，简称 FORFUSCO），并明确了 5 支突击队的任务分工。它们在执行突击作战、情报搜集以及陆地、海上和空中渗

① 法语名称为 le Détachement ALAT des opérations spéciales，简称 DAOS。其中，ALAT 是 l'aviation légère de l'Armée de terre 的简称，即法国陆军轻航空兵。

② 周建军等：《海战场侦察技术概论》，北京：国防工业出版社，2013 年版，第 67 页。

透等共同任务的同时，每支突击队都确立了自己的专长：特雷贝尔突击队和若贝尔突击队均负责解救人质和反恐斗争；德·蒙福尔突击队负责远途支援和摧毁；于贝尔突击队除了解救人质和反恐斗争外，还动用作战蛙人开展反潜行动；德·庞芬特尼奥突击队则整合了其他突击队的侦察班，从此专门对海上站点和设施实施战术侦察，并开展战前的战术情报搜集工作，它下设3个侦察队和1个指挥与通信班支援下的作战情报搜集队，约有100人左右①。此外，2008年5月8日，时任法国总统萨科齐在诺曼底地区的兀斯特罕港（Ouistreham）宣布，以法国“海军突击队之父”菲利普·基费的姓氏为名组建一支新的突击队——“基费突击队”（le Commando Kieffer）。作为一支“指挥和作战支援”部队，设在洛里昂的基费突击队的主要任务在于为海上特种作战行使指挥职能和提供技术支撑。为此，突击队下设了若干“专业支援班”，不仅用于探测爆炸物、排雷或核生化环境下作战，而且也执行人力情报搜集、无人机侦察、电子战、网络战等任务②。

（二）“迪皮伊·德洛姆”号情报侦察船服役

2004年3月底，舷号为A759的“迪皮伊·德洛姆”号（le Dupuy-de-Lôme）实验与测量舰正式下水。2005年10月，法国海军对其进行了设备安装，尤其是加装了新的“多军种电磁情报手段”，并于2006年7月1日在布雷斯特港交付军事情报局使用，代替此前的“布干维尔”号情报侦察船。作为法国海军为海上情报搜集而专门设计的第一艘舰艇，“迪皮伊·德洛姆”号依靠用于侦察的两部DRBN-38雷达和一部用于反制的ARBR-21探测器，按照军事情报局的任务要求负责海上各类无线电通信和雷达信号的拦截、分析和测向，满足各军种的情报需求。该船配备了两组船员，

---

① Ministère de la Défense, *Le Commando de Penfentenyo*, http://www.defense.gouv.fr/marine/operations/forces/fusiliers-marins-et-commandos/le-commando-de-penfentenyo.

② Ministère de la Défense, *Le commando Kieffer*, http://www.defense.gouv.fr/marine/operations/forces/fusiliers-marins-et-commandos/le-commando-kieffer.

每组船员包括 8 名军官、16 名士官以及 6 名下士和水手，另外还有 80 名来自军事情报局的专家，可以连续海上工作 240 天，而又得益于全新的状态维护合同，其技术使用期可以长达 350 天。除了电磁情报搜集，“迪皮伊·德洛姆”号情报侦察船还可以前往国际水域中最理想的地点收集最有用的数据，以更好地开展反恐斗争。正如时任国防部长米歇尔·阿利奥特–玛丽（Michèle Alliot-Marie）所说：“如果（对恐怖分子的）监视只限于本土，那么法国不会得到有效的保护。情报工作必须走得越来越远，有能力拦截全球任何一个角落的通信。我们必须利用‘迪皮伊·德洛姆’号获得尽可能多的信息，以更好地预测威胁，并将其消灭在萌芽状态。”

（三）壮大海上战略部队和海军航空部队

2004 年和 2010 年，法国武器装备总局先后将“警醒”号（le Vigilant）和“可惧”号（le Terrible）两艘“凯旋”级弹道导弹核潜艇列装海军。而且从 1998 年起就开始启动“梭鱼”项目（le programme Barracuda）的论证，并于 2006 年和 2009 年与“船舶制造局”① 和原子能工业巨头“阿海珐”（AREVA-TA）先后签署了第一艘和第二艘“梭鱼”级攻击型核潜艇的制造合同，计划在 2027 年之前用 6 艘此类潜艇替代现有的 6 艘“红宝石”级潜艇，以重点满足法国海军纵深打击的行动需求，同时也执行既有的情报侦察任务②。

此外，海军航空部队又有了新的侦察力量。2001 年 5 月 18 日，法国海军重新激活了 1999 年 12 月 15 日停止服役的第 12 飞行队，并为其配备了武器装备总局交付给海军的首批“海军型阵风”战斗机。从此，该飞行队依附于“戴高乐”号航空母舰，更好地执行海上侦察、保护侦察以及强大的对海攻击任务。

---

① “船舶制造局”（la Direction des constructions navales，简称 DCN）2017 年更名为“船舶集团”（le Naval Group）。

② Ministère de la Défense：*La Force océanique stratégique de la Marine nationale*，http：//www. defense. gouv. fr/marine/operations/forces/forces-sous-marines/la-force-oceanique-strategique-de-la-marine-nationale.

三、空军新建空基和天基侦察力量

（一）增建空中侦察部队

2002年9月1日，法国空军在朗德省（les Landes）蒙德马桑市（Mont-de-Marsan）的118基地组建了“阿杜尔”无人机实验大队（l'Escadron d'expérimentation drones 01.033《Adour》），并先后完成了“猎手”（Hunter）战术无人机和中空长航时无人机临时系统（le système intérimaire de drone MALE，简称SIDM）的实验，最终于2009年7月1日迁至夏朗德省（la Charente）科尼亚克市（Cognac）的空军709基地。2010年9月1日起，“阿杜尔”无人机实验大队接受空军力量指挥部（le Commandement des forces aériennes，简称CFA）下辖的空军歼击航空旅（la Brigade aérienne de l'aviation de chasse，简称BAAC）的领导，并更名为“贝尔福”无人机大队（l'Escadron de drones 01.033《Belfort》），从此利用其配备的“雪鸮”（Harfang）无人机和作战板块①的情报专家遂行情报、监视和侦察等任务②。

2008年11月3日，法国在非洲吉布提的空军“埃米尔·马萨尔上校”（《Colonel Emile Massart》）188基地重新成立了于1997年6月25日解散的“科西嘉”歼击大队（l'Escadron de chasse 03.011《Corse》）。该大队利用所配备的“幻影2000C”和“幻影2000D”战斗机保持常态化的预警，既可以行使防空职能、保护吉布提的领空完整，也可以进行全天候的精确常规打击。此外，该歼击大队还承担着情报侦察的任务③。

---

① “贝尔福”无人机大队的80余名专家分属两个职能板块：一是作战板块，负责任务的确立、筹备和开展；一是技术板块，负责空中飞行器和地面系统的操作与维护。

② Ministère de la Défense，*Escadron de drones* 01.033《*Belfort*》，http：//www.defense.gouv.fr/air/activites/unites-aeriennes/escadron-de-drones/escadron-de-drones – 01.033 – belfort.

③ Ministère de la Défense，*Escadron de chasse* 03.011《*Corse*》，http：//www.defense.gouv.fr/air/activites/unites-aeriennes/escadrons-de-chasse/escadron-de-chasse – 03.011 – corse.

（二）整合天基侦察力量

2003 年 9 月，法国在克雷伊（Creil）空军基地创建了卫星侦察军事中心（le Centre militaire d'observation par satellites，简称 CMOS）。这是一个由法国空军主导的跨军种机构，隶属于空军力量指挥部，但要接受和执行军事情报局的作战指令。该中心将法国用于太空军事侦察的所有手段汇集到一个统一的站点，接受三军空间指挥部（le Commandement interarmées de l'espace，简称 CIE）的委托，对地球侦察卫星实施作战控制。

在空间侦察国际合作的框架下，卫星侦察军事中心负责将地面用户一方与以下四种卫星联接起来：第一是法国的 2 颗“太阳神”军事侦察卫星，特别是新一代的“太阳神 - 2B”卫星具有同时以几种模式成像的能力，并能在更短的时间内传送图像；第二是法国军民两用的“昴星团”（Pléiades）高分辨率卫星星座，它由 2 颗完全相同的卫星构成，可实现全球任意地区的每日重访，从而最快满足客户获取任何地区超高分辨率数据的需求；第三是德国的 5 颗“合成孔径雷达——放大镜”（Synthetic aperture radar LUPE，简称 SAR LUPE）雷达侦察卫星，这种卫星具有很高的空间分辨率，能够提供全球任何区域的实时高清晰度图像，目前该卫星与法国“太阳神”光学侦察卫星合作，德、法两国共享由这两颗侦察卫星获取的信息；第四是意大利的“地中海盆地对地观测小卫星星座”（Cosmo-Skymed），因为是由 4 颗均携带了“合成孔径雷达”设备的卫星组成，故能实现所有视野条件下的高分辨率实时运行，目前该系统的第二代构建计划已与包括法国在内的多个欧洲国家开展战略国际合作。除了面向欧洲的合作伙伴国征集需求、制订卫星工作计划和提供所收集的各类数据外，卫星侦察军事中心更要为法国军事情报局、本土陆海空三军和部署在作战地区的武装力量提供卫星图像方面的情报需求①。

（三）组建空军情报培训大队

2004 年，法国在梅兹市空军基地组建空军情报培训大队（l'Escadron de formation au renseignement 20. 530，简称 EFR），接受空军作战部队司令部的指挥。该大队主要为法国空军和海军培养从事情报判读和分析的各级军官，还针对情报专业的士官开展初级培训或补充培训。从 2015 年 8 月 1 日起，空军情报培训大队继承了空军情报与电子战教导大队（l'Escadron d'instruction de renseignement et de guerre électronique，简称 EIRGE）的传统与职能。

四、国家宪兵加强情报力量建设

法国国家宪兵与陆海空三军同为法国武装力量的重要构成。它与国家警察一样都隶属于法国内政部，并且在预算和作战方面接受内政部长的管辖，但是宪兵仍然保有军人身份，而且在人员培训、人力资源管理、对外军事行动、特种宪兵作战等方面都接受国防部的领导，故其情报力量建设也是法国军事情报工作的有机组成。

（一）组建新国家宪兵干预大队

2007 年 9 月 1 日，在法国国家宪兵深度重组的框架下，新的国家宪兵干预大队（le Groupe d'intervention de la Gendarmerie nationale，简称 GIGN）正式成立。其实，早在恐怖活动猖獗的 20 世纪 70 年代，法国国家宪兵为了有效开展反恐斗争，于 1974 年 3 月 1 日起陆续组建了第 1 干预大队和第 4 干预大队。为了节省开支、提高效率，1976 年 6 月两支干预大队合二为一，正式命名为国家宪兵干预大队。1984 年，该大队并入国家宪兵安全与干预编队（le Groupement de sécurité et d'intervention de la Gendarmerie nationale，简称 GSIGN），随后该编队又整合了国家宪兵伞兵干预大队（l'Escadron parachutiste

① Ministère de la Défense, *Le Centre militaire d'observation par satellites*, http://www. defense. gouv. fr/actualites/dossiers/l-espace-au-profit-des-operations-militaires/fiches-techniques/cmos.

d'intervention de la Gendarmerie nationale，简称EPIGN）和总统府安全大队（le Groupe de sécurité de la présidence de la République，简称GSPR）两支力量，直至2007年改组为现在的国家宪兵干预大队。

国家宪兵干预大队的驻地设在伊夫林省的凡尔赛，下设1个指挥参谋部、1个作战参谋部、1个支援参谋部和1个总统府安全大队支队（le Détachement du Groupe de sécurité de la présidence de la République，简称GSPR）。其中，指挥参谋部下设1个办公室、1个通信小组、1个国际关系小组以及1个包括计划小组、研发处、战略警戒小组、审计与目标文件小组在内的跟踪与预测办公室。在国家宪兵总署（la Direction générale de la Gendarmerie nationale）署长的直接领导下，这支由380人组成的国家宪兵精英部队主要执行干预、安全/保护、侦察/搜集、作战支援和培训5个方面的任务[①]。其中，侦察/搜集力量（la Force observation recherche，简称FOR）负责反恐打非领域司法类和行政类情报的搜集，它的前身为国家宪兵伞兵干预大队的侦察与搜集支队，其30余名成员饱受战争锻炼，均具有超强的专业军事技能，无论是跨境作战还是在本土上的城乡作战，无论是战场渗透还是情报搜集，都能应付自如[②]。

（二）设立宪兵作战与情报中心

法国的行政区划分为大区、省和市镇三级，在区府所在地的省份，一般都设有宪兵作战中心（le Centre opérationnel de la Gendarmerie，简称COG），而在那些不是区府所在地的省份，都设有一个宪兵作战与情报中心（le Centre d'opérations et de renseignement de la Gendarmerie，简称CORG）。后者一般由12名富有经验的军官和士官担任接线员，一年365天、一天24小时接听“17”紧急电话，在了解案情后随即协调宪兵巡逻队进行干预，必要时请求其他军事或

① Ministère de la Défense, *Le Groupe d'intervention de la gendarmerie nationale (GIGN)*, http://www.defense.gouv.fr/actualites/international/le-groupe-d-intervention-de-la-gendarmerie-nationale-gign.

② Ministère de l'Intérieur, *Observation Recherche*, https://www.gendarmerie.interieur.gouv.fr/gign/Organisation/Observation-Recherche.

治安力量介入，并且全程跟踪事件的处理过程。宪兵作战与情报中心的工作不仅很好地协调了宪兵的巡逻工作，也保证了干预行动的快速有效。

（三）创建情报教育机构

法国国家宪兵非常重视情报教育。2000 年 5 月 1 日，国家语言和国际事务培训中心（le Centre national de formation aux langues et à l'international，简称 CNFLIG）成立，办学地点设于滨海夏朗德省（la Charente-Maritime）的罗什福尔宪兵学校（l'Ecole de Gendarmerie de Rochefort）。该中心在国家宪兵院校指挥局（le Commandement des écoles de la Gendarmerie nationale，简称 CEGN）的领导下，为参加北约、联合国或欧盟对外行动的国家宪兵提供包括英语、德语、西班牙语、意大利语和阿拉伯语在内的语言培训，并帮助他们熟悉国际事务[①]。地处塞纳－圣德尼省（la Seine-Saint-Denis）罗斯尼－苏布瓦堡（le fort de Rosny-sous-Bois）的国家作战情报培训中心（le Centre national de formation au renseignement opérationnel，简称 CNFRO）也直属于国家宪兵院校指挥局。该中心成立于 2009 年 9 月 1 日，负责对宪兵军官和士官进行专业培训，内容包括：对公众拨往宪兵作战与情报中心的电话进行侦收和处理；对司法之外的一般情报类信息进行处置；将宪兵在经济情报领域的各项行动付诸实施；等等[②]。

本章小结

与冷战刚刚结束的 20 世纪 90 年代相比，21 世纪的世界发生了根本性的变化，复杂性和不确定性成为新国际环境的重要特征。为

---

① Ministère de l'Intérieur, *Centre-national-de-formation-aux-langues-et-a-l-international-CNFLIG*, http://www.gendarmerie.interieur.gouv.fr/cegn/Autres-pages/Centres/Centre-national-de-formation-aux-langues-et-a-l-international-CNFLIG.

② Ministère de l'Intérieur, *Renseignement opérationnel*, https://www.gendarmerie.interieur.gouv.fr/cegn/Formation-d-expertise/Renseignement-operationnel.

了保持法国永久性的决策自由，确保法国在战略上的长期主动，法国将了解与预测置于国家安全战略的最前沿。一方面，通过优化军事情报局、对外安全总局和防务安全保护局的组织体系，改进陆海空三军与国家宪兵侦察情报力量的装备与构成，加强人力情报和技术情报搜集手段的建设，推动反情报工作的开展；另一方面，通过成立国防与国家安全委员会及其秘书处、设立国家情报委员会和国家情报协调官，法国最终确立了新世纪的情报领导和协调机制，而议会情报评议会的诞生，更是打破了长期以来法国情报工作缺乏民主监督的不良局面。总体而言，法国的情报协调与控制机制得到了有效确立，也成为这一历史时期法国军事情报体制改革的最大亮点。不过需要看到的是，这一时期的改革还不尽如人意，因为对情报机构实施有效控制的行政机关尚未出现，而且现有的情报协调机制是否适应新的安全形势，已有的侦察情报力量是否满足对外军事行动的需求，也都有待时间的检验。

第五章　2010 年以来法国军事情报体制改革的成因与举措

在冷战后的 20 多年里，虽然“法国有幸与欧洲伙伴国处在一个和平、稳定的特别形势下”①，然而法国并不排除某些战略断裂风险存在的可能，也不低估某些国家行为体的破坏能力。当人类社会进入 21 世纪的第二个 10 年，国际战略力量此消彼长，世界现状与国际安全形势又发生了许多重要变化，西方国家很难再像过去那样独自掌握经济和战略的主动性，尽管其军事和技术优势依然存在，但将受到多方面的挑战和威胁。为此，法国更加重视情报工作，持续推进情报改革，不断赋予军事情报体制新的组织架构和新的作战内涵，以使其更好地服务军事斗争、维护国家安全。

第一节　2010 年以来法国军事情报体制改革的成因

2007—2009 年的世界金融危机过后，世界经济复苏依然乏力。法国认为“这次危机波及的主要是发达国家”②，从而“大大压缩了美国与欧洲的回旋空间”③。另一方面，从大西洋到印度洋的弧形地带形势的任何变化都直接或间接影响到法国的安全和利益，从而影响到法国的国家安全战略与防务政策。

---

① Ministère de la Défense, *Le Livre blanc sur la Défense et la Sécurité nationale*, Paris: Direction de l'information légale et administrative, 2013, p. 13.

② Ibid., p. 27.

③ Ibid., p. 28.

一、新时期的“战略断裂”

（一）美国战略重心转移，欧洲安全责任增大

亚太新兴经济体的快速崛起，冲击着以美国为首的全球力量架构，尽管美国从来没有离开过亚洲，但作为其国内经济复苏的关键和外交事务的重心，美国从2012年起通过整合旧资源、运用新方式、施展巧实力来重新凸显其在亚太地区的战略存在及主导优势，确保美国在该地区的领导地位。美国高调重返亚太，不仅给中国周边环境造成了很大的不利影响和战略压力，也使欧洲对自身和周边地区的安全承担更多的责任。尽管欧洲依然是美国关注的“首要地区”，但它不再把欧洲视作全球战略对抗的中心，所以除了通过成立“非洲司令部”来优先关注地中海沿岸和非洲地区以外，美国大幅缩减了欧洲驻军人数和海上军事存在，并因为这一地带的稳定更直接地影响到欧洲，从而督促欧洲各国在此部署必要手段，承担更多的安全维护责任。此外，虽然欧洲国家与俄罗斯在阿富汗政治稳定、中止伊朗核计划以及反恐斗争方面具有共同的重大安全利益，而且在能源方面严重依赖俄罗斯、高加索和中亚地区，但是俄罗斯坚定了重返国际舞台、恢复大国地位的信念，并且在2014年强势介入乌克兰冲突并成为克里米亚半岛的实际控制者，同时北约东扩步伐的加快势必会激起俄罗斯的强烈反击，所以包括法国在内的欧洲国家必须面对这种强权与依存相互交织甚至截然对立的矛盾，欧洲的地区紧张局势依然存在①。

（二）全球多地形势动荡，威胁日趋多样化

首先，亚洲、尤其是中东仍是对立或冲突可能发生的主要地区。法国虽然不受亚洲大国间可能冲突的直接威胁，但势必也会受到一定的牵连，毕竟法国在太平洋拥有大量的领土，而且在亚洲的法国

① Ministère de la Défense, *Le Livre blanc sur la Défense et la Sécurité nationale*, Paris: Direction de l'information légale et administrative, 2013, p. 54.

企业和侨民日益增多，所以亚太地区的安全与法国的安全息息相关。而2010年12月发生在突尼斯的“茉莉花革命”所引发的西亚北非局势动荡瞬间席卷了几乎整个阿拉伯世界，不仅给中东地区带来了权力真空和混乱，也对包括法国在内的欧洲各国造成了很大的直接冲击，毕竟中东地区对于欧盟而言具有特殊的地缘战略意义。

其次，在临近欧洲的非洲大陆，各国政局的发展变化直接影响到法国和欧洲的安全利益。尤其是在诸如马里这样的一些脆弱国家，政府无力承担起自己应有的责任，无法应对其领土面临的威胁，很可能会成为犯罪集团的庇护所、走私毒品和军火的场所或恐怖组织发动大规模恐怖袭击的后方基地，对于法国和欧洲而言，这种政治和人道主义的挑战也是一种战略挑战。所以，2013年5月24日法国总统弗朗索瓦·奥朗德指出，法国出兵马里是因为那里有“影响法国安全的威胁，法国出兵是为了维护法国自身的安全”①。

最后，恐怖主义袭击更趋频繁，已经成为法国常态化威胁。虽然仇恨西方国家是伊斯兰恐怖分子的普遍价值标准，但法国在整个西方国家中显得格外抢眼，始终是欧洲国家中恐怖分子首选的袭击目标。特别是2013年以后，以经历伊拉克战乱完成了“练兵”的“基地”组织伊拉克分支与叙利亚“胜利阵线”为基础，“伊拉克和大叙利亚伊斯兰国”武装宣告成立并迅速扩张，疑似由其发动的恐怖袭击更趋频繁。据统计，从2010—2014年的5年时间里，欧盟一共发生了995起恐怖袭击，其中发生在法国的就高达408起，占欧盟所受恐怖袭击总数的41%，这严重损害了法国的安全和利益。

此外，网络攻击已对法国和欧洲安全构成严重威胁。随着信息技术的飞速发展，网络空间已成为陆、海、空、天之后的第五战场，特别是为远距离摧毁或控制信息系统而发动对重要设施、武器系统

---

① Ministère de la Défense, *Intervention du président de la République sur la politique de Défense à l'Institut des Hautes Etudes de Défense nationale*, le 24 mai 2013, p. 2.

或军事战略系统的网络攻击，将给国家安全带来严重后果[1]。

总之，在国际形势风云变幻的背景下，法国承担着更大的欧洲安全责任，也面临着更大的国家安全威胁，这都对法国新时期的国家安全战略、防务政策与情报工作提出了新要求和新挑战。

二、新时期的法国防务政策与情报价值认识

2013年4月29日，法国颁布了21世纪的第二份《国防与国家安全白皮书》。新时期的法国国家安全战略认为，2008年确定的"了解与预测""威慑""保护""预防"和"干预"战略职能始终有效。根据所面临风险和威胁的可能性大小，该白皮书确定了法国未来战略优先事项的先后顺序[2]：第一，保护法国国土和侨民，确保国家基本职能的连续性；第二，协力保障欧洲和北大西洋地区的安全；第三，共同维护欧洲周边地区的稳定；第四，参与维护近东和阿拉伯海—波斯湾地区的稳定；第五，履行国际责任，维护世界和平。为了建设"与法兰西雄心相称"、足以保卫法国和全体法国公民安全的"21世纪的国防"，法国将通过提升军队能力、优化军种编成与装备，力争在2025年前建立起一种全新的军队模式。

在新的历史时期，法国将根据国际背景和安全形势的演变实现五大职能间的更好衔接，而首先需要了解和预测所面临的风险和威胁，并能在第一时间发出预警。该白皮书认为，"了解与预测职能具有独特的重要性……它是保证武装力量行动效果的前提，有助于节约武装力量执行任务所需的手段"[3]，而"情报在了解与预测职能中发挥着核心作用……不仅服务于政治与战略决策，还服务于战术行

① 张林初：《法国2013年版〈国防与国家安全白皮书〉评述》，《和平与发展》，2013年第5期，第77页。

② Ministère de la Défense, *Le Livre blanc sur la Défense et la Sécurité nationale*, Paris: Direction de l'information légale et administrative, 2013, pp. 47－59.

③ Ibid., p. 70.

动的规划与实施”①。所以，法国“未来需要在情报方面付出特别的努力，既涉及人力资源，又涉及搜集与数据开发的技能”②，此外还要采取行动应对日益严重的网络威胁。

三、对外军事行动的检验与推动

2010年以来，法国在“直接或间接地”影响其战略利益的“大西洋—印度洋”弧形地带开展了多次重大军事行动。首先，是旨在干预利比亚内战的“旱风行动”（l'Opération Harmattan）。2011年3月19日，法国率先对利比亚发动空袭，截至9月初，空军参战部队一共执行了1700余次任务，其中出动“幻影F1CT/CR”战斗机、“雪鸮”无人机、“E－3F”雷达预警机等先后遂行侦察、侦测行动360余次；海军则从“戴高乐”号航空母舰上出动“阵风M”舰载机执行了390次侦察任务，出动“E－2鹰眼”雷达预警机执行了110次侦测与压制任务，两架“大西洋2”巡逻机飞行超过1000航时，并为多国部队完成了55次热制导任务。此外，陆军也在北约发起的“联合保护者行动”（Unified Protector）进展不畅的5月初派兵参战，并出动陆军轻航空兵部队的战斗直升机多次执行侦察、打击与掩护任务。其次，是旨在支持马里政府军打击北部伊斯兰武装集团的“薮猫行动”（l'Opération Serval）。这次行动于2013年1月11日发起，期间法国陆、海、空三军先后出动了“阵风”战斗机、“幻影”战斗机、“雪鸮”无人机、“大西洋2”巡逻机等执行情报侦察任务，特别是派出了200多人的突击队员搜集人力情报和引导空中打击。对外安全总局行动处派员直接参与战场情报的搜集，而军事情报局则启用了“太阳神－2A”“太阳神－2B”“昴星团－1A”和“昴星团－1B”4颗侦察卫星，向参战法军和马里政府军提供图

① Ministère de la Défense, *Le Livre blanc sur la Défense et la Sécurité nationale*, Paris: Direction de l'information légale et administrative, 2013, p. 71.

② Ibid., p. 72.

像情报方面的支持。该行动于 2014 年 7 月 15 日结束后，法军随即在整个萨赫勒地区发起了“沙丘行动”（l'Opération Barkhane），以打击散布在这一地区的武装圣战分子。最后是旨在打击“伊斯兰国”（l'Etat islamique d'Irak，简称 EII）的“北风行动”（l'Opération Chammal）。2014 年 9 月 20 日，法国应伊拉克政府的请求派军前往该国，一方面执行情报搜集任务，以支持该国军队确定“恰当的行动手段”；另一方面直接对恐怖分子实施空中打击。从 2015 年 9 月 27 日起，法军又将打击的范围扩大到叙利亚，特别是为了回击同年 11 月 13 日巴黎遭遇的恐怖袭击，法军于 11 月 16 日开启了针对“伊拉克和大叙利亚伊斯兰国”（l'Etat islamique en Irak et au Levant，简称 EIIL）的空中打击。所有这些对外军事行动的开展，不仅有效检验了法国的军事情报工作，更因全新的作战对象和复杂的战场态势而对军事情报工作提出了新的要求。

第二节　进一步完善情报协调与控制机制

在新的历史时期，随着对军事情报机构性能和工作效率的反思，法国通过设立新官职、组建新机构进一步强化对军事情报工作的协调与控制，以确保各机构顺利运作、协调发展，从而消除情报工作的重叠，逐步实现情报共享与互助，为情报界的正常运转创造良好的条件和环境。

一、设立国家情报与反恐斗争协调官

如前文所述，2015 年 11 月 13 日，巴黎连续发生多起恐怖袭击事件，造成至少 132 人死亡，300 多人受伤，成为近年来欧洲最严重的恐怖袭击之一，法国时任总统奥朗德把这次屠杀式的袭击定性为“战争行为”。随着法国反恐斗争形势的日益严峻，2017 年 6 月 14

日，法国总统埃马纽埃尔·马克龙签署了第 2017－1095 号法令[①]，将国家情报协调官正式改称国家情报与反恐斗争协调官（le Coordonnateur national du renseignement et de la lutte contre le terrorisme），同时成立了国家情报与反恐斗争协调办公室（la Coordination nationale du renseignement et de la lutte contre le terrorisme）和国家反恐中心（le Centre national de contre-terrorisme，简称 CNCT）。

国家情报与反恐斗争协调官依然以内阁会议法令的形式任命，其职责是就情报和反恐问题向总统建言献策。具体来说，该官员负责各情报机构间的协调工作，将总统的指令传达给各情报机构所属的政府部长，并确保这些指令切实得到贯彻；在国防与国家安全秘书长的协助下，向国防与国家安全总秘书处和国家情报委员会汇报工作，并筹备国家情报委员会的各种会议，跟踪涉及情报机构的所有决议的实施；确保各个情报机构之间的友好合作，以促进应对恐怖主义威胁的信息共享，提高行动效率；关注政府部门内部协调与信息交流机制的落实和效用，为此可以在必要时参加各情报机构就此类议题所召集的各种会议；尤其在反恐领域，为情报机构技术手段的使用和互助提供便利，并向总统和总理进行汇报；听取专业情报机构负责人的工作汇报，并将由此得来的各类情报及时上报总统和总理；对面临的威胁进行总体分析，在此基础上向总统建议情报工作和反恐斗争的指导方针以及应由总统为情报机构确定的优先协调行动；在相关政府部门的配合下，协调和推动法国就情报与反恐领域的欧洲或国际合作所提倡议的实施。

国家情报与反恐斗争协调办接受国家情报与反恐斗争协调官的领导，国家反恐中心隶属于国家情报与反恐斗争协调办，负责风险分析以及反恐斗争策略的制定。第 2017—1095 号法令还明确指出，

---

① Legifrance, *Décret n°2017－1095 du 14 juin 2017 relatif au coordonnateur national du renseignement et de la lutte contre le terrorisme, à la coordination nationale du renseignement et de la lutte contre le terrorisme et au centre national de contre-terrorisme*, https：//www. legifrance. gouv. fr/affichTexte. do? cidTexte = JORFTEXT000034938469&dateTexte = &categorieLien = id.

两个机构与各大专业情报机构、情报学院以及下文述及的情报机构监察部同属于法国情报界。

二、创建情报学院

2010 年 7 月 13 日，法国以政府公报的形式发布第 2010—800 号法令[①]，正式成立法国情报学院（l'Académie du renseignement），校址设在巴黎第 7 区的军事学院内。这是继领土监护局与综合情报中央局合并为国内情报中央局、在总统府设立国防与国家安全委员会之后，法国政府实施的旨在加强情报协调的第三个重大举措。该学院负责对隶属于国防部、内政部、经济和预算部的各类情报人员进行培训，加强法国情报界的内部联系，促进情报文化的传播。

根据法令，情报学院的具体职责为筹划、组织、实施各类培训活动，加强各情报机构在培训方面的合作，参与旨在提高情报敏感度的系列活动。它还负责对国内情报中央局、对外安全总局、军事情报局、防务安全保护局、国家海关调查情报局、反非法金融流转情报处理和行动处的未来重组事宜进行研究和规划。情报学院院长一般由政府总理以法令的形式加以任命，负责学院的总体工作，并主管人事，同时还参与审核学院的收支账目，每年向总理提交一份工作报告。为了保证培训教学的有效实施，情报学院院长负责主持一个教学委员会，其成员为各个情报机构的领导人。此外，学院还下设一个指导和评估委员会，该委员会每年至少召开两次会议，在国家情报协调官或其代表的主持下，负责对情报学院的办学方针进行指导，对其教学活动做出评估，情报学院负责其秘书处的保障工作。除了国家情报协调官担任主席以外，指导和评估委员会还包括总理的一名代表、各级情报机构领导人或代表、情报学院院长等。

情报学院的招生面向广大军队干部，语言工作者和信息技术工

---

① Légifrance, *Décret n°2010 - 800 du 13 juillet 2010 portant création de l'académie du renseignement*, https: //www. legifrance. gouv. fr/jo_pdf_frame. do.

程师也可申请参训。各情报机构负责确定情报学院的课程设置，向学员提供食宿，并颁发国家承认的毕业证书，这预示着法国的情报教育将进一步正规化、专业化。

三、成立情报机构监察部

2013 年 5 月 14 日，来自社会党的让 - 雅克·于尔沃阿（Jean-Jacques Urvoas）和来自人民运动联盟（l'Union pour un mouvement populaire，简称 UMP）的帕特里斯·韦谢尔（Patrice Verchère）两名众议员向议会联合提交了一份报告，倡议政府成立一个情报机构监察部门。同年 6 月 10 日，法国总统府发表了决定成立情报机构监察部的声明，以加强对情报机构的控制和对情报政策的评估①。2014 年 7 月 23 日，时任总理埃马纽埃尔·瓦尔斯（Emmanuel Valls）对成立情报机构监察部（l'Inspection des services de renseignement，简称 ISR）的政府法令做了介绍，指出“该机构的成立意在达成一种平衡，既要实现安全目标，又要尊重个人自由与私生活”。② 次日，第 2014—833 号法令的正式颁布宣告了情报机构监察部的诞生③。

政府总理直接领导这一机构，并根据个人意见或国防部长、内政部长、司法部长、经济部长或预算部长以及国家情报协调官的建议，指示情报机构监察部对情报机构进行相关的控制、审查、研究和评估。在征求国家情报协调官意见的基础上，政府总理可以接受上述任何一名政府部长的建议，从军队总监察部、行政总监察部（l'Inspection générale de l'administration）、财政总监察部（l'Inspection

---

① Les Échos, *L'Élysée crée une inspection des services du renseignement*, Les Échos, le 10 juin 2013, https://www.lesechos.fr/10/06/2013/lesechos.fr/0202817764814_l-elysee-cree-une-inspection-des-services-du-renseignement.htm.

② Laurent Lagneau, *Le gouvernement met en place une inspection des services du renseignement*, Opex360.com, le 25 juillet 2014.

③ Legifrance, *Décret n°2014 – 833 du 24 juillet 2014 relatif à l'inspection des services de renseignement*, https://www.legifrance.gouv.fr/affichTexte.do?cidTexte=JORFTEXT000029290787&categorieLien=id, JORF n°0170 du 25 juillet 2014.

générale des finances）以及经济、工业、能源和技术总委员会（le Conseil général de l'économie，de l'industrie，de l'énergie et des technologies）中有资格知悉绝密信息和材料的现职成员中抽调，也可以接受国防部长的建议，从具有同样资格的军队总监察官中遴选，共同组成情报机构监察部，同时每个成员仍然保留所在单位的职务和行政隶属关系。同样，在征求国家情报协调官意见的基础上，政府总理任命其中的 1 名成员担任情报机构监察部的秘书长，任期 2 年。该秘书长可以向总理建议需要监察的事项、监察组的人员组成以及组长人选，并由总理给予最终确定。在执行监察任务的过程中，监察员有权进入完成使命所需要的任何场地，也有权接触任何人员、信息和文献，最终由监察组的组长撰写监察报告，并提交给总理、国家情报协调官以及接受监察的情报机构所在部的部长。

四、成立国家情报技术控制委员会

应该说，法国国家安全拦截控制委员会自成立以来，在情报控制方面发挥了一定的作用。2006 年 1 月 23 日，法国颁布的《反恐法》规定，警察机关若需获取联网数据，不再需要法官许可，即不再接受司法控制，而只需征得国家安全拦截控制委员会任命的某位警察高官的同意即可。2010 年 1 月 21 日，该委员会在未经运营商同意的情况下，批准国防部和内政部获得了某部电话机 1 年时间的通话单。只是在 2011 年以前，该委员会仅进行了一次尝试，即国防部和内政部为了获得通话记录，可以直接与部际控制工作组联系，国家安全拦截控制委员会则只实施事后控制，且每周不少于 1 次，但要确保任何情况下都不允许调查人员直接向运营商索要通话单。2014 年，国家安全拦截控制委员会可以支配的份额是 2190 人，即只能允许对 2190 人同时进行监听活动，2015 年 1 月法国发生恐怖袭击后，委员会的份额升至 2700 人。

2015 年 7 月 24 日，法国颁布了第 2015—912 号法律——《情报法》（la loi No. 2015 –912 du 24 juillet 2015 relative au renseignement），

同时将国家安全拦截控制委员会改组为国家情报技术控制委员会（la Commission nationale de contrôle des techniques de renseignement，简称 CNCTR）。该委员会由 9 名委员组成：2 名众议员和 2 名参议员，男女数量相同，分别由国民议会和参议院指派，任期与各自的议员任期相同；2 名行政法院法官，男女数量相同，由该法院副院长任命，且至少与国务顾问平级；2 名最高法院特级法官，男女数量相同，由该法院第一院长和总检察长联合任命；1 名电子通信业资深人士，由电子通信和邮政调配署（l'Autorité de régulation des communications électroniques et des postes）署长提名。委员会主席从行政法院和最高法院的人选中产生，并由总统以法令的形式任命，除了来自议会的委员，其他委员任期 6 年，不得续任，而且行政法院或最高法院的成员每 3 年改选 1/2。委员会可以中止或解除某位委员的任职，前提是其余委员的 3/4 认为该委员无法胜任、履职受阻或不能尽责，而无论是何种原因造成某个席位空缺，则需要指派或任命一位新的委员，以履职余下的任期，如果余下的任期不足 2 年，则该委员可以续任一次。国家情报技术控制委员会的会议分为全会和限制性会议两种形式，其中前者包括委员会全体成员，且至少每月召开一次，后者只包括来自行政法院与电子通信和邮政调配署的委员，但无论哪种形式的会议，均由委员会主席统一主持。委员会秘书长由主席任命，协助主席工作，委员会还可以支配或借调相关的公务员和法官，也可以招聘合同制办事员为其效力。委员会成员有权了解《刑法》第 413—9 条所保护的、对其行使职能有用的信息或鉴定材料，委员会的办事员为了获得完成任务所必需的信息与文件，也有权接触国防秘密，但无论委员还是办事员，都必须按照《刑法》第 413—10 条和第 226—13 条的要求，对其履职过程中可能获知的事件与情报严格保密，因为委员会的一切工作均属国防秘密。

国家情报技术控制委员会的职责是确保情报搜集技术严格按照《情报法》的规定在国土上实施。为了完成使命，委员会必须受理

《情报法》提及的所有申请，拥有长期、完整和直接的渠道以查阅相关的记录或情报，知晓正在进行的许可执行方式，向总理申领完成使命所必需的各种素材，向总理提交与委员会使命相关的全部或部分的情报机构监察报告。委员会每年都要撰写一份公开报告，对其工作进行总结，如果委员会认为某些意见很有必要，可以随时向总理提交，然后总理会将这些意见通报给议会情报评议会。根据法律规定，委员会须对政府总理、国民议会议长、参议院议长或议会情报评议会的意见征求做出回复，在保守国防秘密的前提下，委员会可以向电子通信和邮政调配署进行咨询，也可以对其请求予以回应。为了履职尽责，委员会拥有一些必要的人力和技术手段，也拥有《金融法》描述条件下的相应财力。委员会的账务接受审计法院的审查，主席是委员会支出的审核者，有关费用控制的 1922 年 8 月 10 日法律对委员会不适用①。总之，这一切旨在确保法国国土上情报搜集技术的实施必须符合 2012 年颁布的《国内安全法》（le Code de la sécurité intérieure）的相关规定②。

第三节　持续优化情报机构组织格局

环境决定战略，战略决定组织。2010 年以来，为了优化职、责、权方面的结构体系，更好地促进内部分工与协作，法国三大军事情报机构根据安全形势的变化和自身任务的变动，对各自的组织结构进行了更为频繁且各有侧重的调整。

① Légifrance, *La loi No.* 2015 – 912 *du* 24 *juillet* 2015 *relative au renseignement*, http: //www. legifrance. gouv. fr/jopdf/common/jo _ pdf. jsp? numJO = 0&dateJO = 20150726&numTexte = 2&pageDebut = 12735&pageFin = 12751.

② Ministère de la Défense, *Contrôles*, *Mise à jour*: 13/10/2015 – Direction: DGSE, http: //www. defense. gouv. fr/dgse/tout-le-site/controles.

一、优化军事情报局内部管理

（一）2010 年：夯实管理架构，对接北约情报

2010 年 2 月 16 日，法国国防部根据 2009 年 10 月 5 日《关于国防部中心行政机关的第 2009—1178 号法令》以及 2010 年 2 月 16 日《关于总参谋部组织结构及其直属机关和机构名单的决议》，对军事情报局的组织结构和运作方式进行了局部调整（图 5—1）。

与 2005 年相比，军事情报局局长下辖的分局设置有了较大变动：原有的作战分局和开发分局得以保留，计划分局、手段分局以及武器装备和扩散分局全部撤销，另设人事、财务和技能分局（la Sous-direction personnel-finances-capacités）和 J2 办公室（le Bureau J2）。其中，人事、财务和技能分局下设组织结构与人力资源办公室、财政与预算办公室、搜集能力办公室、开发能力办公室、综合研究与展望办公室和情报分发中心，其具体职责是：开展人力资源与财务的规划和管理工作；执行财务收支；按照相应的部际或部内标准，对财务和预算进行内部监督；开拓与军事攸关情报相关的市场；反馈并满足信息搜集与开发以及情报传递方面的装备需求；在保守秘密的同时，设法获得摆脱行动束缚的一切必要手段；筹划三军和局内各机构间的情报联合，特别要参与情报联合理论文件的撰写，并制定情报联合的总体政策。而 J2 办公室可听候总参谋部作战规划与开展中心（le Centre de planification et de conduite des opérations，简称 CPCO）的征用，在与作战分局和开发分局保持沟通的基础上，负责战略警戒、形势跟踪与作战规划，并主持情报的搜集。

此外，此时的军事情报局副局长不再下设财政与市场办公室，但增加了 1 名负责监督管理和审计工作的军官助手，称为控制型军官（l'officier《pilotage》）；外围机构基本没有变化，只是将原来的三军情报与语言研究学校更名为三军情报培训中心（le Centre de formation interarmées au renseignement，简称 CFIAR）。

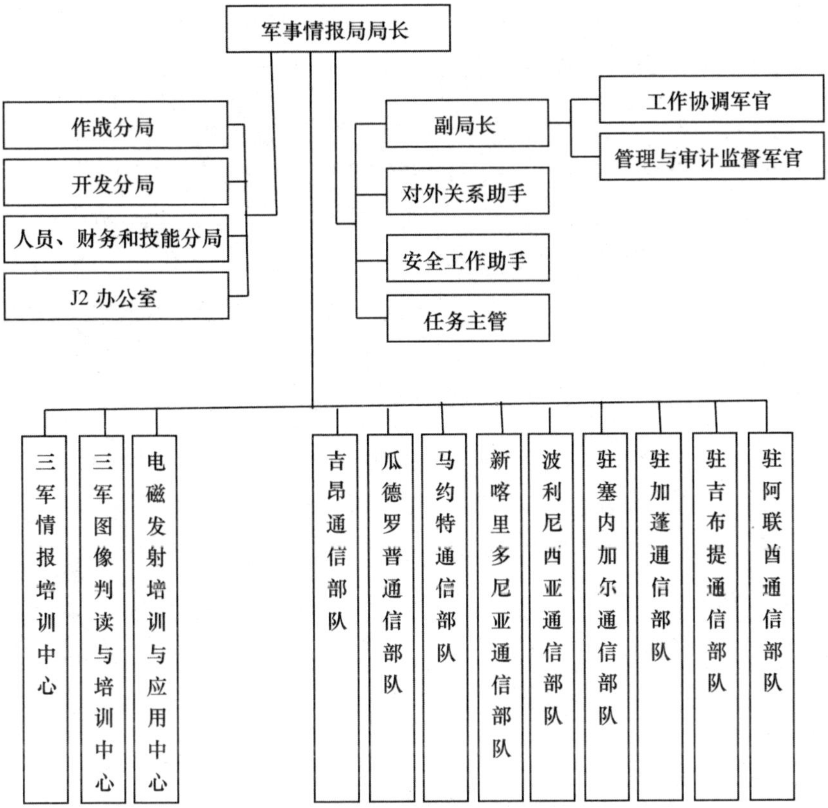

图5—1　2010年军事情报局组织体系图①

（二）2014年：优化人员组成，组建跨军种机构

为了顺应法军新时期的军事转型，2014年5月，在时任局长克里斯托夫·戈马尔（Christophe Gomart）中将的领导下，军事情报局进行了一次深层次的调整。首先，成立了一个战略中心，并部署了旨在确保所有分局、办公机构保持对话、有序发展的有效手段。其次，优化人员组成，加大语言人才、情报分析师、地理学家、工程师等的招聘力度，并在与国防部人力资源局（la Direction des ressou-

① 本图由笔者根据法国军事情报局2010年的组织体系绘制。

rces humaines du Ministère de la Défense，简称 DRH-MD）沟通的基础上，着手制定军事情报局军人和文职人员的人事政策。再次，着手成立三个新的机构：其一是位于克雷伊的三军地理太空情报中心（le Centre de renseignement géospatial interarmées，简称 CRGI），该中心负责对来自各类传感器的情报进行整合；其二是在国防部作战规划与开展中心下设的一体化平台——“黎凡特平台”（le plateau Levant），该平台集聚了军事情报局各个领域的专家，负责跟踪叙利亚、伊拉克、黎巴嫩等中东地区的危机状况，并制定共同的应对方案；其三是三军人力情报搜集与收集中心（le Centre interarmées de recherche et de recueil du renseignement humain，简称 CI3RH），该中心将加大与国际关系与战略总局（la Direction des relations internationales et de la stratégie，简称 DGRIS）及其所属驻外武官间的联系，以扩大军事情报局的编制。这些机构的设立，意在加大局内情报工作的协调，打破各机构间的藩篱，拉近各机构间的距离，所以戈马尔中将认为“这次调整与其说是军事情报局的利好，不如说是法国军队的幸事”[①]。

（三）2016 年：改良机关配备，增设外围机构

2016 年 3 月 30 日，法国国防部颁布部长决议，对军事情报局领导层的职责做了更为明确的界定，也对先前的分局设置和外围机构做出了重大调整[②]（图 5—2）。根据该决议，局长一般由一位来自陆军、海军或空军的将官担任，主要职责在于指挥和协调情报的跨军种职能，这一职能汇集了隶属于总参谋部的已划归军事情报局或可供其支配的所有资源，并且这些资源都参与军事情报的生产过程。具体说来，局长负责创建情报跨军种职能的学说，确立和推行军事

---

① Ministère de la Défense，*DRM*，*nouvelles opérations stratégiques*，http：//fr. calameo. com/read/0003316277be43618b129.

② Ministère de la Défense，*Arrêté du* 30 *mars* 2016 *portant organisation de la direction du renseignement militaire*，https：//www. legifrance. gouv. fr/telecharger _ rtf. do? idTexte = LEGITEXT000032373965&dateTexte = 20170318.

情报的指导方针，确保三军情报行动的总体一致，参与能力培育和未来筹备的流程。在与总参谋长和各军种参谋长沟通协调的基础上，局长还需关注有关作战筹备和开展的情报需求是否得到了满足。局长之下设有 1 名副局长，其具体职责如下：与总参谋部保持联络，确定执行情报任务所需的各类资源；维持军事情报局的内部运作，以满足该局全体下辖机构的情报工作需求。除此之外，该局还设有若干名任务主管、1 名战略专业助手、1 名安全专业助手和 1 名军种参谋长担任的助手，并且当副局长不在位或履职不便时，由该参谋长代理其职务。

在分局设置方面，原有的开发分局和 J2 办公室继续保留，作战分局恢复为搜集分局的旧称，撤销人事、财务和技能分局，改设支援分局（la Sous-direction appui），其职责如下：与总参谋部保持沟通，就情报的联合职能向局长提供指导方针方面的建议；在不损害具有人事管理职能的局、处和支援机构的权限的前提下，主持军人和文职人员的行政工作；确保人员培训连贯、高效并与需求相匹配；主持国防部情报界的相关工程；执行军事情报局权限内的财政收支；实施预算和财务的内部控制；开拓军事情报权限内的市场；对军事情报权限内的财产实施后勤管理，保持好与国防部下辖支援机构的关系，协助满足能力需求；确保信息与通信系统连贯、高效并与需求相匹配。

此外，将此前新成立的三军人力情报搜集与收集中心、三军地理太空情报中心纳入军事情报局的外围机构，并增设网络空间搜集与分析中心（le Centre de recherche et d'analyse du cyberespace，简称 CRAC），而且也明确了各外围机构与各分局间的隶属关系。其中，三军人力情报搜集与收集中心负责收集和分析人力来源情报，对人力情报专家开展行前培训，在战区部署高级专家；三军地理太空情报中心负责太空情报工作；网络空间搜集与分析中心则负责开展专业化的数字搜集，针对社会网络进行情报搜集，并对威胁和敌方武

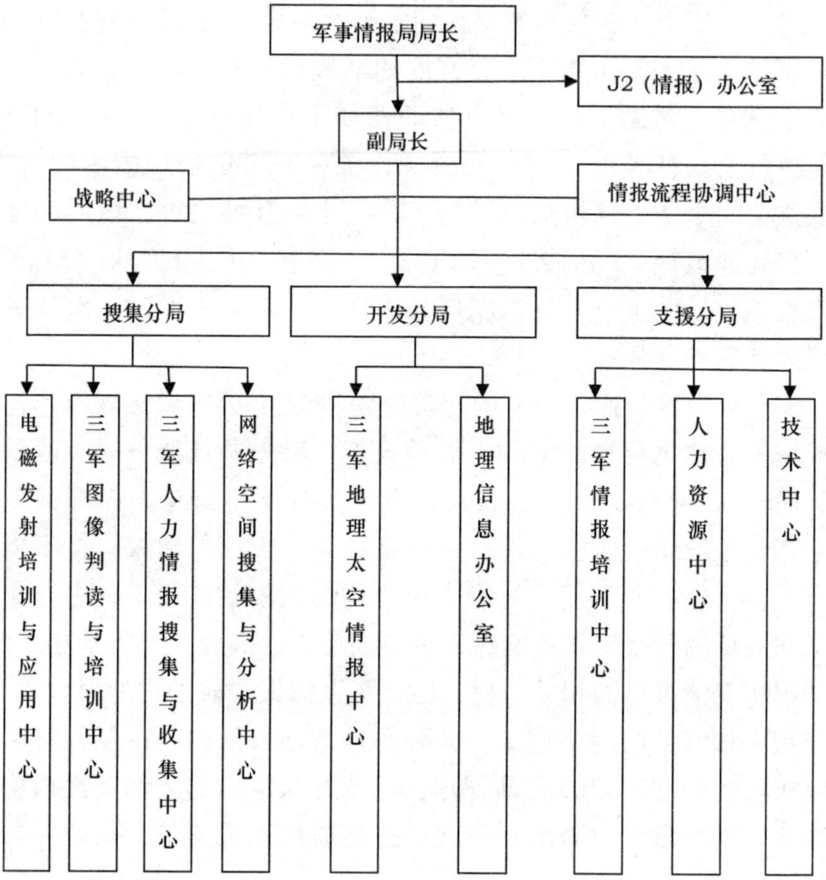

图5—2　2016年军事情报局组织体系图①

器系统进行评估②。

① 本图由笔者根据法国国防部网站图表编译。参见 Ministère de la Défense, *Organigramme interne*, http://www.defense.gouv.fr/ema/directions-et-services/la-direction-du-renseignement-militaire/la-drm.

② Ministère de la Défense, *Organisation*, http://www.defense.gouv.fr/ema/directions-et-services/la-direction-du-renseignement-militaire/la-drm/organisation/organisation.

二、加强对外安全总局内部协调

（一）2012 年：增设直属单位，细化权责分工

在 2012 年的调整中，对外安全总局之下的五局设置没有变更，但对总局局长的直属机构以及下辖各局的直属单位的构成与职责做出了重点界定和说明（图 5—3）。根据同年 12 月 21 日的部长决议①，总局局长的直属机构除了办公室、总监察处和安全处外，增设了形势分析中心和对外联络处，其中形势分析中心负责对可能波及对外安全总局的各类事件保持常态化警戒，并及时发出预警；对外联络处则负责保持、协调和处理对外安全总局与其合作伙伴的所有关系。

作战局、战略局和技术局的局长均下设 1 名副局长以协助局长工作，并在局长不在位或履职不便时代行局长一职。而情报局局长除下设必要时履行局长职责的 1 名副局长之外，还设有 2 名分别负责情报搜集和情报开发的副局长。这次调整还增设了情报局和技术局的直属单位，其中情报局下设防扩散处、反恐处、经济安全处、地缘政治情报与反间谍处；技术局下设信息系统支持司、情报技术司和技术情报行动与生产司。

行政局全面主持各局、处的行政管理工作，局长下设 1 名负责人事工作的副局长，并在局长不在位或履职不便时代行局长一职。除了直接隶属于局长的卫生、安全和工作条件委员会办公室，火灾防护办公室，语言团队以外，行政局还设有征用管理处、人力资源行政处、培训处、财政与预算处和作战支援处。征用管理处参与制定、实施对外安全总局军人和文职人员的征用和动员政策，负责除了公务员以外的文职人员的招聘，并针对所有编内人员实施前瞻性跟踪和管理。人力资源行政处参与制定、实施对外安全总局公务员的招聘政策，负责总局文职人员的行政管理，在适用于这些人员的

---

① Légifrance，*Arrêté du 21 décembre 2012 portant organisation de la direction générale de la sécurité extérieure*，https：//www. legifrance. gouv. fr/affichTexte. do？ cidTexte = JORFTEXT000026924549.

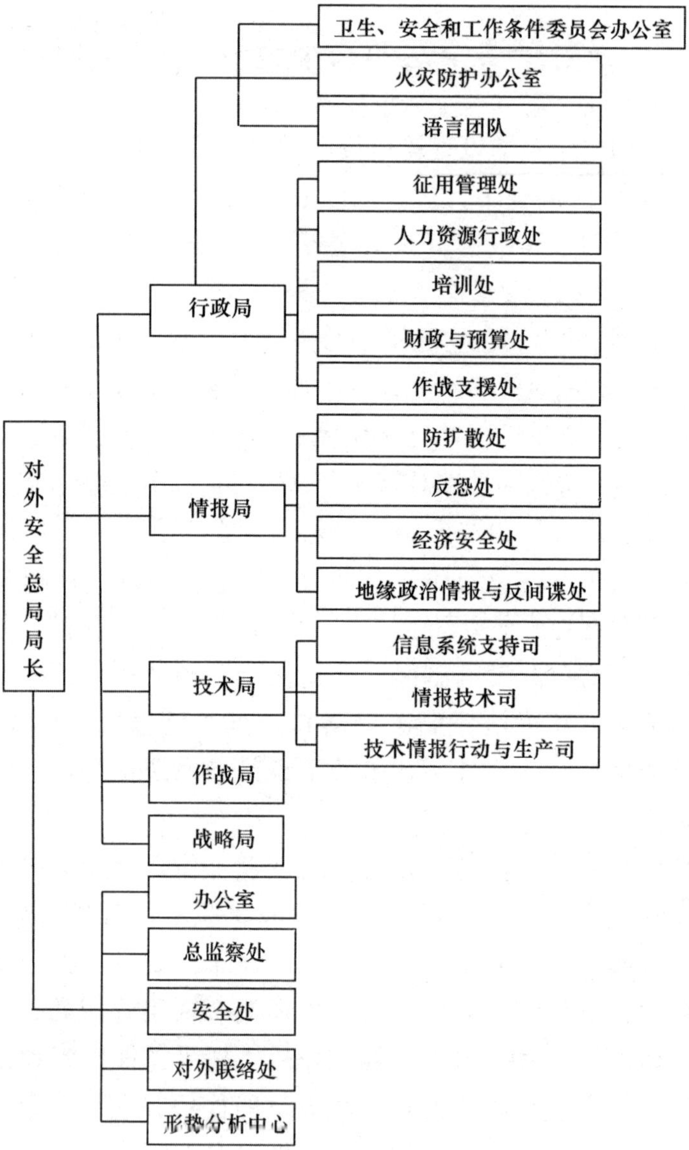

图 5—3　2012 年对外安全总局组织体系图①

法规框架下确保国家公务员相关法规性措施的落实，执行对外安全总局

① 本图由笔者根据法国对外安全总局 2012 年的组织体系绘制。

可以调配使用的军人的薪酬管理政策，行使法律咨询和援助职能，确保对总局特工的法律保护，对该局工作人员实施社会保障和住房资助。培训处参与制定对外安全总局以及国内外合作伙伴的工作人员的培训政策，也参与相关培训活动的开展。财政与预算处负责编制对外安全总局的资金预算，主管相应的财政收支，决定资金在各作战单位的分配，根据相关标准实施预算和财务上的内部控制。作战支援处参与制定装备和设施的采购、维护和改良政策，在征用必要的不动产来履行对外安全总局使命的问题上建言献策并下达临时征用许可，对总局各机构占用的不动产进行施工、保养和维修，并为各机构提供基础设施方面的支持。

（二）2015 年：改组直属单位，加强协调控制

2015 年，对外安全总局局长的直属机构与下辖各局的直属单位又有了新的变动①（图 5—4）。根据同年 3 月 10 日颁布的部长决议，对外安全总局局长的办公室主任下设 1 名协调安全问题的助手，形势分析中心改组为警戒暨作战中心，除了保持对可能波及对外安全总局的各类事件的警戒和预警外，还要监督和协调作战行动；撤销对外联络处，另设 1 个内部审查工作组，负责对对外安全总局内部的治理，风险管理、控制等方面的程序进行评估。

行政局下属的财政与预算处改为采购与财务处，增加了“就对外安全总局的采购政策提供建议，经总局局长批准后予以实施”，以及“对对外安全总局的管理工作进行监督和协调”等方面的职责；作战支援处改为作战支援与后勤处，增加了“提供财物与人员的运输与保有策略并付诸实施”，以及“负责各类广告制作”“提供对外安全总局的存档策略并监督它的实施”等职责。作战局局长之下再设 1 名主管综合事务的副局长，负责非作战人员、器材与预算手段的管理。战略局额外承担了服务于对外安全总局及其情报用户的展

---

① Légifrance, *Arrêté du* 10 *mars* 2015 *portant organisation de la direction générale de la sécurité extérieure*, https://www.legifrance.gouv.fr/affichTexte.do?cidTexte=JORFTEXT000030375775&categorieLien=id.

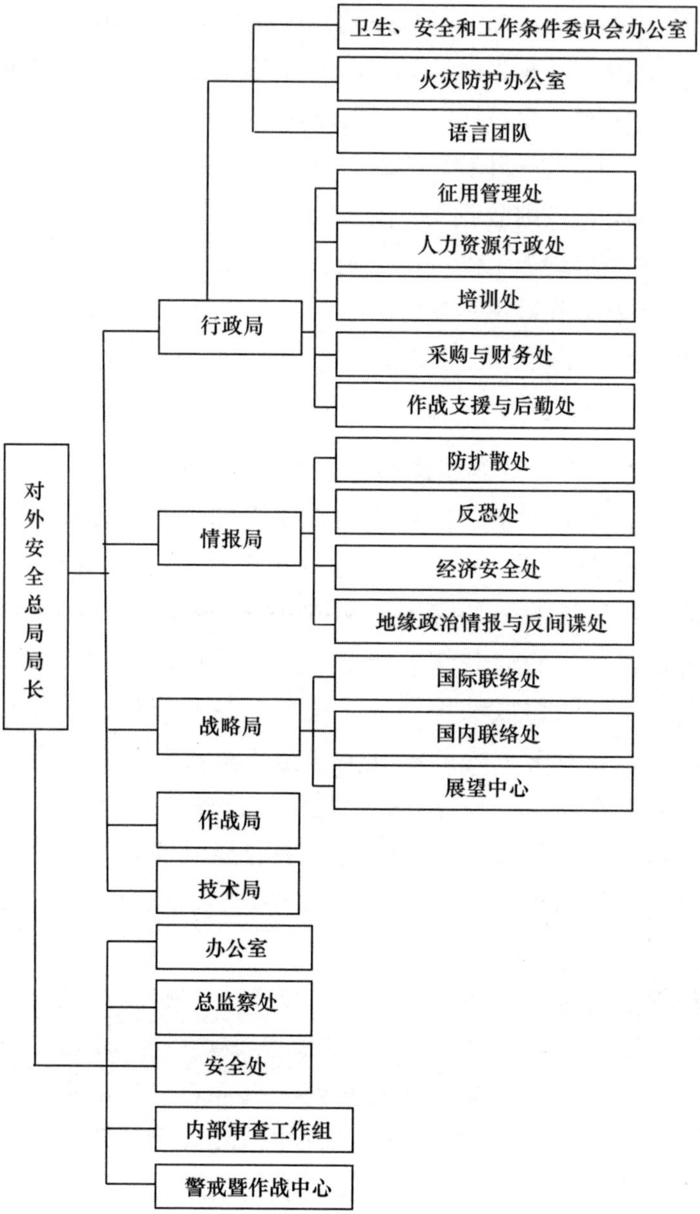

图 5—4　2015 年对外安全总局组织体系图①

① 本图由笔者根据法国对外安全总局 2015 年的组织体系绘制。

望工作，并下设国际联络处、国内联络处和展望中心。技术局局长下设2名副局长，1名主管作战，另1名主管技术，必要时两人均可代理局长一职。

（三）2017年：调整情报局设置，增设参谋部门

2017年3月10日，法国国防部公布了调整对外安全总局情报局的部长决议①，将该局局长之下的副局长数量由3名改为2名，其中1名在局长不在位或履职不便时代行局长一职，1名主管情报生产；另外增设1个参谋部，负责协调、规划与评估情报局下辖单位的各类行动，并确保这些行动的优先权。此外，部长决议对该局的直属单位也做出了调整，即撤销地缘政治情报与反间谍处，改设国外政治情报处和搜集监督与支援处。

三、突出防务安全保护局情报职能

2013年10月22日，法国国防部对防务安全保护局进行了重大改组②（图5—5）。根据当天发布的部长决议，该局下设反干涉分局（la Sous-direction de la contre-ingérence）、战略与资源分局（la Sous-direction de la stratégie et des ressources）和国家人才中心分局（la Sous-direction des centres nationaux d'expertises）。

反干涉分局负责情报搜集和开发，以对可能损害防务安全保护局权益的威胁做出预测；执行情报用户委托给防务安全保护局的各种任务；增进防务安全保护局与其他专业情报机构的关系；参与制定和评估旨在保护军事设施和防务工业的各类安全措施；参与对军火交易的控制与监视。

① Légifrance, *Arrêté du 10 mars 2017 modifiant l'arrêté du 10 mars 2015 portant organisation de la direction générale de la sécurité extérieure*, https://www.legifrance.gouv.fr/affichTexte.do?cidTexte=JORFTEXT000034475098&dateTexte=&categorieLien=id.

② Légifrance, *Arrêté du 22 octobre 2013 portant organisation de la direction de la protection et de la sécurité de la défense*, https://www.legifrance.gouv.fr/affichTexte.do?cidTexte=JORFTEXT000028218505&dateTexte=&categorieLien.

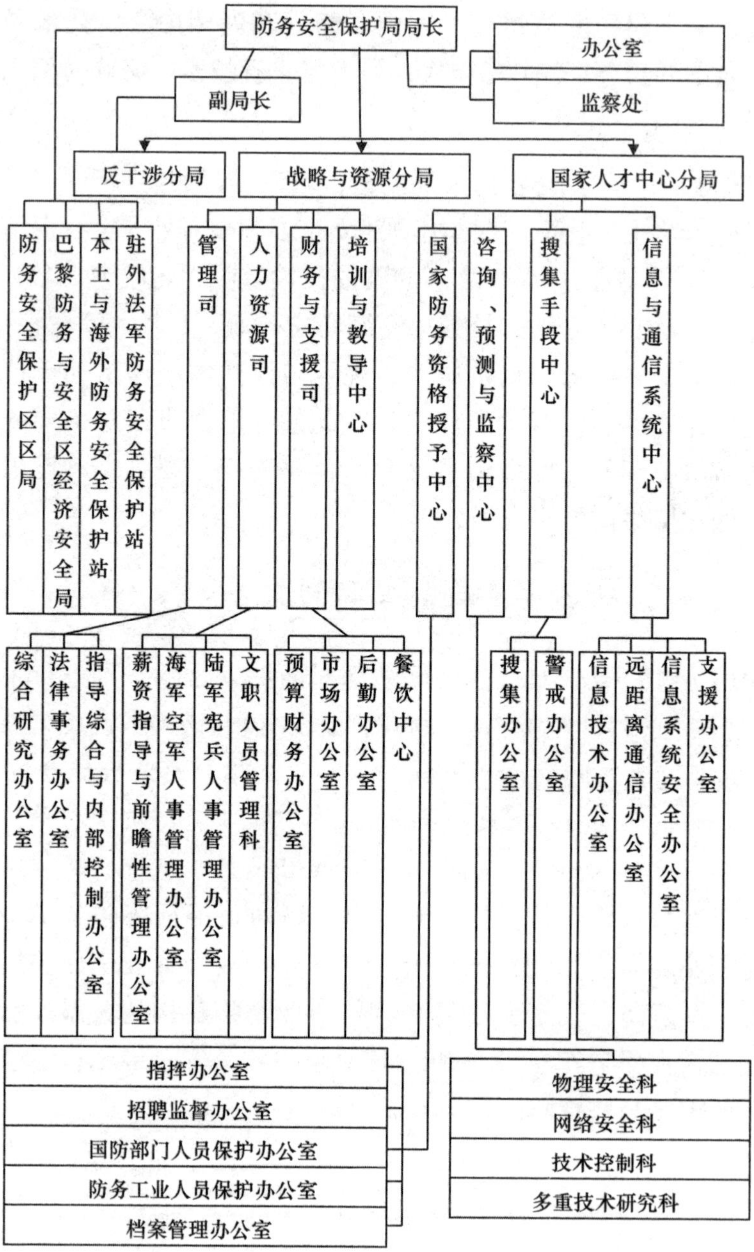

图5—5　2013年防务安全保护局组织体系图①

① 本图由笔者根据法国防务安全保护局2013年的组织体系绘制。

战略与资源分局负责开展综合研究，协助防务安全保护局的治理工作；尤其在作战领域提供建议、咨询和法律援助，与国防部的相关职能机构保持沟通，参与对行政机关的维护以及对情报人员的司法保护；行使内部监察、审计与控制职能；就防务安全保护领域的政策建言献策，并付诸实施；组织防务安全保护局军事人员的选拔与文职人员的招聘；对防务安全保护局的军人与文职人员进行日常管理，并开展相关培训工作；对于防务安全保护局所属项目的行动预算，主持经费使用的规划及其在各作战单位间的分配与拨付；执行防务安全保护局的财务收支；负责与本单位有关的市场开拓；确保对本单位的后勤支援，监督有关医疗卫生、工作安全的规章条例的实施。战略与资源分局下设管理司、人力资源司、财务与支援司和培训与教导中心，其中管理司又下设综合研究办公室，法律事务办公室以及指导、综合与内部控制办公室；人力资源司下设薪资指导与前瞻性管理办公室，海军、空军与武器装备总局人事管理办公室，陆军、国家宪兵人事管理办公室和文职人员管理科；财务与支援司下设预算、财务办公室，市场办公室，后勤办公室和餐饮中心。需要说明的是，战略与资源分局局长代表防务安全保护局在情报学院的教学委员会任职，其下还设有数名任务主管。

国家人才中心分局负责履行相关的监护程序，以保护国防部军人与文职人员、国家宪兵军事人员以及防务企业员工的安全；对可能波及本局的突发性事件保持长期警戒；对作战行动的开展提供支援；履行监察、审计和控制职责，以保护国防部与防务工业的设施与信息系统安全；确保对防务安全保护局信息与通信系统的领导、开发与维护，并保证其安全。分局下设国家防务资格授予中心，搜集手段中心，咨询、预测与监察中心和信息与通信系统中心。其中，国家防务资格授予中心下设指挥办公室、招聘监督办公室、国防部门人员保护办公室、防务工业人员保护办公室和档案管理办公室；搜集手段中心下设警戒办公室和搜集办公室；咨询、预测与监察中心下设物理安全科、网络安全科、技术控制科和多重技术研究科；

信息与通信系统中心下设信息技术办公室、远距离通信办公室、信息系统安全办公室和支援办公室。国家人才中心分局的领导协助防务安全保护局局长管理信息系统方面的工作。

最后，防务安全保护局局长下设1名副局长，重点负责该局作战行动的协调，在局长不在位或履职不便时代行局长一职，并兼任反干涉分局局长。战略与资源分局局长和国家人才中心分局局长都可以协助防务安全保护局局长工作，并在局长和副局长均不在位或履职不便时代理局长职务。防务安全保护局局长的直属单位改为1个办公室和1个监察处，后者负责本局重点包括安全问题在内的综合监察。

此外，这次改组中防务安全保护局的外围机构变动不大，在决议中的表述也比较笼统，即设于巴黎与东部、西部、南部、北部、东南部、西南部的防务安全保护区的区局，巴黎防务与安全区的经济安全局，法国本土及海外法国防务与安全区的防务安全保护站，以及驻守国外的法国武装力量的防务安全保护站。在总参谋长和本局局长界定的条件下，防务安全保护局可在对外军事行动的战场上部署反干涉支队。

如上所述，随着内部结构和职能的历次调整与改革，防务安全保护局无论是在打击恐怖主义与间谍活动上，还是在打击颠覆行为、破坏活动或有组织犯罪上，其现实使命已经覆盖了反干涉行动的全部，该局由此成为一个真正的情报机构，“这与自1981年以来的‘防务安全保护局’的称呼已经有了很大的出入”①。2016年10月7日，法国政府颁布第2016—1337号法令②，将防务安全保护局正式改称为防务情报与安全局。当然，该局既有的使命依然存在，对国

① Ministère de la Défense, *La DPSD devient la DRSD*, http://www.defense.gouv.fr/actualites/articles/la-dpsd-devient-la-drsd.

② Légifrance, *Décret n°2016 – 1337 du 7 octobre 2016 portant changement d'appellation de la direction de la protection et de la sécurité de la défense*, https://www.legifrance.gouv.fr/affichTexte.do;jsessionid=3DD66E5760A33C67C00D69C461180345.tpdila21v_3?cidTexte=JORFTEXT000033204719&dateTexte=20161010.

防部人员、设施和信息系统的保护仍是它的工作核心，只是情报工作的重要性日益上升，甚至成为防务情报与安全局的首要使命，情报的搜集与分析越来越受到重视，网络安全问题也得到该局越来越大的关注。

第四节　强化侦察情报部队的统一指挥与联合作战

“拿破仑认为，统一的指挥是‘战争中的首要因素’。”[①] 21 世纪法国的军事转型取得了较大进展，军队专业化素质也有了大幅度提高，快速反应能力、联合作战能力都有了较大的提升。与之相适应，法军侦察情报部队也改变了领导指挥体制和部队编制，或是通过组建指挥部加强统一指挥，或是通过组建跨军种的情报中心加强作战联合。

一、陆军加强情报部队的统一指挥

2015 年 5 月，法国陆军启动了名为“接触”（Au contact）的大规模重组计划，重点在于停止缩减陆军规模，重新增加军队员额并更新部分现有装备，并动用军队对其境内重点目标实行 24 小时的不间断巡逻。在此框架下，陆军特种力量指挥部（le Commandement des forces spéciales Terre，简称 COM FST）和情报指挥部（le Commandement du renseignement，简称 COM RENS）相继成立。

（一）组建陆军特种力量指挥部

2016 年 6 月 23 日，在陆军特种力量旅参谋部的基础上，陆军特种力量指挥部在大西洋岸比利牛斯省（les Pyrénées-Atlantiques）的波城（Pau）正式成立，编制兵力约为 2500 人，配备有 10 架“美洲

① （英）J. F. C. 富勒著，绽旭译：《战争指导》，北京：解放军出版社，2014 年版，第 40 页。

狮”、10 架“猞猁”、7 架“美洲豹”、12 架“小羚羊”和 6 架“虎式 HAP”。这一师级指挥部对陆军的特种力量进行了整合（如表 5—1），包括特种力量第 4 直升机团（le 4e Régiment d'hélicoptères des forces spéciales，简称 4e RHFS）、特种力量指挥与通信连（la Compagnie de commandement et de transmissions des forces spéciales，简称 CCT FS）、特种作战支援编队（le Groupement d'appui aux opérations spéciales，简称 GAOS）、特种力量学院（即阿雷斯中心）（l'Académie des forces spéciales，即 le Centre Arès）以及原有的第 1 海军陆战队伞兵团和第 13“龙骑兵”伞兵团。该指挥部接受军事情报局和特种作战指挥部的指令，执行选拔、培训、装备和训练特种部队以及参与特种作战行动的双重使命。

表 5—1　法国陆军特种力量指挥部力量构成①

组　成	简　称	驻　地	所在省份
特种力量指挥与通信连	CCT FS	波城	大西洋岸比利牛斯省
第 1 海军陆战队伞兵团	1ee RPIMa	巴约讷（Bayonne）	大西洋岸比利牛斯省
第 13“龙骑兵”伞兵团	13e RDP	河畔马蒂尼亚斯（Martignas-sur-Jalle）	吉伦特省（la Gironde）
特种力量第 4 直升机团	4e RHFS	波城	大西洋岸比利牛斯省
特种作战支援编队②	GAOS	—	—
特种力量学院（阿雷斯中心）	Académie FS	波城	大西洋岸比利牛斯省

作为一支三维（3D）部队，第 1 海军陆战队伞兵团被称作陆军特种力量指挥部的“行动团”和“尖刀部队”。截至 2016 年，该团由 6 个连组成，每个连都有自己的作战专长（表 5—2），而在完成地面投放后，运用高超的情报侦察能力展开特种行动，才是该伞兵

① 本表由笔者根据法国陆军特种力量指挥部的力量构成绘制。

② 特种作战支援编队可以征调的部队有第 2“龙骑兵”团（le 2e Régiment de dragons）、陆军第 132 军犬营（le 132e Bataillon cynophile de l'armée de Terre），以及情报指挥部的下属部队。

团最神圣的职业使命，其中第 3 特种空勤连和第 4 特种空勤连是遂行情报侦察、满足特殊行动需求的部队。它们的所有特种兵在接受了名为“空降搜索与特种行动”（Recherche aéroportée et action spéciale，简称 RAPAS）的基础培训后，还要接受情报侦察方面的特殊技术培训，尤其是要掌握所有信息技术手段，以便实现对图片信息的处理，同时也要熟练掌握无线电传输或利用卫星传送大容量情报的技能。在作战部队的行动展开之前，侦察兵携带整套尖端设备渗透到敌方部署中，执行较长时间的监视任务，并通过运用部队的信息整合手段，为部队行动提供完整、可靠和专业的情报[①]。自成立至今，第 1 海军陆战队伞兵团执行了在乍得、科特迪瓦、扎伊尔、刚果（布）、波斯尼亚、科索沃、科摩罗、也门、尼日尔、柬埔寨、阿富汗、马里等世界各地的军事行动。2014 年，第 1 海军陆战队伞兵团的理论编制为 780 人，根据《2014—2019 年军事规划法》，该团的人数将升至 860 人左右。

表 5—2　第 1 海军陆战队伞兵团力量构成[②]

	组成	专长
第 1 海军陆战队伞兵团	第 1 特种空勤连	三维作战、水中作战
	第 2 特种空勤连	高山作战、丛林作战
	第 3 特种空勤连	纵深侦察、暴力摧毁
	第 4 特种空勤连	情报侦察、城市自主行动
	教导连	初级培训、SAS 培训
	指挥与后勤连	后勤支援

与其他特种力量不同的是，第 13 “龙骑兵” 伞兵团直属于总参谋部，是一支专业从事人力情报搜集的陆军多兵种部队，也是唯一

① （法）菲利普·布莱著，孙羽、谢嘉译：《第 1 海军陆战队伞兵团》，北京：人民邮电出版社，2015 年版，第 67 页。

② 本表由笔者根据法国第 1 海军陆战队伞兵团的力量构成绘制。

一支效力于军事情报局和特种作战指挥部的机载情报搜集部队。该伞兵团由 8 支大队组成（表 5—3），2014 年的理论编制为 750 人，根据《2014 – 2019 年军事规划法》，该团的人数升至 840 人左右。经过多年的实践与历练，第 13“龙骑兵”伞兵团创建了独一无二的“独立严密侦察程序”——“13 体系”，这是一个真正实用的军事理念，它展示的是一个完整的、可靠的侦察程序。整个体系包括情报侦察、情报传送与分发及情报分析与总结三个环节，体现了第 13“龙骑兵”伞兵团最重要的军事能力。

表 5—3　第 13“龙骑兵”伞兵团力量构成①

	组　成	专　长
第 13“龙骑兵”伞兵团	第 1 大队（教导大队）	机载情报搜集技能培训
	第 2 大队	水面侦察
	第 3 大队	山地、极寒环境、热带雨林侦察
	第 4 大队	沙漠、内陆侦察
	第 5 大队	高空、超高空狙击
	第 6 大队	情报传输与处理
	第 7 大队	后备力量
	指挥与后勤大队	后勤支援

总之，陆军特种力量指挥部的职能包含了情报和行动，有时还包括指挥或独立支援。特别是由于第 1 海军陆战队伞兵团和第 13“龙骑兵”伞兵团的存在，该指挥部常被视为军事情报局和特种作战指挥部的“侦察兵”②。从筹备特种情报行动阶段到第 13“龙骑兵”伞兵团空降侦察小分队发挥作用，再到执行某一特种任务过程中第 1 海军陆战队伞兵团领导、组织突击行动，进而到特种力量第 4 直升机团为各种远距离的运输、支援提供保障，可以说，陆军特种力量

① 本表由笔者根据法国第 13“龙骑兵”伞兵团的力量构成绘制。

② （法）菲利普·布莱著，孙羽 译：《陆军特种作战旅》，北京：人民邮电出版社，2015 年版，第 9 页。

指挥部可以执行各种非常规任务的全部环节。

（二）组建陆军情报指挥部

2016年7月1日，法国陆军在情报旅的基础上组建情报指挥部，与信息与通信系统指挥部（le Commandement des systèmes d'information et de communication，简称COM SIC）、后勤指挥部（le Commandement de la logistique，简称COM LOG）和力量维护指挥部（le Commandement de la maintenance des forces，简称COMMF）一起构成陆军力量指挥部（le Commandement des forces terrestres，简称CFT）领导下的四大专业指挥部。该指挥部设于斯特拉斯堡的蒂雷纳（Turenne）军营，参谋部约有350名军人，整个指挥部的军人总数约为5900名[①]。除了原属情报旅的第44通信团、第54通信团、第2轻骑兵团、第61炮兵团、第28地理信息大队以外，情报指挥部还整合了第785电子战连（la 785e Compagnie de guerre électronique，简称785^{e} CGE）、陆军情报教育和训练中心（le Centre d'enseignement et d'entraînement du renseignement de l'armée de Terre，简称CEERAT）、三军融入环境行动中心（le Centre interarmées des actions sur l'environnement，简称CIAE）、比奇士兵初级培训中心（le Centre de formation initiale des militaires du rang de Bitche，简称CFIM Bitche）和陆军情报中心（le Centre du renseignement Terre，简称CRT）等力量和机构（如表5—4）。其中，陆军情报中心于2017年在原陆军情报办公室——陆军情报开发中心（le Centre d'exploitation du renseignement Terre，简称CERT）的基础上改组成立[②]，主要负责地缘政治情报工作，2018年全面进入实质性的运作，并在3年的时间里达到200人的员额。从地图绘制到语言学再到与通信相关的所有

---

① Ministère de la Défense, *Commandement du renseignement*, http://www.defense.gouv.fr/terre/l-armee-de-terre/le-niveau-divisionnaire/commandement-du-renseignement/commandement-du-renseignement.

② Eric Denécé, *Les services secrets français sont-ils nuls?* Paris: Ellipses Editions Marketing, 2012, p. 269.

职业，情报指挥部设有18个专业领域，以履行人力情报、电磁情报和图像情报的搜集以及信息的分析和开发两大基本职能。

第785电子战连是1981年10月16日成立的一支专业化通信部队，其前身为1958年在巴黎西北部蓬图瓦兹市（Pontoise）创建的第785通信连（la 785e Compagnie de transmissions），当时驻地设在伊勒－维莱讷省（l'Îlle-et-Villaine）的塞松－塞维涅市（Cesson-Sévigné）。电子战连下设1个指挥排、1个研究排、1个试验排、1个信息技术排和1个支援排，拥有一批高级技术专家，主要在远距离通信领域履行常态化警戒。陆军情报教育和训练中心在2002年就已成立，驻地设在卢瓦尔河畔的索米尔市（Saumur）。在1名陆军上校军官的领导下，该中心下辖1个协助指挥组、1个培训与训练协调办公室、1个参谋情报培训办公室、1个研究培训办公室和1个多兵种情报作战支援办公室。其具体职责是：为陆军培养情报专家型的军事干部，以在与敌接触地带执行情报搜集任务；协助情报指挥部对编队的多传感器情报搜集工作实施控制；提升陆军在培训和训练中的情报意识；协助陆军力量情报办公室工作；对情报的作战职能进行评估；参与情报理论层次的研究①。

三军融入环境行动中心以2010年成立的三军军民联合行动编队（le Groupement interarmées actions civilo-militaires，简称GIACM）和三军高影响力军事行动编队（le Groupement interarmées des opérations militaires d'influence，简称GI-OMI）为基础，于2012年7月1日正式组建，是一个多兵种机构。该中心的职责在于帮助法国境外作战部队通过重建家园、积极沟通并向当地民众提供直接援助等方式，学会与当地有影响力的行为体建立友好关系并赢得其信任。截至2014年，三军融入环境行动中心依托来自陆军、海军、空军和国家宪兵的170名专家，为参加军民合作行动或提升军队影响力的作战

① Ministère de la Défense, *Centre d'enseignement et d'entrainement du renseignement de l'armée de terre*, http://www.defense.gouv.fr/terre/l-armee-de-terre/le-niveau-divisionnaire/commandement-du-renseignement/centre-d-enseignement-et-d-entrainement-du-renseignement-de-l-armee-de-terre.

行动培养合适的人才①。

表5—4　法国陆军情报指挥部力量构成②

	组　成	简　称	驻　地	所在省份
陆军情报指挥部	第44通信团	44ᵉ RT	米齐格	下莱茵省
	第54通信团	54ᵉ RT	阿格诺	下莱茵省
	第2轻骑兵团	2ᵉ RH	阿格诺	下莱茵省
	第61炮兵团	61ᵉ RA	肖蒙	上马恩省
	第28地理信息大队	28ᵉ GG	阿格诺	下莱茵省
	第785电子战连	785ᵉ CGE	雷恩（Rennes）	伊勒—维莱讷省
	陆军情报教育和训练中心	CEERAT	索米尔	曼恩—卢瓦尔省
	三军融入环境行动中心	CIAE	里昂	罗讷省
	比奇士兵初级培训中心	CFIM Bitche	比奇	摩泽尔省
	陆军情报中心	CRT	斯特拉斯堡	下莱茵省

二、海军组建海军情报中心和海上宪兵部队

与陆军和空军一样，在20世纪90年代的改革中，虽然海军的第二局被整合于军事情报局，但海军仍保留了自己的情报办公室，后来进一步发展为海军情报中心（le Centre du renseignement Marine，简称CRMAR）。该中心不属于作战序列，主要负责满足海军自身需求的情报开发，并关注专业情报人员的培训③。

为了落实欧洲一体化海洋政策，2010年法国确立了新的“海岸警卫”职能，并成立了一个由政府总理领导、海洋事务秘书长（le

① Ministère de la Défense, *Création du Centre interarmées des actions sur l'environnement* (CIAE), http://www.defense.gouv.fr/actualites/communaute-defense/creation-du-centre-interarmees-des-actions-sur-l-environnement-ciae.

② 本表由笔者根据法国陆军情报指挥部的力量构成绘制。

③ Eric Denécé, *Les services secrets français sont-ils nuls*? Paris: Ellipses Editions Marketing, 2012, p. 269.

Secrétaire général de la mer）具体负责的新机构，以提供履行国家海上行动使命所必需的力量和手段，海上宪兵部队（la Gendarmerie maritime）就是其中的重要组成。这是国家宪兵的一支专业化部队，接受海军参谋长的调遣，“无论在法国本土还是海外法国的海岸，无论在海军所处的敏感地带还是重要的民用港口，都忠实执行法国的国内安全政策和防务政策，履行行政警察、司法警察的职责以及军事性质的使命，成为在全球第二大领海[①]里捍卫国家主权的重要作战力量”[②]。

海上宪兵部队的编制兵力约为1000人，分布在部队的各个机构和单位：参谋部，设于伊夫林省乌伊市（Houilles）；芒什海峡—北海编队，设在芒什省（la Manche）瑟堡港（Cherbourg）；大西洋编队，设在菲尼斯泰尔省（le Finistère）布雷斯特市；地中海编队，设在瓦尔省（le Var）土伦港；搜索排，设在乌伊市；国家教导中心，设在土伦港；巴黎小分队；隶属于芒什海峡－北海编队的2个连，分别设在瑟堡港和勒阿弗尔港（Le Havre）；隶属于大西洋编队的3个连，分别设在布雷斯特市、长岛和洛里昂市；隶属于地中海编队的2个连，分别设在土伦港和马赛市；5艘巡逻艇，其中2艘设在瑟堡港，其余3艘分别设于土伦港、瓜德罗普的皮特尔角城（Pointe-à-Pitre）和法属波利尼西亚的帕皮提；部署在本土的63支小分队；部署在海外法国以及非洲塞内加尔和吉布提的小分队。在执行捍卫海洋利益、保护环境和鱼类资源、守卫海岸和港口、打击非法海运以及行使司法警察职能的同时，海上宪兵部队还参与军事情报和攸关海洋利益情报的搜集[③]。

① 法国本土与海外法国的海岸线将近1100万平方千米，仅次于美国。

② Ministère de la Défense, *La gendarmerie maritime*, http: //www. defense. gouv. fr/marine/operations/forces/gendarmerie-maritime/la-gendarmerie-maritime.

③ Ministère de la Défense, *La gendarmerie maritime*:《*Gendarme par vocation et marin par passion*, http: //www. defense. gouv. fr/gendarmerie/metiers/gendarmerie-specialisees/la-gendarmerie-maritime-gendarme-par-vocation-et-marin-par-passion.

三、空军整合 942 基地、组建空军宪兵作战情报中心

里昂－凡尔登 942 空军基地，又称让·罗贝尔上尉基地（Capitaine Jean Robert），位于里昂市西北的凡尔登山，组建于 1960 年，自 2007 年以来随着空军重组过程中多个空军机构的迁入，942 空军基地逐渐发展成法国空防的“神经中枢”。2007 年 9 月迁入的国家空军作战中心（le Centre national des opérations aériennes，简称 CNOA）负责对四大军事侦测与控制中心（le Centre de détection et de contrôle militaire，简称 CDC）① 传送来的信息进行汇总分析和威胁评估，继而下达拦截指令。从 2008 年起，北约联合部队空军力量指挥部（le Joint Force Air Component Commander，简称 JFACC）也陆续搬入 942 空军基地，北约空军作战与一体化指挥系统运营中心（le Centre de validation de commandement de l'OTAN）由此逐步建立。2010 年 10 月，空中作战准备分析与模拟中心（le Centre d'analyse et de simulation pour la préparation aux opérations aériennes，简称 CASPOA）也加入了该空军基地，负责培训国家空军作战中心的所有工作人员。2012 年，原来驻守梅兹市的空军情报中心（le Centre de renseignement Air，简称 CRA）也成为基地重要成员，并于同年 2 月 5 日公布了向法国泰雷兹集团订购一部“大地主宰—406”型（Ground Master 406）对空监视雷达的合同。该中心根据空军参谋部的指令，分析和反馈空军的特殊情报需求，与军事情报局和其他军种一起参与各类情报搜集传感器的协调与控制，并将空军传感器所获得的数据进行开发和整合，将生产出的情报提供给军事情报局和

① 该中心负责法国各大区的空中军事管制，其中位于安德尔—卢瓦尔省（l'Indre-et-Loire）桑克—马尔斯—拉比尔市（Cinq-Mars-la-Pire）的拉基（Raki）中心负责法国西北部，位于朗德省蒙德马桑市的玛丽娜（Marina）中心负责法国西南部，位于下莱茵省德拉尚布隆市（Drachenbronn）的里耶斯兰（Riesling）中心负责法国东北部，位于罗讷省里昂市的朗贝尔（Rambert）中心负责法国东南部。

全体空军部队指挥部①。

法国空军宪兵部队（la Gendarmerie de l'Air）早在1943年就已成立，虽然是国家宪兵的有机组成，但听从空军参谋长的调遣。目前，该部队拥有860名现役和非现役军人，参谋部设于伊夫林省维里齐－维拉库布莱市的空军107基地，下设3个编队、45个旅（其中8个旅部署在海外法国）、5个连和长期驻扎国外的4个支队，在法国本土、海外法国以及国外的空军基地、设施和机构履行着空军系统安全与保护的主要使命，包括对空军基地及其周边积极监视，对基地及其附近地区的出入实施控制，负责各类情报的指导、搜集与开发②。2015年1月1日，空军宪兵部队决定设立空军宪兵作战情报中心（le Centre de renseignement opérationnel de la Gendarmerie de l'Air，简称CROGAIR），同年4月8日，在国家宪兵作战与征用局局长米歇尔·帕坦（Michel Pattin）和空军总参谋长安托万·克勒（Antoine Creux）的见证下举行了中心揭幕仪式。该中心在所属部队与空军宪兵指挥官之间架起一座沟通的桥梁，并与内政部和国防部的所有作战中心保持联系，对涉及国家宪兵和空军的各类事件进行分析，最后由上级决定下一步的作战行动③。

第五节　建设与发展军事网络防御能力

网络空间已成为继陆地、海洋、空中和空间之后的第五战场，而且“自从核武器不再是秘密以来，网络间谍已成为最大的情报界

---

① Ministère de la Défense, *Renseignement*, http://www.defense.gouv.fr/air/technologies/equipements/renseignement/renseignement.

② Ministère de l'Intérieur, *Gendarmerie de l'air*, http://www.lagendarmerierecrute.fr/Metiers/Unite-specialisee/Gendarmerie-de-l-air.

③ Ministère de la Défense, *Gendarmerie de l'Air*, https://www.gendarmerie.interieur.gouv.fr/Notre-institution/Nos-composantes/Gendarmeries-specialisees/Gendarmerie-de-l-air.

灾难"[①]。2013 年法国《国防与国家安全白皮书》指出，"新增的网络威胁的重要性要求加强该领域的情报活动和发展相应的技能"[②]，法国军方作为"最具战略性的信息系统的责任者"[③]，逐渐将发展与情报领域密切相关的军事网络防御能力作为未来努力的重点。

一、构建网络防御指挥体制

为了加强网络防御工作的相互协调与统一指挥，法国在较短的时间内，无论是在国家层面还是在军队层面都建立起了有效的网络防御指挥体制，形成了较为完备的组织制度。

（一）国家网络防御指挥体制

法国国家安全战略层面的信息安全工作主要由国家信息系统安全局负责[④]。根据 2009 年 7 月 7 日的第 2009－834 号法令和 2011 年 2 月 11 日的第 2011－170 号法令，该局作为负责信息系统防务与安全的一个国家级机构，直接接受政府总理全权管辖下的国防与国家安全总秘书处的领导。此外，国防与国家安全总秘书处还领导着一

---

① （美）本杰明·萨瑟兰著，丁超译：《技术改变战争：全球军力平衡的未来》，北京：新华出版社，2013 年，第 128 页。

② Ministère de la Défense，*La Livre blanc sur la Défense et la Sécurité natinonale* 2013，Paris：Direction de l'information légale et administrative，2013，p. 73.

③ Ministère de la Défense，*La cyberdéfense est un enjeu majeur*，http：//www. defense. gouv. fr/portail-defense/enjeux2/cyberdefense/la-cyberdefense.

④ 法国国家信息系统安全局在原法国信息系统安全中央局（la Direction centrale de la sécurité des systèmes d'information，简称 DCSSI）的基础上组建，地点设在巴黎莫堡塔大街 51 号。2011 年和 2015 年，该局先后制定并公布了《法国信息系统防务与安全战略》（la Stratégie de la France en matière de défense et de sécurité des systèmes d'information）和《国家数据安全战略》（la Stratégie nationale pour la sécurité du numérique），明确了"建设网络防御强国，加强网络空间国际合作"、"加强主权信息保护，确保法国决策自由"、"提高重大危机应对能力，强化关键基础设施信息安全"、"政府部门主动作为，保护公众安全利益"、"注重风险意识培育，培养网络安全专家"等战略目标，确立了"密切跟踪技术发展，推动制定合理决策"、"及早侦测预警，协助组织防御"、"提升网络防御综合实力，压制网络攻击战术优势"、"打造安全产品与网络，保护关键信息系统"、"顺应技术与习俗变化，适时调整法律法规"、"加强国际交流合作，共同构筑网络安全"、"扩大信息沟通，增强集体个人敏感意识"等行动主线，成为指导法国网络空间安全工作的纲领性文件。

个信息系统安全战略委员会（le Comité stratégique de la sécurité des systèmes d'information），负责对信息系统安全工作的战略导向提出建议，并对它们的实施情况进行监督。该委员会的成员主要包括：国防与国家安全秘书长，总参谋长，内政部秘书长，外交部秘书长，武器装备总局局长，对外安全总局（la Direction générale de la sécurité intérieure，简称 DGSI）局长，信息与通信系统局（la Direction des systèmes d'information et de communication）局长，国家现代化工作局（la Direction de la modernisation de l'Etat）局长，国内安全总局（la Direction générale de la sécurité intérieure，简称 DGSI）局长，经济、工业、能源与技术总委员会（le Conseil de l'industrie，de l'énergie et des technologies）副主席，国家信息系统安全局局长，以及国防与国家安全秘书长视情召集的其他重要人物（图 5—6）。该委员会的秘书处工作由国家信息系统安全局负责。

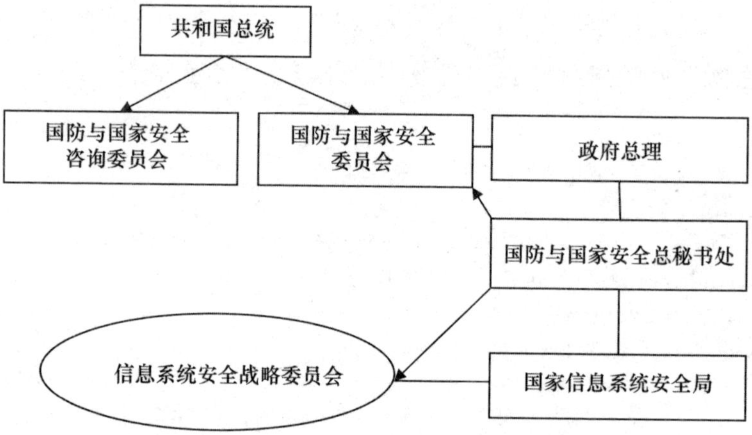

图 5—6　法国信息系统安全战略委员会组织关系图①

（二）军事网络防御指挥体制

在国家信息系统安全局所作的网络防御定义的基础上，法国国

① 本图由笔者根据法国信息系统安全战略委员会的组织关系图绘制。

防部进一步对“军事网络防御”的概念明确如下：它是“为了确保国防部的正常运转和武装部队筹备、规划与开展作战行动的有效性而在网络空间进行的防御与攻击行为的总和”。[①] 在这一概念指导下，法国国防部建立起了既与国家网络防御体系紧密联系又在军内自成一体的网络防御指挥体制[②]（图 5—7）。

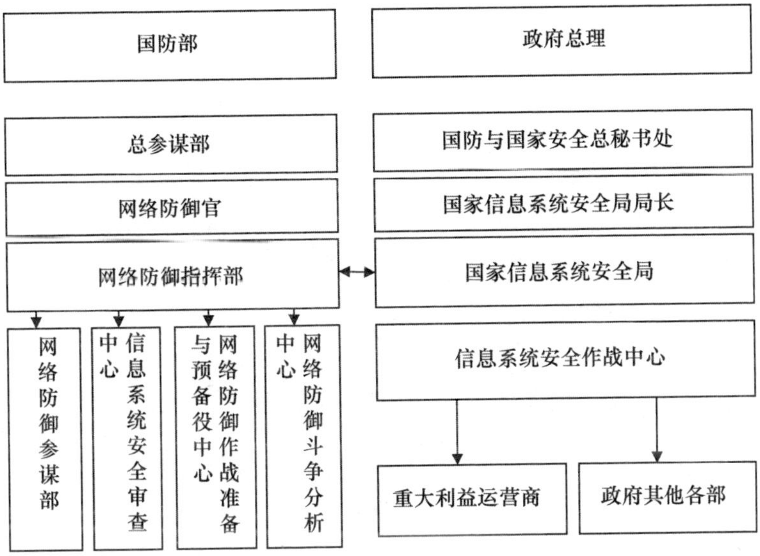

图 5—7　法国军事网络防御体制构成图[③]

法军总参谋长就信息系统的防务与安全向整个国防部负责，并从 2017 年 1 月 1 日起对法军的网络防御力量逐步进行了整合。同年

① Ministère de la Défense, *La cyberdéfense*, http://www.defense.gouv.fr/content/download/313948/4243575/file/Plaquette%20cyberd%C3%A9fense%20 %20%206%20octobre%202014.pdf.

② Ministère de la Défense, *Plaquette de la Cyberdéfense*, http://www.defense.gouv.fr/content/download/313948/4243575/file/Plaquette%20cyberd%C3%A9fense%20 –%20%206%20octobre%202014.pdf.

③ 图中的信息系统安全作战中心（le Centre opérationnel de la sécurité des systèmes d'information，简称 COSSI）是国家信息系统安全局的一个下辖机构，主要负责网络防御领域的作战指挥、技术与手段。

5月4日，法军网络防御指挥部（le Commandement de la cyberdéfense，简称COMCYBER）正式成立，指挥官由来自陆军、海军或空军的1名少将军官担任，称“网络防御官”（le Commandant de la cyberdéfense）[①]。该指挥部成立之初，下辖兵力3000余人，根据法国2018年夏季颁布的《2019—2025年军事规划法》，到2025年，法国将从用于网络防御的16亿欧元中拨出专款再次招聘1000名网络战士，届时指挥部的编制将达到4000余人；此外武器装备总局将提供600名信息技术专家供其支配。作为一个纯粹的、常态化的联合作战机构，网络防御指挥部在总参谋长的直接指挥下，负责保护军队信息系统安全，领导国防部对外安全总局和防务情报与安全局以外的信息系统防御，并且在主持作战任务的副总参谋长的领导下，规划和开展军队网络防御行动。此外，网络防御指挥部还负责军队网络空间领域的未来工作谋划与人力资源政策。为了履行上述职责，网络防御官除了设有自己的参谋部外（Etat-major CYBER，简称EM-CYBER），还直接领导着三个跨军种机构，即网络防御斗争分析中心（le Centre d'analyse en lutte informatique défensive，简称CALID）、信息系统安全审查中心（le Centre d'audits de la sécurité des systèmes d'information，简称CASSI）和网络防御作战准备与预备役中心（le Centre de la réserve et de la préparation opérationnelle de cyberdéfense，简称CRPOC）。

网络防御斗争分析中心于2006年成立，2019年1月划归网络防御指挥部管辖，基地设在巴黎和雷恩。它与国防部其他参与信息安全工作的机构保持合作，是法军网络防御领域的精英作战中心。具体说来，它的使命有三种：一是“预测”，即通过事关网络防御的研究与信息开发，对军事网络所面临的威胁与敌对行动做出及时侦测

① 2011—2017年，法军的网络防御力量统一接受海军少将阿尔诺·库斯蒂耶尔（Arnaud Coustillière）的领导。网络防御指挥部成立以后，先后由陆军少将奥利维埃·博奈·德·帕耶雷（Olivier Bonnet de Pailleret，2017年9月—2019年8月）和空军少将迪迪埃·蒂塞尔（Didier Tisseyre，2019年9月至今）担任网络防御官。

与告警；二是“监视”，即在与国防部整体信息系统的运营商保持密切联系的基础上，集中领导网络攻击侦测和攻击模式分析等活动，不间断地履行着网络监视职能；三是“指挥”，即与军事行动协调一致，领导网络防御的具体实施。三种使命相辅相成，从而使网络防御斗争分析中心有效扮演着国防部网络监视、预警和侦测作战中心的角色。

信息系统安全审查中心成立于 2008 年，在雷恩、土伦、奥尔良、布雷斯特以及位于法兰西岛的迈松拉斐特（Maisons-Laffitte）都设有基地，从 2019 年 1 月起接受网络防御指挥部的领导。它是一个国家级中心，行使职责的范围不仅包括法国本土，也包括海外法国和对外军事行动的全部战场，主要承担信息系统安全（la sécurité des systèmes d’information，简称 SSI）和危害性干扰信号（les signaux parasites compromettants，简称 SPC）两个领域的审查工作。

法军组建网络防御作战准备与预备役中心的重要基础，是总参谋部最初组建的网络防御公民预备役网络（le Réseau cyberdéfense de la réserve citoyenne，简称 RCC），约有 150 名成员，主要由法国武装力量的公民预备役组成。它设有一个执行委员会，成员除了总参谋长以外，还有来自国家宪兵总署、武器装备总局、国家信息系统安全局等许多国家机构的代表，其工作旨在增强国民对网络防御重要性的敏感意识。该中心于 2015 年成立后，随即成为法军网络防御预备役兵力招聘和管理的重要机构，同时它也负责军队参谋部、局、处网络防御人员的训练，此外还承担着国内、国际以及北约国家间网络作战的联演联训活动。自 2017 年 6 月起，该中心就转隶于网络防御指挥部，基地起初设在巴黎和圣西尔 - 科埃基当，2019 年迁至雷恩。

鉴于法军网络防御指挥部的职责是全面主持军队网络防御工作，其指挥链条当然会牵涉到国防部各局和陆海空三军。其中，法军网络防御的技术层面主要由武器装备总局负责，具体工作则由设在布吕兹市（Bruz）的武器装备总局信息控制部（DGA-Maîtrise de l'information，简称 DGA-MI）执行。通过与工业界的通力合作，该机构着力推动信息控制高新技术的革新与发展，并协调各方行动，推动密码技术、形式方案、研发系统与网络安全、安全化电子与车载（机载、舰载）软件、软件代码分析与操作五个方面的深入研究。为了对最为复杂的网络攻击和最为危险的潜在威胁做出准确分析，该机构还会派出部分人员，直接参与网络防御斗争分析中心或国家信息系统安全局的相关工作。

根据 2013 年 8 月 30 日修订的法国《国防法》，保护国防部敏感信息的安全是防务情报与安全局的重要使命之一。目前与法国国防部签订保障或合作合同的军工企业大约有 2000 家，多数都涉及敏感信息。防务情报与安全局的职责是与这些企业保持密切沟通，确保企业秘密数据的网络安全。正如该局综合业务部副主任吉勒·梅西耶（Gilles Mercier）所说："我们要培养企业家们对网络空间威胁的敏感意识，建议他们采取防护措施，让他们知道拿出部分时间和金钱来构建一个安全的网络是不可或缺的一件工作。"①

二、出台军队网络防御措施

可以说，在网络作战部队建设领域，法国属于欧盟中的"探路者"。如前所述，法国早在 2013 年 4 月发布的《国防与国家安全白皮书》中，就将网络攻击确定为其面临的外部威胁之一，进而将网络安全与情报获取作为未来的工作重点，着力培养储备了一支民间网络防御力量。在第六届网络安全国际论坛上，时任法国国防部长让-伊夫·勒德里昂（Jean-Yves Le Drian）将网络防御问题称为"国家性的首要问题"。显然，在法军看来，网络防御代表着在一个没有边界的潜在领域的未来，是事关国家主权的战略优先事项。因

① Ministère de la Défense, *La DPSD conseille les industries de défense en matière de cybersécurité*, http://www.defense.gouv.fr/portail-defense/enjeux2/cyberdefense/la-cyberdefense/bilan-et-evenements/la-cyberdefense-bilan-de-l-annee - 2011 - 2012/1 - an-d-evolution/cybersecurite-dpsd-et-industries-de-defense.

此，将网络防御完全置于国家反制大规模信息攻击学说的大框架下，制定指导性措施，将数字化斗争服务于作战行动就成为法军的当务之急。2014 年 2 月 7 日，勒德里昂向外界公布了《网络防御公约：改变现状的 50 项措施》（Pacte Défense Cyber：50 mesures pour changer d'échelle）[①] 并指示全军贯彻执行，旨在增强国防部网络安全工作的机动性，支持国有或私营企业的技术创新。

（一）夯实国防部与可靠合作伙伴的信息系统安全

为了增强国家信息系统的耐用性与抗击能力，法国国防部将在所有必要的场所普及主权设备和软件的使用；坚持开发和使用安全系数大的网络产品（如 ECHINOPS，TEOREM 等）；通过国有企业或政府机构发展侦测与干预的先进手段；追加人力和金融投资，提升保护交流安全的密码技术；完成安全性多用途职业身份证（la carte d'identité professionnelle multi-services sécurisées，简称 CIMS）的普及工作；推动军队信息系统安全的职能链条向新的网络防护链转变；赋予军队网络防御的投送能力，扩展网络防御斗争分析中心在对外行动中的监视与侦测范围。

（二）加大网络防御领域的技术、学术与作战研究

具体说来，在技术层面，法国国防部将进一步增加对武器装备总局信息控制部研发工作的投资；在学术层面，与国有企业合作增加在军官培养学校的网络防御课程，鼓励高校和研究中心加大网络防御主题论文的产出（2014—2019 年期间，国防部资助的网络防御专业博士论文数量翻了一番）；在作战层面，发动各层级单位开展网络防御的战略思考，夯实工业技术基础，特别要加大对中小企业的关注。

（三）加强网络防御人力资源建设

法国国防部将紧密协调网络安全领域的管理、使用与培训政策，

① Ministère de la Défense，*Pacte Défense Cyber*：50 *mesures pour changer d'échelle*，http：//www. defense. gouv. fr/content/download/237708/2704474/file/Pacte% 20D% C3% A9fense% 20Cyber - 1. pdf.

加大从网络简单操作员到技术专家的技能培训，并且通过培训使所有实战人员认识到网络空间是军事行动的一个全新领域，确保在每个军种、部门和机构都拥有足够数量的网络技术人才或网络作战人才。同时，法国国防部还将积极参与国家网络安全人力资源的建设，增加国防部工作人员的流动性。武器装备总局信息控制部、信息与通信系统的专业化机构与军事网络防御领域的相关单位将通力合作，优化国防部网络安全领域的人员招募与队伍编成的前瞻性管理。

（四）加快建设网络防御精英中心

无论对国防部来说，还是对整个法国的网络防御界来说，网络防御精英中心的建设都非常重要。2014 年，法军在布列塔尼设立了网络精英中心（le Pôle d'excellence cyber，简称 PEC）。该中心主要承担两个方面的任务：一方面，从事计算机网络的初级培训、继续培训和高等教学[①]；另一方面，在高度关注防务中小企业的同时，从事网络研究和产业网络的构建。此外，它还依托国防部的技术作战机构，启用必要的平台来培训和训练网络攻击的处置，并对最新的网络安全产品进行使用前的检验。国防部不仅加大对包括圣西尔－科埃基当军校群（les Ecoles de Saint Cyr-Coëtquidan，简称 ESCC）、通信学院、海军军官学校（l'Ecole Navale）、武器装备总局信息控制部、网络防御斗争分析中心等在内的各个网络的投资，还与当地高校以及包括法国最大电信运营商 Orange 公司在内的多家私营企业在当地的技术中心确立了协同合作关系，从而为优化国防部在布列塔尼的网络手段使用和网络技能发展奠定了良好的基础。

（五）精心培育合作伙伴网

为了致力于高效、出色的网络防御建设，除了军内多种力量利用各自的独特优势相互补充、相互配合，法军还与国防部之外的各类伙伴积极开展合作。

在国内层面，作为国家级的信息安全工作领导机构，法国国家

---

① 截至 2017 年初，该中心已对 2800 名大学生进行了网络安全方面的培训。

信息系统安全局理所当然是国防部网络防御工作的优先伙伴和有力支持者。其次是内政部与外交部，国防部与这两个部门保持着网络防御领域的密切联系。最后，国防重要基础实施与国防信息系统建设相关产业也在信息系统的防护工作中发挥着十分重要的作用。法国国防部还特别重视与国内中小企业的合作，为此还专门制定了《防务中小企业公约》（le Pacte Défense PME）。作为支持中小企业发展的总体战略，该公约明确了有关中小企业议题的 40 项具体行动，主要涉及公共采购以及企业创新、投资与出口方面的支持。作为最大的投资者和采购者，法国国防部平均每年与各个领域的企业签订 19 万份合同，其中有 90% 以上是中小企业①。

在国际层面，众所周知，法国拥有众多海外领土，其战略利益遍及全球，同时也与许多国家签有防务协定。为了加大网络防御以确保其领土和军队免遭重大威胁，法国必然要与其他国家或国际性组织构建合作关系，加深与伙伴国在同一军事行动中的网络防御作战与技术合作，深化与网络空间盟国的合作，拉近彼此对威胁的共同看法，预测可能发生的网络攻击，并团结一致共同应对。法国国防部将根据与伙伴国的关系以及所面临威胁的层级，争取在已有的国与国之间的防务关系中增加网络防御的内容，支持将网络安全确立为北约建设和欧盟发展的优先事项，目前法军网络防御的国际合作伙伴主要是北约盟国和欧盟成员国②。

---

① Ministère de la Défense, *Pacte Défense PME*, http://www.defense.gouv.fr/actualites/dossiers/le-pacte-defense-pme.

② 2008 年，北约在爱沙尼亚首都塔林（Tallinn）成立了面向所有成员国的北约网络防御精英中心（le Contre d'excellence de cyberdéfense coopérative de l'OTAN，英语为 Nato Cooperative Cyber Defence Centre of Excellence，简称 CCD COE），旨在进行网络防御领域的教育、研究、开发、咨询，并从爱沙尼亚等国遭受的网络攻击中汲取教训，提高北约的应对能力，推动北约成员国间的信息共享。法国 2014 年 6 月正式加入这个中心，不过自 2013 年 7 月起就已选派了一位军官在这里工作。至于欧盟，进入 21 世纪以来也逐步建立起了应对网络控制威胁的多家机构，如 2004 年在希腊克里特岛上的伊拉克利翁（Heraklion）成立了欧洲网络与信息安全局（l'Agence européenne chargée de la sécurité des réseaux et de l'information，英语为 European Network Information Security Agency，简称 ENISA），该局可以根据包括法国在内的某些欧洲国家的请求，帮助其构建和强化网络信息安全。

（六）促进军事网络防御国家共同体的尽快形成

网络安全的全方位特征，决定了国家公权力部门与非国家行为体交流和分享的必要性。法国国防部将提升服务国家网络防御的荣誉感和认可度，对已采取措施的成效以及实施《网络防御公约》的利弊适时进行评估，在网络防御精英中心的配合下，加强地区重要国防设施的公、私行为体的联合，大力构建网络防御公民预备役网络，特别是要建设一支能够履行作战使命的机动力量，以在重大危机发生时对国家和军队提供一定的帮助。

三、制定军队网络防御战略

长期以来，法国军队坚持防御性网络学说，即在预防、检测和防范的基础上仅限于对网络攻击做出反应，而且在处理此类事件时一般保持低调，常常通过外交渠道与涉事方交涉并进行“冷处理”。所以在较长的一段时间里，法国很少传出采用进攻性网络行动实施报复或反击的消息，外界也不清楚法国是否有明确的进攻性网络战略。然而，鉴于“法国的国防部、军事作战行动、军事前沿技术、乃至军队医疗机构平均每天遭遇两起以上的网络安全事件”①，尤其是始自2017年底的代号为“图拉”（Turla）的网络攻击，不仅“试图进入19名国防部官员（部分为涉密岗位）的电子邮箱”②，而且“差点危及法国海军的整条燃料供应链”③，法军决心对其网络防御战略做出根本性改变。2018年1月18日，法国国防部长弗洛朗丝·帕利（Florence Parly）发布了该国第一份《进攻性信息战学说》（la lutte informatique offensive，简称LIO），实际上也是法军第一份网络防御战略（下称《战略》）。该战略从“网络空间行动”“控制使用

① Ministère des Armées, *Florence Parly*: *Stratégie cyber des Armées*, https: //www. defense. gouv. fr/content/download/557384/9657762.

② Ibid.

③ Ibid.

风险”“纳入法律框架”“培育共享文化”和“迎接未来挑战”五个方面作了扼要表述，与以往的防御性信息战（la lutte informatique défensive，简称LID）政策相辅相成，也标志着法军的网络防御战略从此更多地转向攻势。

在网络空间行动方面，《战略》指出，用于军事目的的进攻性信息战将是作战制胜的重要手段，在军事行动中致力于达成三个目标：一是评估对手的军事实力，开展情报搜集与提炼；二是制造干扰或破坏活动，削弱乃至抵消对手的实力；三是降低对手的感知与分析能力，在其军事信息系统中篡改重要数据或获取有用信息。

在控制使用风险方面，《战略》认为开展进攻性信息战必然会存在一定的风险，不当的网络行动决策或网络武器选择很可能造成现实社会中紧张局面加剧或冲突升级，最终给政府带来难以承受的后果。因此，《战略》建议对武装部队开展的各类进攻性信息战都应自始至终地保守秘密，而政治或军事机关可以视情公开进行网络攻击，前提是必须与国家利益高度数字化的内在不足可能带来的风险巧妙地保持平衡。

在纳入法律框架方面，《战略》要求进攻性信息战与其他任何战争手段一样，必须遵守国际法、特别是人道主义国际法，当然更要遵守国内的法律法规。当被用作防御性信息战的支撑时，一切进攻性信息战须在军队总参谋长的领导下开展，且不能脱离《国防法》的框架，也必须在政府总理设定的条件下进行。

在培育共享文化方面，《战略》重申，法国将继续履行2016年北约成员国签署的《网络防御承诺》（le Cyber Defense Pledge），与伙伴国进行网络行动国际合作，分享法国在本国国防和集体军事行动中开展防御性网络攻击的收获与成效。不过，《战略》同时指出，这种合作仅限于“攻击性网络战的某些方面”，而且法方的行动必须完全置于本国控制之下。

在迎接未来挑战方面，《战略》指出，法军的进攻性信息战面临五大挑战：一是军队网络攻击手段的生产亟待提速；二是必须尽快制定满足人才需求的人力资源政策；三是必须加大对负责规划和开展联合作战的各级参谋部网络人才的培训；四是尽快使法军网络攻击能力的习得和培育与网络世界创新的活力和快捷相适应；五是必须与伙伴国保持密切合作，以在危机地区更好地开展包括网络攻击在内的联合行动①。

总之，法军的这一网络防御战略旨在建立起一个永久性的网络安全态势，在依托武器装备总局和网络防御指挥部相关团队通力合作的基础上，指导法国的军事网络防御机构为其描述的“和平—危机—战争”连续体做好准备。

如果说法国国家信息系统安全局整体负责着国家的信息系统防御，法国国防部则是国家网络防御共同体中的最大贡献者。经过多年的建设和发展，加上有力的情报支持，法国军队目前已经具备了较为强大的网络防御和网络攻击能力。特别是从 2014 年起，法军网络防御建设驶入快车道，国防部也开始重新审视法军在网络空间的作战思路，甚至更为自信地向世人展示业已成形的网络防御部队②。当然，鉴于网络空间技术突飞猛进，网络攻击的来源、形式和规模也在千变万化，可以预见，法军的网络防御建设仍将是一个长期的过程。

本章小结

2010 年以来，鉴于国际形势依旧动荡，非传统安全威胁的复杂性和重要性上升，法国确立了新时期的国家安全战略和防务政策，并深化了对情报价值的认知，决定全面加强情报工作，以与其国际雄心和所面临的威胁相适应。首先，法国创建了情报学院，以加强

---

① Ministère des Armées, *Eléments publics de doctrine militaire de lutte informatique offensive*, https://www.defense.gouv.fr/content/download/557386/9657778.

② 在 2018 年的法国国庆阅兵式上，隶属于法军网络防御指挥部的 56 名军人，还代表 3400 余人的网络部队参与检阅仪式。

法国情报界的内部联系，促进情报文化的传播；继而建立了情报的行政控制机构——情报机构监察部和国家情报技术控制委员会，以加强对情报机构的控制和审查；最近又设立了国家情报与反恐斗争协调办，国家情报协调官的使命也随之得到了延伸而成为国家情报与反恐斗争协调官，以加强反恐斗争的情报指导与协调。军事情报机构则一直进行内部调整与优化，以更好地满足情报搜集和反情报工作的要求，特别是出于应对网络威胁的需要，近年来法军加大了网络防御力量建设，并取得了很大的成效。至于陆海空三军，则通过设立指挥部或情报中心加强了侦察情报部队的统一指挥与作战联合。应该说，法国至此建立起了较为完善的军事情报体制，也能较好地满足军政决策层和军队各级指挥官对情报的现实需求。不过，鉴于安全形势和机构任务不断变化，法国军事情报体制未来还将面临许多挑战，其情报体系与组织制度的改革将是一个动态的过程。

第六章　冷战后法国军事情报体制改革的特点与成效

“人们改良、调整或重组情报界活动的历史与情报界本身存在的历史一样悠久。”① 法国的军事情报机构自诞生之日起，就基本处于不断调整和改革的发展过程中。正如笔者“按事实的本来面目”② 所描述的那样，自冷战结束以来，法国在这一历史时期的不同阶段对其军事情报体制进行了各有侧重的改革，以去除体制旧有的缺失或不足，使其跟上形势的发展与任务的演变，从而使军事情报工作满足决策者的现实需求。法国历史学家布洛克曾说：“统帅和启迪历史研究的是‘理解’。”③ 研究法国军事情报机构的调整与改革，就是为了揭示情报工作发生、发展的特点与规律，深化对战争规律和战争指导规律的全面认识，同时对法国军事情报体制改革的成效进行总结，并形成有益经验以资借鉴。

第一节　冷战后法国军事情报体制改革的特点

“一个国家军事情报体系的建设，与国家政治制度、国家对外战略、国家经济与科技水平、军队编制体制、军事活动和情报工作的

---

① （美）马克·洛文塔尔著，杜效坤译：《情报：从秘密到政策》，北京：金城出版社，2015年版，第429页。

② 德国19世纪历史学家利奥波德·冯·兰克（Leopold von Ranke）所言。

③ （法）马克·布洛克著，黄艳红译：《历史学家的技艺》，北京：中国人民大学出版社，2011年版，第131页。

共同要求相关联。”[①] 冷战结束后，法国随着国家安全形势和任务的变化不断调整、改革军事情报体制，既反映了法国军队独特的情报需求，也反映了法国的政治、经济、科技等发展状况，表现出一些独有的特点。

一、创新情报价值认识是体制改革的理论性引领

有关情报的认知是情报活动不可分割的一部分，它来源于情报实践，也可以指导情报实践，最终推动情报工作的发展。冷战结束后，随着信息技术的迅速发展、作战样式的重大演变以及各类风险和威胁的频繁出现，法国决策层对情报和军事情报的认识不断有新的跃进。

首先，将情报视为一种“战略工具”和“主权手段”。1994 年的法国《国防白皮书》指出：“情报是法国国防战略的一个主要职能。无论对于核威慑的可靠实施还是形势评估的客观自主，无论对于预防或处置危机的部队的定位还是冲突发生时部队的介入，情报都是不可或缺的。”[②] 从这一时期起，法国将大力发展情报工作，以使政治领导人及时获得预警信号和相应的判读手段，为此法国“需要构建一个技术先进、人力充足且协调一致的复杂网络，从而能够对所收集的信息观看、侦听、理解、传递和评估”。[③] 正是在这一情报思想指导下，军事情报局、对外安全总局和防务安全保护局的编制与预算均有了很大的提升。以三军图像判读与培训中心运作下的“太阳神”系列卫星成功发射为标志，法国的技术情报能力取得了意义非凡的进步，国家安全拦截控制委员会的情报监督职能也日益得到体现。

---

① 刘宗和主编：《军事情报（中国军事百科全书第二版学科分册）》，北京：中国大百科全书出版社，2007 年版，第 199 页。

② Ministère de la défense, *Livre Blanc sur la Défense* 1994, Paris: La Documentation française, juin 1994, p. 105.

③ Ibid., p. 106.

其次，以“军事攸关情报”取代“军事情报”。从严格的传统意义上来讲，“军事情报”概念涉及的是“冲突中的纯军事层面，包括武装或泛军事实体、战略目标、作战能力、组织结构、器材装备、军事学说、训练水平和行动方式等”①。科索沃战争结束以后，安全形势的发展亟待延伸这一概念的内涵。其实早在1992年6月16日法国成立军事情报局的法令中，就已出现了“军事攸关情报”的表述，不过法军总参谋部正式启用这一概念是在2003年2月11日，它体现的是一种总体军事情报观，“在涵盖传统军事情报的同时，也囊括了全新的‘环境情报’，既有武装介入的物理空间的各个层次，也有人文环境的方方面面，所以它既涉及爆发危机或冲突的国家和地区，也涉及武器扩散网络、冲突一方的支援网络以及跨国家的战略实体”②。军事攸关情报的优先职能，就是在军事情报局这一“乐队指挥”的主持下为作战行动提供支援。当然，正如谢尔曼·肯特所说的“情报是一种组织”，军事攸关情报也指“军事情报工作领域的机关、机构、人员和手段所构成的整体”③。这是因为：第一，军事情报局的情报搜集与研判离不开总参谋长的直接领导和统一指挥，法军的这种情报组织体系将继续得到维持；第二，尖端技术与精密系统的使用与运营离不开军事情报人员的履职尽责，所以法军非常注重维持足够数量的情报人员编制，当前法军情报系统约有7800名军人，其中50%供职于军事情报机构，50%供职于各个军种；第三，军事攸关情报工作离不开军事情报局的情报手段和各军种的情报技能，为了加强情报的搜集、开发和支援，法军不仅发展、优化各情报机构的直属分局和外围机构，还通过创建或重组各军种的侦察情报部队来加大战术情报力量建设。

最后，将“了解与预测”确立为战略职能，并以法律的形式确

---

① Michel Masson, *Les défis du renseignement militaire*, Sécurité Globale, n°4, 2008, pp. 9 – 18, www. diploweb. com/Les-defis-du-renseignement. html.

② Ibid.

③ Ibid.

立“国家安全”概念。2008 年的《国防与国家安全白皮书》指出，“在不确定性极强、预兆时间很短的国际环境中，了解与预测手段是国家的第一道防线”[①]。由此把“了解与预测”职能视为国家安全战略的重点，并指出“情报应尽可能完整、真实地呈现政治、军事、经济、能源等各个层面所面临的风险、威胁和机遇，既要维持对行动的前瞻、支援和跟踪，又要对决策提供有力支撑”。[②] 2009 年 7 月 29 日，法国以新修订的《国防法》第 L. 1111－1 条的形式明确了本国的国家安全战略：“国家安全战略旨在识别可能危及国家生存、尤其是关系到国民保护、领土完整和国家制度稳定的所有威胁和风险，并确定公共权力机构应有的应对措施。所有的公共政策均致力于维护国家安全；防务政策重在维护领土完整、保护国民免遭武装侵略，同时也要应对可能损害国家安全的所有其他威胁，还要致力于尊重盟国、遵守条约与国际协议，在现行的欧洲条约框架下，参与欧洲共同安全与防务政策。”[③] 通过这一条款，“国家安全”取代了 1959 年 7 月 1 日国防体制法令所确立的“国防”概念，不仅涉及防务与武装力量，也涉及了主管与国家生存息息相关的职能与资源的所有行政机关。正是这一总体国家安全观的提出，使得法国军事情报体制的国家领导与协调层面发生了重大改革：原来的国防委员会与国内安全委员会被撤销，新的国防与国家安全委员会于 2009 年正式成立，成为统筹国家安全、进行咨询和决策的国家最高机构；原来的国防总秘书处被改组为职能更加健全、体系更加完善的国防与国家安全总秘书处；原来一直运作不畅的部际情报委员会也被更加高效的国家情报委员会替代，国家情报协调官的设立更是加强了国家元首对情报工作的控制与领导。

---

① Ministère de la défense, *Livre blanc sur la défense et la sécurité nationale*, Paris: Odile Jacob & La Documentation française, 2008, p. 133, http: //www. ladocumentationfrancaise. fr/var/storage/rapports-publics/084000341/0000. pdf.

② Ibid. , p. 135.

③ Legifrance, *Code de la défense*, Dernière modification du texte le 30 août 2013, Copyright (C) 2007－2008, https: //www. legifrance. gouv. fr/affichTexte. do? cidTexte.

二、军事行动情报实践是体制改革的直接推动力

瑞士裔法国将领安托万·亨利·若米尼说过："在战争中，实施巧妙机动的最重要的条件之一，无疑是在下达命令之前，必须切实掌握敌人在行动上的情报。"[①] 为此，必须要"策划并实施各种侦察，借助各种侦察和间谍手段获取与敌人相关的一切尽可能准确的情报"。[②] 1991 年开创了现代战争新纪元的海湾战争打响后，为了"昭示法国与美国的团结"[③]，也为了显示法国不是"西方国家的假兄弟"[④]，法国也派遣军队加入了多国部队同萨达姆·侯赛因的斗争。这场战争"所展示的军事技术的显著进步使美国军方、公众及其盟国都大吃一惊"[⑤]。相形之下，法军参战部队的情报侦察工作根本无法满足若米尼所说的"实施巧妙机动的最重要的条件"，更无从获得时任总统密特朗所要求的"在法国指挥下的制空权"[⑥]。如果说"正是美国冷战时期的对手激发了美国军队在军事发展方面的潜力"[⑦]，那么呈现了美国全方位、实时立体的高技术情报侦察工作的海湾战争则激发了法国启动军事情报改革的原动力，成为"法国军政决策层更加坚定情报在冷战后的世界中扮演重要角色这一意识的起点"[⑧]，直接推动了军事情报局和陆军情报与电子战旅的成立，促进了法国

---

① （瑞士）安托万·亨利·若米尼著，盛峰峻译：《战争的艺术》，武汉：武汉大学出版社，2014 年版，第 221 页。

② 同上书，第 211 页。

③ （美）肯尼思·R. 蒂莫曼著，陈平译：《法国对美国的背叛》，北京：中央编译出版社，2010 年 12 月版，第 185 页。

④ 同上书，第 185 页。

⑤ （加）加隆著，吴金哲等译：《军事变革和现代战争》，北京：电子工业出版社，2016 年版，第 3 页。

⑥ （美）肯尼思·R. 蒂莫曼著，陈平译：《法国对美国的背叛》，北京：中央编译出版社，2010 年 12 月，第 185 页。

⑦ 同上书，第 185 页。

⑧ Eric Denécé, *Le renseignement français en chantier*, http: //www. cf2r. org/fr/editorial-eric-denece-lst/le-renseignement-francais-en-chantier. php.

军事情报机构和侦察力量的大规模重组。

“1999 年 3 月爆发的科索沃战争是现代战争史上第一场完全依靠信息化空中力量、以远程精确打击为主要手段取胜的大规模空袭作战，开启了单一使用信息化空中力量达成战争目的的先例。”[①] 在“联盟力量行动”中，法国依托三军图像判读与培训中心启用“太阳神—1A”成像侦察卫星提供及时、详细的战场情报，并与美英等国在亚得里亚海部署了电子侦察船，以随时侦听南斯拉夫联盟（简称南联盟）军最高统帅部与科索沃战地指挥官的通信联络，搜集南联盟政治和军事情报，并为北约部队准确轰炸南联盟境内的电磁目标提供大量的有效情报[②]。据战后统计，在这次战争中，法国动用参战部队为北约部队履行了 20% 的侦察任务，成为对联盟力量做出最大情报贡献的欧洲国家[③]。法国军事情报机构在科索沃战争中的出色表现，更加激发了法国对军事情报工作的重视，国防部随即加大对军事情报局的资金投入，尤其是改组、扩大电磁放射信息中心，加快电磁情报手段的开发。

此外，如前所述，法国军队自 20 世纪 60 年代至今始终在境外长期保持着军事存在，仅在 1964—2011 年期间，法军独自开展或参与欧盟、北约和联合国主导下的对外军事行动高达 228 次[④]。2017 年，法国抽调了 3 万余人的作战部队，其中 1.3 万人部署在法国本土以负责地面介入、海防与空防，在其余 1.7 万人中，多数被部署在非洲和中东地区，或是长期驻守，或是临时从事对外军事行动。2020 年，法军部署在海外的兵力进一步上升，达到 18310 人（表 6—1）。法国向来把战略自主原则视为对外干预战略的基础，由此不得不承担开展军事行动所带来的重大责任，其中必须具备的一项能

---

① 孙建民、王明敏、杨传英：《情报战战例选析》，北京：国防大学出版社，2010 年版，第 315 页。

② 同上书，第 320 页。

③ Eric Denécé, *Le renseignement français en chantier*, http://www.cf2r.org/fr/editorial-eric-denece-lst/le-renseignement-francais-en-chantier.php.

④ Bernard Thorette, *Rapport du groupe de travail: Momument aux morts en opérations extérieures*, Ministère de la défense et des anciens combattants, septembre 2011, p. 24.

表 6—1　2020 年法国军队海外部署统计①

部队种类	部署地点	部署兵力	兵力小计	兵力合计
海外法国主权部队	安第斯群岛	1000 人	7150 人	18310 人
	法属圭亚那	2100 人		
	马约特与留尼汪岛	1700 人		
	新喀里多尼亚	1450 人		
	法属波利尼西亚	900 人		
常驻他国部队	塞内加尔	350 人	3700 人	
	科特迪瓦	900 人		
	吉布提	1450 人		
	阿拉伯联合酋长国	650 人		
	加蓬	350 人		
对外行动部队	毛里塔尼亚、马里、布基纳法索、尼日尔、乍得（“沙丘行动”）	5100 人	5700 人	
	叙利亚、伊拉克（“北风行动”）	600 人		
远洋任务部队	北大西洋	200 人	500 人	
	波斯湾	200 人		
	几内亚湾	100 人		
联合国行动部队	黎巴嫩、马里、中非共和国、刚果民主共和国	720 人	720 人	
欧盟行动部队	中非共和国、马里、亚丁湾及印度洋海域（Atalante，“阿塔兰塔行动”）、波黑（Althea，“木槿花行动”）、利比亚（IRINI，“伊里尼行动”）以及欧盟联络与规划室（EU-LPC）行动地区	140 人	140 人	
北约行动部队	波罗的海沿岸	400 人	400 人	

力就是融入战地环境、熟悉当地人文、密切部队与当地的合作。法

① 本表由笔者根据 2020 年 5 月法国军队海外部署图绘制。参见：Ministère des Armées, *Déploiements opérationnels des forces armées françaises*, http：//www. defense. gouv. fr。

国2013年《国防与国家安全白皮书》指出："危机的解决越来越遵从军事手段与民事手段紧密结合的一体化方案。随着危机解决的进展，军事行动应该成为以民事为特点的各类行动的补充，包括协助当地重建、恢复公共机构运转以及复苏基础经济能力。"① 换言之，对外军事行动的顺利进行，有赖于当地军民联合行动的开展，也正是这种需求推动了三军军民联合行动编队、三军高影响力军事行动编队和三军融入环境行动中心的先后成立，并且成为陆军情报指挥部的重要组成。

三、情报机构内部调整是体制改革的常态化任务

"军队的内容是执行政治任务的武装集团，而其组织编制、体制和编成等便是它的形式。"② 鉴于任何事物都是内容和形式的统一，所以"军事内容的改变，必然引起军事形式的变化"③。在冷战后法国军事情报体制的改革过程中，各情报机构不断对自身的组织结构进行改组或调整，以更好地胜任新形势下的情报或反情报工作。

一方面，组建新的部门，满足新的要求。在20世纪90年代，随着法国对外军事行动的日益频繁，对外安全总局成立作战局，以在执行秘密行动的同时加强作战来源情报的搜集。随后又成立了战略局，以加强总局与政府、军队等情报用户的对接，从而最终形成了较为稳固的包括行政局、情报局和技术局在内的五局设置。进入21世纪后，防务安全保护局逐步完善了分局的设立，特别是针对恐怖主义、间谍行为、颠覆活动、破坏活动和有组织犯罪（terrorisme，espionnage，subversion，sabotage et crime organisé，简称TESSCO），设立了情报分局、搜集分局以及信息与通信系统分局。军事情报局为了应对武装力量面临的恐怖主义性质的非对称威胁，更好地打击

---

① Ministère de la Défense, *Le Livre blanc sur la Défense et la Sécurité nationale*, Paris: Direction de l'information légale et administrative, 2013, p. 85.

② 夏韵芳：《军事辩证法讲话》，北京：解放军出版社，1986年版，第86页。

③ 同上书，第87页。

海盗行为、毒品买卖以及圭亚那地区的非法淘金，在全球范围内跟踪核辐生化武器（nucléaire，radiologique，biologique et chimique，简称 NRBC）的扩散，同时也为了跟踪不定时爆破弹（les engins explosifs improvisés，简称 EEI）带来的严重威胁，既加强了负责情报汇总、分析和开发工作的开发分局的力量，又成立了武器装备和扩散分局以专门从事科技情报的相关处理。另外设立计划局以探讨未来三军情报工作的联合，并将搜集分局更名为作战分局，以凸显军事情报局的情报作战功能。2010 年以来，随着法国重返北约军事一体化指挥机构，军事情报局参照北约的军事术语体系成立了 J2 办公室（情报办公室），以加强与北约情报工作的协调与对接，并成立战略中心从总体上把握各下辖机构和单位的有序运转。这一时期的对外安全总局调整最为频繁，先是在局长之下设立形势分析中心以增强总局的警戒与预警职能，后又更名为警戒暨作战中心，以加强对情报作战的监督与协调，此外还设立了内部审查工作组加强总局内部的控制与管理。而防务安全保护局不仅有了全新的“三局架构”，还将机构名称改为防务情报与安全局，从而进一步突出了该局的情报机构性质。

另一方面，合并或扩充直属单位，完善部门职能。2000 年，对外安全总局作战局在原行动处的基础上扩充为包括任务处、支援处和作战处在内的 4 个处，技术局的下辖机构也发展为技术搜集处、信息技术与通信处和技术支援处，从而使部门的分工更加细致、权责更加分明；特别是支援处或技术支援处的增设，说明人员培训与技术支持越来越受到总局的重视。在随后的 2002 年改革中，对外安全总局行政局的权责得到了重点明确，尤其是突出了对军人和公务员的行政管理职能。防务安全保护局在“9·11”恐怖袭击发生后不仅将其核心行政机关拆分成 6 个分局，并对各个分局的具体职责做了详细界定，而且在法国本土、海外法国和外国领土上建立了从区际防务安全保护局到专业工作站等层级不等的外围机构，从而建立起一个强大的防务安全保护网络，更好地发挥防范恐怖主义和反干涉职能。2005 年，军事情报局为了避免政令多出、提高工作效率，一方面将局长的原直属班底进行了合并，不再分设规划副局长和作战副局长，而是由 1 名副局长统揽权责，原来分别隶属于两个副局长的行政与财政办公室、情报行动协调办公室也被整合为财政与市场办公室；另一方面，将原有的 6 个分局缩减为 5 个，特别是将系统分局和人力资源分局两个机构的职能归并到手段分局一个机构。在 2010 年的改革中，计划分局、手段分局以及武器装备和扩散分局被整合为人事、财务和技能分局，并在该分局之下设立 5 个办公室和 1 个情报分发中心，以分别承担原来 3 个机构的不同职能，2016 年又通过将人事、财务和技能分局更名为支援分局，进一步突出这一机构的内部保障职能。这一时期，对外安全总局行政局的设置得到了扩充，设立了 3 个办公室和 5 个处，各局通过增设协助局长工作的副局长职位，使各自的领导力量得到了加强，在随后的调整中又进一步细化了战略局与情报局的内部设置。而防务安全保护局将原来的情报分局、保护分局、搜集分局、人力资源分局、信息与通信系统分局和后勤管理分局加以整合，精简为反干涉分局、战略与资源分局和国家人才中心分局 3 个机构，不仅使该局反干涉的职能更为集中，而且进一步突出了该局的情报使命。

四、发展壮大行动力量是体制改革的历史性传承

隐蔽行动与间谍活动，都是大多数人对情报活动的普遍理解。虽然“隐蔽行动的执行不取决于或不应当取决于情报机构”①，但要仰仗情报机构。如前所述，在法国，隐蔽行动并非是冷战时代的产物，而是始自二战时期的情报与行动中央局和抵抗运动游击队，当时这些组织发动了一系列针对德国人的隐蔽行动，为战争的胜利做出了重要贡献。除此以外，法国情报机构对秘密行动的偏好还起因

① （美）马克·洛文塔尔著，杜效坤译：《情报：从秘密到政策》，北京：金城出版社，2015 年版，第 239 页。

于法兰西的民族精神，即“知其不可为却为之的浪漫主义”和“伟大的英雄主义”①。以1946年初国外情报暨反间谍局成立行动处为起点，这种传统得到了战后法国情报机构的自然传承，并在随后的殖民解放战争中发挥了重要作用。冷战时期，随着国外情报暨反间谍局以及后来改组成立的对外安全总局的历次重组，行动处也几经调整，最终于1989年纳入对外安全总局作战局，成为该局规划和开展武装行动与清除行动的一支重要力量。

目前，作战局行动处兵力约有900人，包括3支陆军部队、1支空军大队和1艘海军舰艇②。其中，3支陆军部队分别是：伞兵专业训练中心（le Centre parachutiste d’entraînement spécialisé，简称CPES），驻于卢瓦雷省（le Loiret）塞尔科特市（Cercottes），负责训练在形势正常地区执行任务的特工；伞兵专业教导中心（le Centre parachutiste d’instruction spécialisée，简称CPIS），驻于东比利牛斯省（les Pyrénées-Orientales）佩皮尼昂市（Perpignan），由特种战争训练中心（le Centre d’entraînement à la guerre spéciale，简称CEGS）改组而来，负责培训在危机地区执行任务的特工；伞兵海上作战训练中心（le Centre parachutiste d’entraînement aux opérations maritimes，简称CPEOM），驻于菲尼斯泰尔省凯莱尔市（Quélern），由阿斯普雷多蛙人教导中心（le Centre d’instruction des nageurs de combat d’Aspretto，简称CINC）改组而来，该中心整合了所有蛙人力量。行动处的空中支援力量为驻扎于埃夫勒的“沃克吕兹”空军第56混编大队（le Groupe aérien mixte 56《Vaucluse》，简称GAM 56），装备有“猞猁”战斗机以及C160和“双水獭”战术运输机。在一个位于巴黎地区的联合参谋部的指挥下，五支力量负责部队训练和作战准备，并应指挥部的要求提供必要的人员与装备，以完成指挥部根据对外安全

① Eric Denécé, *Les services secrets français sont-ils nuls*? Paris: Ellipses Editions Marketing, 2012, p. 117.

② 就现有材料来看，空军大队与海军舰艇的具体番号暂不明确。

总局命令而构思、规划和开展的各项秘密行动任务[①]。由于隐蔽行动需要高度保密，所以有关行动处的多数信息均被冠以“国防机密”。

法国的决策者们历来对隐蔽行动情有独钟：“在执行外交政策的过程中，法国的总统们并不信任情报机构，对于这些机构所提供情报的质量总是充满猜忌。然而，他们会毫不犹豫地动用情报机构开展隐蔽行动。”[②] 当然，之所以要采取适当的隐蔽行动，是因为决策者已确定它们是实现所需目标的最佳方式，而且基于隐蔽行动中所蕴含的典型原理：“决策者在重大利益可能受到威胁时，在无所作为（第一选项）与可引发诸多棘手政治问题的诉诸武力（第二选项）之外，需要一个第三选项。”[③] 这里的第三选项即隐蔽行动。戴高乐主政时期，在阿尔及利亚战争中采取清除行动的决定常常来自最高领导层；德斯坦总统更像一个“冷静的杀手”，曾经多次下达此类指令；密特朗虽然名义上禁止此类行动，但对于情报机构开展隐蔽行动的请求常常以“如果你们觉得这好玩的话”来含糊其辞。在“绿色和平组织事件”发生后的较长时间里，对外安全总局一直表现得非常低调和谨慎，然而后冷战时代非传统安全威胁的上升，又使得隐蔽行动成为法国决策者们首选的行动手段。特别是伯努瓦·普加（Benoît Puga）将军从 2010 年 3 月至 2016 年 7 月担任总统特别参谋长期间，在其极力主张和游说下，先后执政的法国总统萨科齐与奥朗德明显表现出了对隐蔽行动和特种作战的热衷。2011 年在特种力量对尼日尔的空袭行动中，虽然两名法国人质遇难，但萨科齐依然认为动用强力手段是正确的选择，毕竟这向法国的敌人传递了明确的信息。奥朗德上台后更加强硬地执行这一政策，自 2012 年以来实

---

① Ministère de la Défense, Directions des opértions, http: //www. defense. gouv. fr/dgse/tout-le-site/direction-des-operations.

② Eric Denécé, *Les services secrets français sont-ils nuls*? Paris: Ellipses Editions Marketing, 2012, p. 117.

③ （美）马克·洛文塔尔著，杜效坤译：《情报：从秘密到政策》，北京：金城出版社，2015 年版，第 240 页。

施秘密行动多达 12 次[①]。2013 年 1 月，对外安全总局根据奥朗德的命令在索马里发起了营救该局特工德尼·阿莱（Denis Allex）的攻击行动，在行动失败后，奥朗德又下令清除实施这次绑架的索马里青年党头目艾哈迈德·戈丹（Ahamed Godane），只是最终由美国人完成了这个行动。

第二节　冷战后法国军事情报体制改革的成效

曾经担任法国领土监护局局长和国防秘书长的波特拉曾说："如果情报的崇高价值得到认可，那么政府将其视为真正的优先事项也就是自然而然的事了。"[②] 冷战结束后，随着军事情报体制的一系列改革，法国的军事情报工作以崭新的面貌出现在世人面前，并在全世界范围内开展大规模行动，"就连美国这样的'世界级老大'都对它刮目相看"[③]。

一、军事情报体制逐步完善，满足了国防战略需求

军事情报体系从属于国防体系和军队指挥体系，具有相对的稳定性，但当国家安全体系和军队指挥体系发生变化或已不适应时代要求时，军事情报体系就会随之发生变化[④]。冷战后，国际形势风云变幻，新的战略断裂不断出现，为了捍卫国家利益、维护国家安全，法国国防部通过适时修改防务政策、定期实施《军事规划法》，多次对军队进行了大规模重组，也不断对其情报体制做出相应调整与改

---

① JDD, *Sous Hollande*, *on pourchasse*, *on traque et on neutralise*, http://www.lejdd.fr/International/Operations-speciales-Sous-Francois-Hollande-on-pourchasse-on-traque-et-on-neutralise-717786.

② Eric Denécé, *Les services secrets français sont-ils nuls*? Paris: Ellipses Editions Marketing, 2012, p. 283.

③ 烨子：《谍影憧憧》，贵阳：贵州人民出版社，2011 年，第 87 页。

④ 刘宗和：《军事情报（中国军事百科全书第二版学科分册）》，北京：中国大百科全书出版社，2007 年版，第 199 页。

革，使其层次不断齐全、职能不断完善。

20世纪90年代，法国在已有的对外安全总局和防务安全保护局的基础上成立了军事情报局，从而使各自为战、松散无序的军事情报力量得到了有效整合。而且三个机构的功能各有侧重：对外安全总局负责法国境外的情报与反间谍活动，军事情报局负责法国军队战场上的战略与战术情报工作，由防务安全保护局更名而来的防务情报与安全局则负责国防人员以及敏感信息、器材和设施的安全。这些机构在国防部长或总参谋长的领导下满足国家和军队对战略与战役情报的需求，并指导战术情报工作。进入21世纪后，法国在原国防委员会、国内安全委员会的基础上组建了国防与国家安全委员会，在部际情报委员会的基础上组建了国家情报委员会，加强了总统对情报工作的直接领导。同时，在国防总秘书处的基础上组建了隶属于政府总理的国防与国家安全总秘书处，并创建情报学院，设立了总统府秘书长领导下的国家情报协调官，并根据反恐斗争的需要进一步设立国家情报与反恐斗争协调官，加强了情报工作的指导和协调。此外，通过先后设立议会情报评议会和情报机构监察部，从而分别确立了情报界的外部与内部控制机制。这样，经过冷战后三个历史阶段的改革，法国逐步建成了较为完善的军事情报体制，加上隶属于内政部的国内安全总局以及隶属于经济与财政部的国家海关调查情报局和反非法金融流转情报处理和行动处，构成了当今法国情报界的基本格局（图6—1）。

通过冷战结束以来的历次调整与改革，最终法国陆军设立了陆军情报中心、特种力量指挥部和情报指挥部，海军设立了海军情报中心，空军设立了空军情报中心和空军宪兵作战情报中心，国家宪兵也组建了宪兵作战与情报中心；各支武装力量又新建或重组了各自的侦察情报部队，这些情报侦察机关或力量在各自主管部门的指挥下负责各自军种的情报工作，同时也接受军事情报局和特种作战指挥部的指挥。这样一来，法国军事情报体制的国家、战略区和作战部队三个层次均得以确立，在任务区分、上下级指挥与指导关系

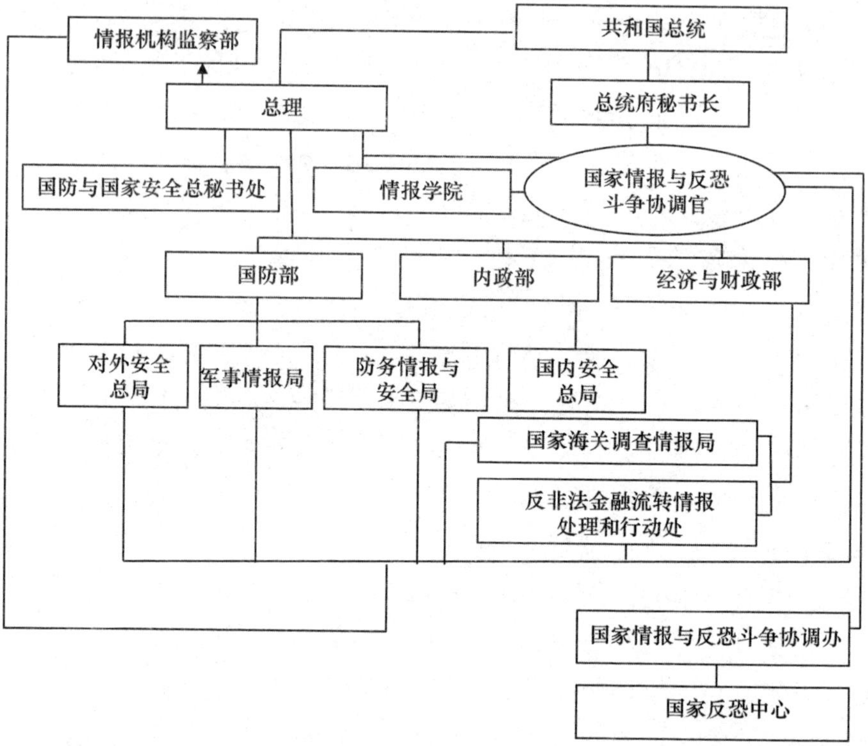

图6—1　2017年法国情报界组织体系图①

① 本图由笔者根据2017年法国情报界的组成绘制。其中，图中的国内安全总局由国内情报中央局更名而来。2012年，法国属于左翼阵营的社会党赢得总统选举，随即在行政和立法机构就有了重新评估国内情报中央局的呼声。2013年5月14日，国民议会议员于尔沃阿和韦谢尔又向议会联合提交了一份关于法国情报机构问题的报告，对国内情报中央局成立以来运作不佳、特别是对2012年3月发生在图卢兹和蒙托邦两地的恐怖袭击处置不力进行了严厉谴责。同年6月17日，时任内政部长瓦尔斯发布了关于改革国内情报中央局的声明。2014年4月30日，法国政府颁布了第2014—445号法令，将国内情报中央局正式更名为“国内安全总局”，并将其置于内政部长的直接领导下。新成立的国内安全总局在整体保留国内情报中央局人员的基础上，又以合同的方式招聘了许多工程师、程序设计师和语言类人才，并从此有了更多的自主权。该局下设1个办公室、1个参谋部、1个情报与作战局、1个技术局、1个综合行政管理处和1个综合监察处，此外还下辖1个18名警员组成的作战支援大队（le Groupe d'appui opérationnel，简称GAO）。该局按照法国防务与安全区的设置，将全国划分为巴黎、里尔、雷恩、梅兹、波尔多、马赛和里昂7个领土情报区（les zones de renseignement territorial），主要在国内负责搜集、汇总和研判影响到国家安全和国家根本利益的各类情报，同时开展国内反间谍、打击恐怖主义与暴力极端主义、保护经济优势产业、行使专业司法警察角色。

以及机构间的相互关系等方面都得到了明确，从而疏通了法国军事情报工作的各种渠道和环节。并且从科索沃战争、阿富汗战争、利比亚战争以及法国打击恐怖主义的中东与北非战场上的情报实践来看，改革后的法国军事情报体制符合法国国防战略的需要，顺应了军事斗争的需求。

二、技术情报力量有效整合，实现了情报战略自主

1992 年军事情报局的成立，标志着法国军事情报机构的有效整合，这种整合虽然“比英美国家落后了 20 余年”①，但在当时危机频发、武器扩散和走私泛滥的国际形势下，给了法国与包括英美在内的盟国展开平等对话的平台，从而有助于建立一个常态化的互动机制，增进国际军事情报合作，共同维护世界安全。而且，随着军政决策层开始意识到“唯有情报才能赋予政府真正的决策自主”，法国政府逐渐加大了对情报机构的投入。在 20 世纪 90 年代后期，法国国防部下属情报机构的预算均取得了显著增长②。而根据法国议会 2002 年 10 月公布的一份报告③，防务安全保护局、对外安全总局和军事情报局从 2001—2003 年又分别增长了 7.5%、9.9% 和 17.7%④。这些大幅提升了的情报预算除了用于扩大情报机构人员的编制外，更多地被用于侦察卫星、侦听卫星和通信卫星的开发。随着 2008 年新国家安全战略的确立，法国情报机构的调整与改革进一

---

① Eric Denécé, *Le renseignemenet français au milieu du gué*, http://www.cf2r.org/fr/article/article-le-renseignement-francais-au-milieu-du-gue-1-2.php.

② 仅在 1999 年，对外安全总局和防务安全保护局的预算总额就高达 10.52 亿法郎，比 1998 年增长了 11.4%，其中对外安全总局所占份额为 10.15 亿法郎，两个机构的投资从 5.61 亿法郎涨到 6.67 亿法郎，比 1998 年增长了 19%。军事情报局 1999 年的预算则增长了 25% 以上，从 0.82 亿法郎增至 1.03 亿法郎（人员薪酬除外），其总额为 0.67 亿法郎的装备经费更是比往年增长了 45.7%。

③ Bernard Carayon, *Secrétariat général de la défense nationale et renseignement*, Annexe n°36 du projet de loi de finances pour 2003, Rapport n°256, Assemblée nationale, octobre 2002.

④ Eric Denécé, *Le renseignement français en chantier*, http://www.cf2r.org/fr/editorial-eric-denece-lst/le-renseignement-francais-en-chantier.php.

步展现了法国加强太空观测、空中侦察与监视以及电磁情报手段的决心，并逐步构建了较为先进的技术情报搜集平台。

（一）多维化图像情报搜集

法军先是依靠其1993年成立的三军图像判读与培训中心承担欧洲第一代光学监视卫星“太阳神－1A”和“太阳神－1B”的运作，虽然两颗卫星尚不具备全天候成像能力，但它们的先后升空极大满足了法国的军事情报需求。2003年，法军又通过组建卫星侦察军事中心，实现了地面用户与“太阳神－2A”和“太阳神－2B”、“昴星团－1”和“昴星团－2”、德国“合成孔径雷达——放大镜”以及意大利“地中海盆地对地观测小卫星星座”的对接，由此可以接受法国或欧洲伙伴国的军方提出的卫星图像请求，通过图像搜集和及时分发为其提供强有力的情报支援，不仅满足了战役战术上的需要，也达到了战略警戒的目的。2006年，法国与德国、比利时、西班牙、意大利和希腊共同启动了“多国天基成像系统”（Multinational Space-based Imaging System，简称MUSIS）项目，以研发新的太空侦测手段，使法国与欧洲伙伴国拥有更强的形势跟踪和战略警戒能力，从而对危机预测和防范以及作战行动的规划和开展提供支援。这些图像卫星研发方面的合作，使欧洲拥有了自己的图像卫星侦察能力，法国不仅可以在必要的时候向其合作伙伴提供美国不愿提供的图像情报，而且也会在重大事件的解读上可能与美国产生很大的偏差。1996年，法国根据其图像卫星情报做出伊拉克军队并未进入库尔德地区的判断，从而拒绝支持美国用巡航导弹攻击伊拉克①。2011年春，法国军方在“戴高乐”号航空母舰上部署了一个负责运营“法罗斯”（Pharos）空间情报准入门户的工作室，作战部队可以直接从中获取光学和雷达卫星图像，从而节省了通过卫星侦察军事

① （美）马克·洛文塔尔著，杜效坤译：《情报：从秘密到政策》，北京：金城出版社，2015年版，第124页。

中心进行图像周转的时间，有力支援了法国在利比亚的作战行动[①]。

“用军方人士的话来说，无人机所做的都是对士兵来说过于‘枯燥、肮脏、危险的’的工作”[②]，而这种工作之一就是空基图像侦察。由法国陆军第7炮兵团改组成立的第61炮兵团在冷战时代就已开始装备无人机，随着CL－289无人机和“红隼”无人机在20世纪90年代的陆续列装，该无人机团逐渐发展成为包括1个指挥与后勤连、1个维修连和6个作战连的图像情报搜集部队，并从组建之日起就利用无人机离目标更近、飞行轨迹无法预测和能在感兴趣地区的上空盘旋的优点，多次参加了在境外战场或海外法国的军事行动。相对于陆军的战术无人机，法国空军装备的中空长航时（moyenne altitude et longue endurance，简称MALE）无人机技术更为尖端、用途更为广泛，主要用于长时间的纵深情报搜集，并为地面部队提供支援。2009年，法军在阿富汗部署了数架由以色列航空工业公司和欧洲航空防务与航天公司[③]联合研发的“鹰－1”无人机，可对目标进行长达两个昼夜的跟踪，以确定目标人员和车辆的行动是否正常。

（二）多维化电磁情报搜集

“通信工具可使今天领导总体战的统帅通观敌情——尽管尚有许多不明——和我情，从而使统帅对作战发挥比以往更为深远的影响。”[④] 所以法国一向重视信号拦截和通信监听工作。在20世纪90年代，法国就开始用“樱桃”（Cerise）和“克莱门汀”（Clémentine）小卫星进行天基电子信号侦听试验。2004年12月18

---

① Eric Denécé，*Les services secrets français sont-ils nuls*? Paris：Ellipses Editions Marketing，2012，p. 300.

② （美）本杰明·萨瑟兰著，丁超译：《技术改变战争：全球军力平衡的未来》，北京：新华出版社，2013年版，第94页。

③ 2014年1月，欧洲航空防务与航天公司（European Aeronautic Defence and Space company，简称EADS）更名为“空中客车集团”（Airbus Group），2017年1月又改称“空中客车”（Airbus）。

④ （德）埃里希·鲁登道夫著，戴耀先译：《总体战》，北京：解放军出版社，2014年版，第154页。

日，4 颗“蜂群”（Essaim）军用微小卫星同时升空，这些卫星编队飞行，从运行轨道上能够监听下方 5000—6000 千米宽条带内的无线电和雷达信号，而在给定地区上空，该系统可提供 10 分钟的侦收时间。2011 年 12 月 16 日，法国的 4 颗电子侦察卫星（Electronic Intelligence Satellite，简称 ELISA）发射升空，它们从太空跟踪地面雷达，有助于绘制全球范围内的雷达系统图，分析和确定各雷达系统的性质和特征，法国由此成为欧洲首个拥有此类太空监听能力的国家。所有这些间谍卫星构成所谓的“法国梯队”（Frenchelon）系统，由法国军事情报局和对外安全总局共同管理，后者的技术局负责战略电子情报的搜集。

如今，法国军方在本土和海外都建立了密集的监听站，其中最大的设在多尔多涅省的多姆市（Domme），其他的分别分布在伊夫林省的阿吕埃－勒鲁瓦市（les Alluets-le-Roi），下莱茵省的米齐格市，巴黎西部的瓦莱里安山要塞（la forteresse du Mont-Valérien），沃克吕兹省、德龙省和上普罗旺斯－阿尔卑斯省交界处的阿尔比翁高原（le plateau d'Albion），东比利牛斯省的圣洛朗－德拉萨朗克市（Saint-Laurent-de-la-Salanque），埃罗省的阿格德市（Agde），瓦尔省耶尔市的吉昂半岛（la presqu'île de Giens），南科西嘉省的索伦扎拉市（Solenzara），滨海阿尔卑斯省尼斯市的菲耶军营（la Caserne Filley），摩泽尔省的迪约兹市；海外法国中小安地列斯群岛的圣巴托洛缪市（Saint-Barthélemy），印度洋上的巴约特岛和留尼汪岛，法属圭亚那的库鲁（Kourou），法属波利尼西亚的帕皮提，新喀里多尼亚的通图塔（Tontouta）；原法属殖民地中的吉布提和中非的布阿尔（Bouar）。如前所述，法国海军的“迪皮伊·德洛姆”号情报侦察船上也设有一个电子情报收集和分析站（主要是拦截无线电通信和雷达信号）。这些站点联通对外安全总局在莫尔捷大道上的行政大楼，主要负责截收和分析电子情报，破译军事、外交和经济方面的加密通信[①]。

再次，法国军方还与民事安全部门合作构建了一个“绿宝石系统”（le système Emeraude），即“信号发射自动搜集和监听机动平台”（Ensemble mobile écoute et recherche automatique des émissions），当灾难来临或一般的呼叫中心严重拥堵时，该系统负责接收拨往救助机构的电话，并与法国本土的公私电信运营商保持互联互通，可以拦截任何注册用户的通话，成为国内安全总局管理下的现有境内通信监听系统的重要外部补充[②]。

此外，法国冷战后改组和壮大了敦刻尔克 01.054 空军电子大队和奥布拉克 51 空军电子大队，特别是改装的 C160 电子侦察机，既便于更大范围的无线电监听，也有助于现代雷达的探测与分析。

至此，法国拥有了图像卫星、电子侦察机、无人侦察机、全球监听网络等各种类型的传感技术和手段，具备了“独立的图像情报和信号情报能力”[③]，成为“唯一实现情报领域战略自主的欧盟国家”[④]。

三、协调控制机制逐步确立，促进了情报互助合作

美国著名战略理论家约翰·柯林斯在其《大战略：原则与实践》一书中曾说：“一个国家武装部队的作战效能取决于协调一致的行动。如果不能将各种军事力量融合在一起，就会造成可悲的后果。”[⑤]具体到一个国家的军事情报工作，协调与管理也同等重要，通过冷战后的军事情报体制改革，法国的军事情报机构逐渐由分散的个体向协调的整体演变。

---

① Jean Guisnel, *Les Français aussi écoutent leurs alliés*, *Le Point*, le 06/06/1998.

② Vincent Jauvert, *Comment la France écoute le monde*, Le Nouvel Observateur, le 05/04/2001.

③（美）马克·洛文塔尔著，杜效坤译：《情报：从秘密到政策》，北京：金城出版社，2015年版，第468页。

④ Eric Denécé, *Le renseignement français en chantier*, http://www.cf2r.org/fr/editorial-eric-denece-lst/le-renseignement-francais-en-chantier.php.

⑤（美）柯林斯著，军事科学院译：《大战略》，北京：战士出版社，1978年版，第340页。

21世纪初，法国军方和外交界开始出现了法国“情报界”的术语表述，2007年入主爱丽舍宫的萨科齐成为“不与情报保持距离的首位法国总统”①，在其主持下，2008年7月，国家情报委员会和国家情报协调官的设立成为法国情报协调工作的一大进展。2014年5月12日，法国政府颁布第2014—474号法令修订《国防法》，其第D.1122－8－1条明确规定了法国情报界的组成。同样是在2014年，国家情报委员会颁布了法国第一份《国家情报战略》（la Stratégie nationale du renseignement），本着“预防威胁和维护法国全球利益”的根本宗旨，阐述了面对恐怖主义、间谍活动、经济干涉、大规模杀伤性武器扩散、网络攻击和有组织犯罪时法国情报界应有的协调行动②。2017年6月，随着国家情报与反恐斗争协调官的设立，法国情报界的构成得到了进一步扩大，除了原有的机构和人员组成外，又增加了与国家情报与反恐斗争协调官同时设立的国家情报与反恐斗争协调办和国家反恐中心③。这样一来，情报界的观念在法国逐渐深入人心，它不仅促使各大情报机构在保持各自传统优长与特色文

---

① Eric Denécé, *Les services secrets français sont-ils nuls*? Paris: Ellipses Editions Marketing, 2012, p. 288.

② Académie du renseignement: *la Stratégie nationale du renseignement*, http: //www. academie-renseignement. gouv. fr/files/plaquette-presentation-comrens. pdf.

③ 除了严格意义上的法国情报界之外，法国还有许多开展情报行动的部门、机构或力量：在国家警察总局之下，有隶属于司法警察中央局（la Direction centrale de la Police judiciaire，简称DCPJ）、负责反恐斗争的反恐斗争分局（la Sous-direction anti-terroriste，简称SDAT），有负责协调中央机构反恐斗争的反恐斗争协调部队，有对表达诉求的游行示威或表达政治不满的暴力运动进行监视的领土情报中央处（le Service central du renseignement territorial，简称SCRT）；隶属于巴黎警察局（la Préfecture de police de Paris）的巴黎警察局情报局（la Direction du renseignement de la préfecture de police de Paris，简称DRPP），负责巴黎及其近郊的反恐斗争和治安预防，同时也负责协调巴黎大区的情报工作；在国家宪兵中，有反恐斗争办公室（le Bureau de la lutte anti-terroriste，简称BLAT）和作战预测分局（la Sous-direction de l'anticipation opérationnelle，简称SDAO），其中后者负责搜集、汇总、分析和传送国家宪兵履行使命所需要的防务、治安和国家安全信息，参与危机的部际处置；在监狱行政局（la Direction de l'administration pénitentiaire）之下，有负责搜集伊斯兰激进主义和有组织犯罪方面的监狱情报的监狱情报中央办公室（le Bureau central du renseignement Pénitentiaire，简称BCRP）；在国防与国家安全总秘书处之下，有负责电磁情报搜集、信息系统安全和政府数据处置的国家信息系统安全局。

化的同时互为补充、协调一致地开展工作，而且也使法国公民加深了对情报机构的广泛了解，从而更能理解情报机构在捍卫法国根本利益和国家安全中扮演的重要角色。

以技术手段互助和情报资源共享为主的协调与合作，首先在军事情报机构之间得到了推动。军事情报局与对外安全总局共同管理着“法国梯队”系统，分享着这些间谍卫星和截收站点搜集的电磁情报，而且两个机构在对外军事行动中往往分别扮演着“领导者”和“协助者”的角色。另一方面，这种协调与合作在军事情报机构与民事情报机构之间也得到了推广。特别是在军事情报局的积极倡议下，2014 年 10 月 1 日，法军在国防部作战规划与开展中心的内部成立了一个名为“埃梅斯”（Hermès）的机构间情报小组，其成员涵盖了特种作战指挥部和法国情报界的六大专业情报机构，旨在增加在黎凡特地区[①]规划、开展作战行动所必需的情报来源，同时使各情报机构更多了解“达伊沙”[②] 等中东地区恐怖武装组织的架构与活动。从 2016 年 2 月 1 日起，“埃梅斯”情报小组归入“黎凡特平台”，以通过收集、研判和传递来自国内所有情报合作伙伴的情报，尽可能有效地支援法军在“黎凡特”地区开展军事行动。在这种机制下，各情报机构间的藩篱得到了拆除，所有情报领域的专家和分析师聚集起来开展同样的工作，从而加强了机构的协同，促进了情报的共享。此外，2015 年 6 月 15 日，法军从法国情报界的六大专业情报机构和内政部的另外两个情报机构中各抽 1 人，设立了一个名为“安拉”（Allat）的工作小组，以就境外恐怖分子出入法国或欧洲国家的动向进行情报交流，严防恐怖袭击的再次发生。情报机构的这种协调与合作在法国 2014 年 9 月 20 日发起的“北风行动”中得到了充分的展现，仅在 2016 年，就有 4 次潜在的恐怖袭击得到了

① “黎凡特”（le Levant）在法语中意为“东方”，主要指地中海东岸的黎巴嫩和叙利亚，此外还包括以色列、巴勒斯坦、约旦、埃及以及小亚细亚半岛和美索不达米亚地区。

② “达伊沙”（Daech）是阿拉伯国家对“伊拉克和大叙利亚伊斯兰国”的称呼。

机构间的及时处置①。

四、情报保护工作获得重视，健全了安全防范机制

“情报机构可以说是一个国家核心机密中的机密，既负责该国情报需求的获取与搜集，也要对国家机密的保护进行布防。”② 毕竟情报机构一方面是国际情报战的主体，另一方面也是他国情报攻坚战的主要目标之一，一旦情报机构内部出现问题，造成的损失往往十分巨大。因此，法国情报机构工作的一个重要方面就是健全内部安全防范机制。

首先，防务情报与安全局负责法国军队乃至整个情报界的反情报工作。正如美国政府前高级官员基辛格所说：“世上根本没有什么‘关系友好’的情报机构，有的只是关系友好国家的情报机构。”③ 加之“长久以来，国防秘密都是某些外国机构、利益集团或个人觊觎的对象……部分国防秘密持有人由于无知、轻视或疏忽，对保密缺乏足够重视，更为上述组织的活动提供了方便”④。所以法国防务情报与安全局的斗争对象指向意图对法国军队和情报机构的活动进行渗透和破坏的任何国家。总体而言，该局的反干涉工作主要集中在两个领域：一是军事领域，即预测并通报武装力量可能面临的危害，并采取措施反制包括间谍活动、颠覆行动、破坏行为、恐怖主义或有组织犯罪在内的各类威胁，在此框架下通过确定“国防秘密”

---

① Assemblée nationale, *Commission d'enquête relative aux moyens mis en œuvre par l'État pour lutter contre le terrorisme depuis le 7 janvier* 2015, le 26 mai 2016, http: //www. assemblee-nationale. fr/14/cr-cemoyter/15 – 16/c1516031. asp.

② 情报与国家安全课题组：《情报与国家安全——进入21世纪的各国情报机构》，北京：时事出版社，2002年版，第305页。

③ （美）马克·洛文塔尔著，杜效坤译：《情报：从秘密到政策》，北京：金城出版社，2015年版，第217页。

④ 国家保密局法规室：《外国保密法律法规汇编》，北京：金城出版社，2009年版，第153页。

“国防机密”和“国防绝密”[①] 三个密级，对有权接触国防秘密的人员以及敏感地区、装备或设施实施保护，此外还参与打击战争器材、武器和弹药的非法交易行为；二是经济领域，即采取行动保护与国防有关的工业、教育和科研院所，侦破并压制敌对国家、国外情报机构或恶性竞争者给法国国家主权和利益造成的威胁，保护国防秘密、国家科技潜力以及军工企业的利益和财产安全。

其次，所有的法国军事情报机构都设立了专门从事安全防范工作的部门或人员，制定了一系列内部程序和检查制度。一方面，无论是 2000 年前的对外安全总局反间谍处，还是 2000 年内部重组后的安全情报处，其使命都是监视敌对情报机构，挫败其间谍攻击，并对搜集处的情报渠道进行监督，防止遭受信息误导的风险发生；2002 年改组成立的对外安全总局安全处则负责保护该局人员和设施的安全以及该局结构、手段和使命的隐秘性；2015 年在对外安全总局局长之下设立的内部审查工作组则旨在评估该局治理、风险管理、控制等方面的程序。另一方面，2001 年，防务情报与安全局设立的保护分局负责制定必要的安全措施，保护防务产业和科技优势以及敏感设施与信息系统的安全，而在 2013 年调整中设立的反干涉分局则参与制定和评估旨在保护军事设施和防务工业的各类安全。此外，在 2002 年的调整改革中，军事情报局设立了 1 名局长助手专门负责安全工作，2010 年设立的人事、财务和技能分局也被赋予了保守秘密、确保安全的职责。

本章小结

本章从深化对情报工作的认识、揭示情报工作规律的角度出发，先是从理论性引领、直接推动力、常态化任务和历史性传承四个方

① “国防秘密”“国防机密”和“国防绝密”分别为 confidentiel Défense，secret Défense 和 très secret Défense。

面，对冷战后法国军事情报体制改革的特点和规律进行了提炼；继而着眼于借鉴法国优化情报体制、夯实国家安全的有益经验，从完善军事情报体制、整合技术情报力量、确立协调控制机制和重视情报保护工作四个方面对冷战后法国军事情报体制改革的成效进行了总结。总体而言，冷战后法国军事情报体制改革的过程与方式有规律可循，情报的体制形态与机制运行也都具有一定的独特性和合理性，至少是基本适应了时代的发展需要，较好满足了情报的现实需求。

第七章　冷战后法国军事情报体制改革的不足与挑战

“不得不承认，迄今为止，还没有哪个国家拥有一个无所不知、完美无缺的情报机构”①，“试图以改良的方式建立全新的、无所不能的情报体制本身就是一种理想”②。冷战后法国军事情报体制的调整与改革尽管开展得有声有色，而且较之以前有了很大的提升和完善，但总会存在这样或那样的不足，未来还将面临这样或那样的挑战。

第一节　冷战后法国军事情报体制改革的不足

囿于经济低迷、传统窠臼等因素，几经改革后的法国军事情报体制依然不能尽善尽美，在情报与决策关系、情报监督机制、情报协调体系、情报机构编制等方面都还存在一些问题。

一、情报政治化现象依然存在

“领导人可以认可或忽略情报人员，自然也可以操纵他们的评估结果。历史文献证明，领导人总是能成功地使情报工作政治化。”③如果说情报政治化是英美两国情报活动中的严重弊病，那么法国情

① 张长军：《美国情报失误研究》，北京：军事科学出版社，2006 年版，第 92 页。

② 同上书，第 89 页。

③ （美）约书亚·瑞夫纳著，张旸译：《锁定真相：美国国家安全与情报战略》，北京：金城出版社，2016 年版，第 22 页。

报机构沦为政治工具的历史更是由来已久，即便经历了冷战后编制体制的历次改革，法国情报政治化的顽疾依然存在。洛文塔尔说："通过控制信息，掌握实施监视、窃听和其他行动的专业技能，以及在隐蔽的幕后开展行动，情报机构可能对政府首脑构成潜在威胁。因此，政府首脑需要具备有效监督情报活动的能力，这点至关重要。"① 在法国，情报机构就是常常被优先视作潜在的风险来源，所以政府首脑往往按照"忠于国家元首胜过忠于职业"② 的标准任命情报机构的领导人。梅尔尼克对此深有体会，因为在法国政治人物的眼里，"一个出色的聊天者总会比一个富有行动能力的人更让人放心"。③ 情报机构领导人与决策者这种亲密的关系虽然"可以增强双方的良好互动，也关系到决策者会否采纳情报分析者提供的情报（特别是预警情报）成果"④，但也造成情报机构领导人缺乏情报工作能力却听命于行政权力的不良后果，这种现象在对外情报部门尤为突出。

在法兰西第五共和国的历史上，戴高乐、蓬皮杜和密特朗三位总统都是使情报机构沦为政治工具的典型，特别是法国军事情报局的成立"得益于前总参谋长朗扎德对时任总统密特朗的极力游说，在一定程度上也是为了迎合这位国家元首的政治意愿"⑤。希拉克在上台后的前 5 年倒是没有做出频繁更换情报机构领导人的举动，只是时任总理若斯潘将曾任对外安全总局战略局局长的外交官让 - 克洛德 · 库瑟朗（Jean-Claude Cousseran）提名为总局局长。2002 年，

① （美）马克 · 洛文塔尔著，杜效坤译：《情报：从秘密到政策》，北京：金城出版社，2015 年版，第 288 页。

② Christian Quesnot, *Perception, utilité et usage de la fonction connaissance et anticipation par le président de la République, chef des armées*, Les Cahiers de Mars, no 198, décembre 2008, p. 31.

③ Constantin Melnik, 1000 *jours à Matignon*, Paris: Grasset, 1988, p. 253.

④ 刘强：《战略预警视野下的战略情报工作》，北京：时事出版社，2014 年版，第 291 页。

⑤ Gérald Arboit, *La Direction du renseignement militaire a 15 ans: les moyens d'un ambition ratée*, le 15 décembre 2007, http://www.cf2r.org/fr/notes-de-reflexion/la-direction-du-renseignement-militaire-a-quinze-ans-les-moyens-dune-ambition-r.php.

考虑到库瑟朗过于亲近在野的社会党人，希拉克让皮埃尔·布罗尚（Pierre Brochand）顶替了库瑟朗的位置，这名职业外交官没有任何的情报工作经历，而且对情报机构也没有任何兴趣，之所以被委以要职，是因为他的兄长贝尔纳·布罗尚（Bernard Brochand）是希拉克创建的“保卫共和联盟”（le Rassemblement pour la République，简称 RPR）的主要资助人。萨科齐执政后通过十余项重大改革，成功地将情报工作的领导权集中到总统府，这在一定程度上诱发了情报机构政治化的风险。在 2008 年年中几个月的时间里，对外安全总局、军事情报局、防务安全保护局、国内情报中央局等情报机构都更换了领导人，而且都与国家元首有着或远或近的亲密关系。诚然，这种“政治化”也并非完全负面，因为这有助于在情报机构的领导人和总统府之间建立起更为直接的联系，同时表明情报首次得到国家最高领导层的重视，而且情报机构的领导人也获得了总统的完全信任。不过这种“对行政首长效忠”的遴选标准造成情报体系“总统化”的后果，萨科齐并未摆脱其所有前任的窠臼，依然将情报工作变成了自己的保留领域。

在 2008 年的情报改革中，情报政治化的另一表现是除了国内情报中央局局长贝尔纳·斯夸尔奇尼（Bernard Squarcini）[①] 外，协调机关和其他情报机构的领导人都是非专业情报人员。同年夏担任国家情报协调官的贝尔纳·巴若莱（Bernard Bajolet）作为一名长期与阿拉伯世界打交道的专家，虽然在外交官的职业生涯中与对外安全总局有过多次合作，但对情报工作并不熟悉。2011 年夏接替巴若莱的昂热·芒西尼（Ange Mancini）长期在司法警察界工作，也曾领导过国家警察的精英部队——搜集、救助、干预和威慑部队（recherche，assistance，intervention，dissuasion，简称 RAID），但他“没有

① 贝尔纳·斯夸尔奇尼在担任领土监护局和综合情报中央局合并而成的国内情报中央局局长之前，先后担任过综合情报中央局下属的科西嘉大区局局长助手、大西洋－比利牛斯省局局长以及中央局的调查与研究科科长、研究分局局长、副局长，2007 年 6 月起被任命为领土监护局局长。

情报领域的任何专业知识，甚至从未表现出对战斗在无形战线上的人们的应有尊重"[①]。曾任国家行政学院（l'Ecole nationale d'Administration，简称ENA）副校长的露西尔·德罗梅-诺特（Lucile Dromer-North）也从未接触过情报工作，却因为"工作能力出色"而被任命为情报学院院长。先后担任省领导和总统府顾问的埃拉尔·科尔班·德·芒古（Erard Corbin de Mangoux）之所以被任命为对外安全总局局长，完全是因为他与萨科齐的私人关系，连他自己都承认说："总统希望某位和他非常熟识的人掌管对外情报机构。"[②] 而他的助手弗雷德里克·贝特（Frédéric Beth）将军虽然担任过特种作战指挥部的司令，但也从未有过在对外安全总局或军事情报局任职的经历。这样一来，"法国情报机构领导人的'无能'成为一种常态，仿佛成为一种良好的传统。法国的政治精英们从不把情报机构视为一种特殊的组织，从而难以让专业出身、懂得情报艺术、掌握规则之外的职业奥秘的人员担任它们的领导"[③]。

二、议会情报监督机制运行欠佳

为了提供满足国家安全需要的情报，需要对国家情报体系及其活动进行包括领导、指导、协调、监督在内的管理[④]。由于情报工作的重要支柱是获得其他手段无法获取的信息，而且其分发范围受到严格的控制，所以情报的监督管理向来是个复杂的问题。"在民主国家，监督责任往往由行政和立法部门共同承担。监督问题普遍存在，包括预算、对政策需求的响应、情报分析质量、行动控制、活动的适当程度等。"[⑤] 然而直到进入21世纪，法国才确立了议会情报监督

---

① Eric Denécé, *Les services secrets français sont-ils nuls?* Paris: Ellipses Editions Marketing, 2012, p. 322.

② Ibid., p. 322.

③ Ibid., p. 144.

④ 申华：《美国国家情报管理制度研究》，北京：军事科学出版社，2010年版，第9页。

⑤ （美）马克·洛文塔尔著，杜效坤译：《情报：从秘密到政策》，北京：金城出版社，2015年版，第289页。

机制，用以对情报机构进行民主监督。

洛文塔尔说："美国赋予立法部门广泛的监督职责和权力，这一做法独一无二。其他国家的议会尽管设有专门的情报委员会，但其监督权力所覆盖的范围赶不上美国。"法国的情况尤其如此。穆罗汉在其2003年出版的《21世纪的战争》中指出："至于说（法国）议会机构，到目前为止，甚至很长时间以来，国民议会众参两院在国防（及情报）事务中所起的作用纯粹是在走过场。…… 众议院国防委员会及参议院外交及国防委员会无法组建调查、监督或其他类型的机构，而且也无暇去听军队指挥官或部长们的陈述，除非有签署及会签的指令，这类规定及习惯必须要改变。"[①] 后来，时任总统萨科齐致力于使法国议会"真正成为一个制衡总统和政府的'反权力'"[②]，法国终于在2007年设立了议会情报评议会。

2010年12月，议会情报评议会公布了2008—2009年工作报告[③]，这份15页的文件仅仅用了3页的篇幅简要介绍了评议会两年来开展的主要活动，而用更多的篇幅回顾了评议会的成立过程以及它的组成与运作规则，"内容空洞且毫无价值"[④]。这充分说明，手段有限的议会情报评议会并未能够有效跟踪法国情报机构的活动[⑤]。因为这一监督机构的职责仅限于讨论和表决情报机构的财政预算、组织结构和总体工作，议会议员并未获得任何相关的权力，来关注政治权力机构下达的各种指令以及对情报机构做出的性能评估，而且一直没有常设性的官员来主持评议会的秘书工作。成立评议会之

① （法）穆罗汉著，杨杰、袁俊生译：《21世纪的战争》，北京：经济出版社，2003年版，第287页。

② （法）尼古拉·萨科齐著，曹松豪译：《见证——萨科齐自述》，上海：辞书出版社，2007年版，第118页。

③ Jean-Luc Warsmann, *Rapport relatif à l'activité de la délégation parlementaire au renseignement pour l'année* 2010（No 3044. Assemblée nationale, le 17 décembre 2010, p. 359.

④ Eric Denécé, *Les services secrets français sont-ils nuls*? Paris: Ellipses Editions Marketing, 2012, p. 327.

⑤ Ecric Denecé, *Communication autour du renseignement en Belgique et insuffisances françaises*, Centre Français de Recherche de Renseignement（CF2R）, le 31 mars 2010, p. 13.

前的广泛讨论显示，某些议员只是满足于符合民主的“标准”，而非对情报机构的活动真正怀有兴趣。

2009 年 12 月，人民运动联盟众议员、特别基金核查委员会主席伊夫·弗罗米翁（Yves Fromion）因为反对社会党参议员迪迪埃·布洛（Didier Boulaud）同时兼任特别基金核查委员会副主席和议会情报评议会成员，致使议会情报评议会在 2010 年半年多的时间里没有丝毫运作。究其原因，是由于特别基金核查委员会中的 4 名成员知悉特别基金资助的情报行动，布洛必然知道议会情报评议会的其他成员所不知道的许多信息，所以弗罗米翁认为这会带来“无法兼容的风险”。2010 年 6 月，时任总理办公室主任弗朗索瓦·菲永（François Fillon）最终了断了这一纷争，认为“在没有公开文本作为依据的情况下，不能妄自使用无法兼容的规则来禁止一名议员同时兼任两个机构的成员”。于是相关机构的工作重新启动，而布洛也不能向议会情报评议会提及他在特别基金核查委员会所知道的一切。然而，这一事件在法国引发了是否需要隔离各类控制机构的大讨论，因为当时议会情报评议会的许多成员也在国家安全拦截控制委员会和国防秘密咨询委员会等其他非常敏感的委员会任职，这种现象显然不太合理。不过法国议会最大的问题，是内部极度缺乏情报与安全专家型的议员，所以控制机构无法从中选拔具备相关资质的足够人选①。

法国社会党众议员于尔沃阿曾这样评价道：“尼古拉·萨科齐创建议会情报评议会的确是一个好主意，然而它唯一的价值就是存在这样一个机构而已！应该让那些真正有时间做此工作的议员来共同履行评议会的职责。目前所公布的评议会报告只是徒有其名。如果我们记得长期以来议会远离情报机构这一事实，成立评议会诚然是一个好的开端，但应该做得更多更好才是。”② 如果说议会情报评议

---

① Intelligenceonline, *Empoignade sur le contrôle des services*, no 622, le 22 juillet 2010, p. 1.

② Frédéric Ploquin, *Un rapport du PS sur les services de renseignement met en cause Sarkozy*, Marianne, le vendredi avril 2010, http://www. Marianne2. fr.

会成立之初的使命是“跟踪、关注情报机构的一般性工作与情报手段”，那么，2013 年 12 月 18 日时任总统奥朗德主持颁布的《2014—2019 年军事规划法》则使它的权力得到进一步扩大，从此“对情报领域的政府行动实施议会控制，并对情报领域的公共政策进行评估”①。同时，为了规避情报控制职能的重叠，《2014—2019 年军事规划法》还对特别基金核查委员会的性质和组成做出了改变和调整。该委员会从此不再是一个独立的机构，而是成为议会情报评议会中一个纯粹的专业化部门，并且成员缩减为 4 名，即同时担任议会情报评议会成员的 2 名众议员和 2 名参议员②。2016 年 2 月 25 日，改组后的特别基金核查委员会提交了第一份正式报告，并作为《2015 年议会情报评议会工作报告》的重要组成，最终被逐级提交给议会两院议长、总理和总统。经过这些调整和改革后，议会情报评议会的监督机制才开始有了实质性的运作。

三、情报机构工作重心有失平衡

冷战后，毒品走私、秘密犯罪、非法资金流转、恐怖主义等新威胁不断出现，特别是 2008 年的法国国家安全战略将恐怖主义确定为“长期关注跟踪的目标”③，2013 年更是认为恐怖主义威胁“处在最可能发生的威胁的前列”④，因为“一场大规模的恐怖主义行动将带来物质、心理和人员上的严重伤害。如果多处场所同时或连续遭到恐怖主义袭击，它对民众的影响以及对安全部队渗透的风险将

① Ministère de la Défense, *Projet de loi de programmation militaire 2014/2019* (*Dossier thématique*), Paris: DICoD, le 14 août 2013, p. 23.

② Ibid.

③ Ministère de la défense, *Livre blanc sur la défense et la sécurité nationale*, Paris: Odile Jacob & La Documentation française, juin 2008, p. 50.

④ Ministère de la Défense, *Le Livre blanc sur la Défense et la Sécurité nationale*, Paris: Direction de l'information légale et administrative, 2013, p. 48.

会大大增加。如果使用了 NRBC 手段，它则会带来慢性影响”①。在这种战略思想的指导下，加之受法国恐怖袭击频频发生的刺激，各大情报机构纷纷围绕着反恐斗争这个“被视为重要的问题”展开情报搜集活动和作战行动，从而造成了所谓的“蜂群抱团现象”②，以至于在许多领域出现了工作重心的失衡。

首先，反恐职能优先于其他职能。如果说自 2008 年以来，为了挫败“伊斯兰马格里布基地组织”的恐怖袭击阴谋，主管法国国内情报工作的国内情报中央局的大多数人员和相关手段都用于反恐斗争，而在一定程度上忽略了反间谍工作和保护国家科技优势的重要使命，主管对外情报工作的对外安全总局在其他形式的危险日益严峻的情况下，则把越来越多的精力用于在萨赫勒地区、阿富汗、伊拉克和哥伦比亚解救人质，这种做法也招致了该局内部人员的批评：“尽管这也是我们对外安全总局的职责所在，但它毕竟偏离了我们的工作重心。日常工作中，我们的反恐部队所做的只是这些，为此不得不撤走其他力量。”③ 况且，虽然对外安全总局在伊拉克、黎巴嫩等地的人质解救工作取得了一些成功，特别是在阿富汗解救法国电视三台 2 名记者的行动让对外安全总局获悉了有关塔利班武装力量、决策程序等许多不为人知的重要信息，但也遭遇过重大失败，不仅没能解救人质，而且造成该局许多特工的重大牺牲④。正是因为过多

---

① Ministère de la Défense, *Le Livre blanc sur la Défense et la Sécurité nationale*, Paris: Direction de l'information légale et administrative, 2013, p. 51.

② （美）马克·洛文塔尔著，杜效坤译：《情报：从秘密到政策》，北京：金城出版社，2015 年版，第 101 页。

③ Eric Denécé, *Les services secrets français sont-ils nuls* ? Paris: Ellipses Editions Marketing, 2012, p. 324.

④ 2009 年 7 月 14 日，2 名向索马里政府提供安全援助的法国对外安全总局特工被索马里“青年党”绑架，尽管该局开展了多次营救行动但均未成功，最终 1 人逃脱、1 人牺牲；2010 年 7 月，为了解救在萨赫勒地区被绑架的法国工程师米歇尔·热尔马诺（Michel Germaneau），对外安全总局的特工在马里发起了针对“伊斯兰马格里布基地组织”的作战行动，结果人质遇害，对外安全总局的 9 名突击队员牺牲；2013 年 1 月 12 日，为了营救同样被索马里“青年党”绑架的对外安全总局特工阿莱，该局行动处发起了攻击行动，结果非但人质失去了生命，2 名法国军人也在战斗中牺牲。

地关注反恐斗争，对外安全总局没有多余的精力来关注世界形势的变化，国外政治情报工作缺乏明确的导向和部署。尤其是萨科齐担任总统期间向来独自主导外交政策，很少考虑来自对外安全总局和外交部的意见，2011 年 3 月轻率做出介入利比亚内战的决定就是典型的例证。此外，该局的国外情报工作很少针对所谓盟国的做法也招致了许多批评："至今，对外安全总局没有针对美国人的情报工作。最高指挥层下达了明确的指令，即不能损害巴黎与华盛顿之间建立起的'良好'关系。"①

其次，国内情报优先于国家情报。所谓国家情报，其任务在于"辅助国家政策的制定与实施，维护国家安全利益，使国家免遭外来威胁"②。在 2000—2010 年的情报改革中，时任总统萨科齐"过多地倚重于他所熟识和欣赏的警察机构，这种思维最终导致了内政部的官员染指国家情报"③。不仅担任国家情报协调官的巴若莱出自警界，而且国内情报中央局的二号人物、国内反间谍专家帕特里克·卡尔瓦尔（Patrick Calvar）被任命为对外安全总局情报局的局长，这种由警察上位至国家情报高层领导的情况，在对外安全总局的历史上已是第三次出现，而从未有过该局的官员在国内情报机构任职。"这种人事任命不仅加深了警察机构在总统工作部署中的影响，也使法国情报机构过于偏向国内安全"④。况且在安全领域，总统府忧心的事项主要是恐怖主义和郊区暴力，指示内政部确保不会发生任何恐怖袭击和骚乱。为此，时任总统萨科齐对情报界施加了很大的压力，要求各情报机构聚焦这两方面的国内安全，这势必对国外情报和军事情报工作的开展形成了一定的制约。

---

① Pierre Syramy & Laurent Léger, *25 ans dans les services secrets*, Paris: Flammarion, 2000, p. 207.

② 张晓军等：《美国军事情报理论研究》，北京：军事科学出版社，第 39 页。

③ Eric Denécé, *Les services secrets français sont-ils nuls* ? Paris: Ellipses Editions Marketing, 2012, p. 323.

④ Ibid..

四、军事情报机构资源依然受限

不容否认，法国军事情报机构的人力与物力资源在冷战后有了较大的发展，然而与美国、英国、德国、比利时、加拿大等盟国相比，法国仍有一定的差距，无论是人员数量，还是情报预算都与本国的“责任”和“雄心”不相称。特别是在20世纪90年代末，法国的军事情报改革仿佛告一段落，即便有2001年“9·11”事件的发生，法国情报界资源建设的进展仍一度呈现出迟缓的态势，而且在各情报机构间的分布也不够均衡。

（一）编制受限

从2009年起，军事情报机构人员的数量的确有了规律性的增长，然而主要以对外安全总局编制的增加最为突出。根据《2009—2014年军事规划法》，对外安全总局的人员数量每年以15%的比例递增，共计增长690人。2013年，对外安全总局的情报人员已达5008人（还不包括行动处），2015年增至5302人。而在履行《2009—2014年军事规划法》的过程中，对外安全总局的人员规模先是追加了284人，2015年1月法国遭受多次恐怖袭击后，该局又得到185人的补充编制。后来国防部又对《2009—2014年军事规划法》进行了修订，决定为各大军事情报机构增加总数为650人的编制，其中对外安全总局的增加份额为140人①。2019年，该局编制已经突破7000人，其中军人1000名左右②。

在法国持续寻求节约预算的背景下，同样在2009—2014年的军事规划期内，防务安全保护局却被迫以平均5%—10%的幅度缩减编制。特别是从2008年起，该局就开始了在6年之内裁员15%的努

---

① Assemblée nationale, *Audition de M. Jean-Yves Le Drian, ministre de la Défense, par la mission de suivi de la mise en œuvre des propositions de la commission d'enquête relative aux moyens mis en œuvre par l'État pour lutter contre le terrorisme depuis le* 7 *janvier* 2015, Consulté le 13 février 2017.

② Jean Guisnel, *Histoire secrète de la DGSE*, Paris: Robert Laffont, 2019, p. 378.

力。如果说该机构已经成功实现了士官比重占50%的既有目标，但军官与公务员的数量则严重短缺，以至于无法履行新的情报任务。2013年11月22日，在制定新军事规划法的过程中，法国国防部决定维持防务安全保护局的人员数量，该局的编制至此才止跌回升①。特别是自2015年1月和11月法国境内的恐怖袭击发生以来，该局编制开始扭转自2010年以来持续下滑的颓势，出现了较为明显的增长，在2015—2017年的三年时间里，该局编制从原先的1014人增至1328人。根据法国参议院“外交、防务与武装力量委员会”（la Commission des affaires étrangères，de la défense et des forces armées）2019年11月18日至22日的周工作报告，预计到2020年，防务情报与安全局的全职工作人员将会达到1523人②。

军事情报局的编制虽然自创建以来相对稳定，但在21世纪的第一个十年间也裁减了100多个岗位。不过随着需要承担的任务越来越多样化，该局的人力资源需求与日俱增。曾于2005年7月至2008年8月担任该局局长的米歇尔·马松（Michel Masson）将军说：“拥有尖端的技术系统却缺乏相应资质的情报人员，必然会导致情报工作的各种不畅。我们在卫星成像方面已经不再多么的落后，随着德国‘合成孔径雷达——放大镜’、意大利‘地中海盆地对地观测小卫星星座’和法国‘昴星团’等卫星系统的运行和生产，我们接收到的图像数量未来3年将会有非常可观的增长。然而，三军图像判读与培训中心的图像判读人员的数量也必须同步增加，否则无法完成这些图像情报的全部开发。只是发展耗费巨大的尖端技术项目，而不能保证开发工作亟须的人力资源，这将是一种凌乱和糟蹋。”③ 然而即便有昔日情报

---

① Assemblée nationale，*Audition de M. Jean-Yves Le Drian，ministre de la Défense，par la mission de suivi de la mise en œuvre des propositions de la commission d'enquête relative aux moyens mis en œuvre par l'État pour lutter contre le terrorisme depuis le 7 janvier* 2015，Consulté le 13 février 2017.

② Sénat，*Commission des affaires étrangères，de la défense et des forces armées：compte rendu de la semaine du* 18 *novembre* 2019，https：//www. senat. fr/compte-rendu-commissions/20191118.

③ Eric Denécé，*Les services secrets français sont-ils nuls?* Paris：Ellipses Editions Marketing，2012，p. 343.

官员的呼吁，军事情报局的编制在2016年以前始终没有达到2009年1677人的编制水平，其中2012年为1592人，2013年为1620人，2016年才终于接近1800人。该局计划在2020年前再新招300余人，并争取在2014—2019年军事规划期结束时达到2100人①。

对外安全总局安全情报处前处长阿兰·舒埃（Alain Chouet）在其2010年出版的《间谍的睿智》（La sagesse de l'espion）中说道："按照各自国家的人口比例，法国情报机构需要有80000人才能达到美国和俄罗斯的水平，要想达到英国和德国的水平，也得分别需要30000人和20000人。"② 而根据粗略的数据统计，2012年整个法国情报界的人员数量为13000人左右，而同一时期的英国和德国分别为20000和16500人；即便到了2019年，法国情报界中六大专业情报机构的总人数也达不到16000人（表7—1），所以法国情报机构编制的提升还需要付出很大的努力。

表7—1 法国专业情报机构编制数量表③

情报机构	隶属部门	编制	总计
对外安全总局	国防部	7000人	15889人
军事情报局	国防部	2100人	
防务情报与安全局	国防部	1523人	
国内安全总局	内政部	4400人	
国家海关调查情报局	经济与财政部	715人	
反非法金融流转情报处理和行动处	经济与财政部	151人	

---

① Assemblée nationale, *Audition de M. Jean-Yves Le Drian, ministre de la Défense, par la mission de suivi de la mise en œuvre des propositions de la commission d'enquête relative aux moyens mis en œuvre par l'État pour lutter contre le terrorisme depuis le 7 janvier* 2015, Consulté le 13 février 2017.

② Eric Denécé, *Les services secrets français sont-ils nuls?* Paris: Ellipses Editions Marketing, 2012, p. 342.

③ 本表由笔者根据有关法国专业情报机构编制的现有材料绘制。在"编制"一栏中，对外安全总局、军事情报局显示的是2019年的实际数据，防务情报与安全局显示的是2020年的目标数据，国内安全总局、国家海关调查情报局和反非法金融流转情报处理和行动处显示的则是2017年的实际数据。

（二）预算受限

“军事预算不仅是纯粹的军事问题，而且是政治问题，首先又是经济问题。”① 总体而言，冷战后法国军事情报机构的预算确实在逐年增加，但受制于低迷的经济形势而增幅不大，并且在各机构间的分配也不够均衡。

表 7—2　法国对外安全总局 2007—2012 年预算构成表

年份	国防预算（百万欧元）	特别基金（百万欧元）	总计（百万欧元）
2007	445.4	36.2	481.6
2008	440.2	37	477.2
2009	480.4	42.6	523
2010	527.4	47	574.4
2011	559	53.9	612.9
2012	578.5	53.9	632.4

作为法国规模最大的情报机构，对外安全总局的预算尽管在冷战后保持了一贯的增长，但其发展也曾因为经费紧张而受到束缚。1992 年，法国国防部制定了“2000 要塞”计划（le projet Fort 2000），准备在该局行动处司令部的所在地努瓦西要塞建造一个现代化的对外安全总局总部，但由于预算短缺，只是在该计划的论证资金 1994 年到位后，首期工程建设在 1995 年方才启动。后来，由于当地居民对直升机飞行所造成的噪声污染频频抗议，加之环保组织保护当地特殊生物物种的呼声日高，1996 年法国政府最终放弃了“2000 要塞”计划。需要指出的是，自 1946 年“特别基金”机制化以来，对外安全总局的预算由两部分组成：一部分是中央政府拨付的国防预算；一部分是来自总理直属机构的“特别基金”（表 7—2），而且对外安全总局是该基金的最大受益者，所获份额约占拨付

① （苏）Б. М. 沙波什尼科夫著，军事科学院外国军事研究部译：《军队大脑》，北京：解放军出版社，2006 年版，第 100 页。

总额的80%，主要用于资助某些特定的作战行动。2020年，该局的国防预算为7.0719亿欧元，特别基金为7680万欧元，其中前者包括人员费用支出3.5889亿欧元，机构运转支出1.798亿欧元，投资支出1.682亿欧元，干预支出30万欧元。

划拨给军事情报局的经费自1997年公开以来，不仅涨幅缓慢，甚至还一度出现轻微的下跌。从1997—2008年的12年时间里，虽然法国在中部非洲和阿富汗的军事介入行动亟须军事情报的全程支持，然而军事情报局的经费仅增长了2.84%，甚至在“9·11”恐怖袭击发生以后还下跌了1.7%（图7—1）。尽管卫星、无人机等重大情报装备项目是由总参谋部而非军事情报局出资，但是军事情报局的年度预算总额偏少，2013年仅为1.55亿欧元，其中0.34亿欧元用于资助开展作战行动所需的装备购置。近年来，随着金融危机影响犹在、经济危机持续低迷，法国一直遭受着安全领域预算受限的困境，而这种受限首先表现为防务预算的持续缩水。军事情报局前局长马松认为，如果说法国在军事情报领域确实做了很多努力，那也只是在预算的削减幅度上比其他职能小了一些而已，他担心预算削减的唯一后果是导致情报能力的下降，直接影响到法国技术情报手段的现代化发展。

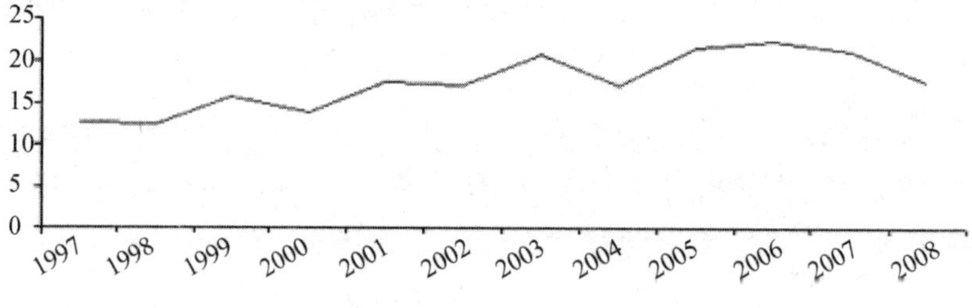

图7—1　法国军事情报局1997—2008年预算走势图

至于防务情报与安全局，在冷战后近20年的预算还比较稳定，但自2010年以来虽然基本维持在9000万欧元左右，但也一度遭遇下滑。2014年，该局获得的经费为9318万欧元，而在2012年和

2013 年分别为 9740 万欧元和 9498 万欧元，也就说，在 3 年的时间里，防务安全保护局的预算以 200 万欧元的幅度逐年递减。只是从 2017 年起，划拨给该局的预算才有了一定幅度的提升，达到 1.191 亿欧元，而 2020 年的最新数据显示，该局预算总额为 1.4513 亿欧元，其中人员支出 1.2176 亿欧元，机构运转支出 1655 万欧元，投资支出 682 万欧元。

在某些法国领导人的眼里，冷战后法国情报机构的预算总体上已经有了足够的提升，然而在情报界看来，与英、美等国相比，法国的努力还远远不够。以 2001—2005 年为例，法国所有的情报机构加起来，其情报投资仅仅增长了 9%，而同一时期英国和美国的情报预算增长率平均为 40%。2007 年，英国情报机构的预算高达 33.1 亿欧元，比法国的 7.345 亿欧元多出了将近 4.5 倍，而且还不包括美国对其提供的技术和资金支持。2012 年，法国的国防预算为 345 亿欧元，占国家总预算的 1.7%，而国防部所属情报机构获得的投资总额仅为 24.15 亿欧元，只占国防预算的 0.7%，况且在机构间的分配也很不平衡。法国前总理罗卡尔多次表达了对这种现状的忧虑："我们不得不面对的事实，就是直到最近，法国的情报工作都没有得到与其重要性相称的重视。当英国的情报预算每年以 10% 的比例持续增长时，如果我们再不做出与此相似的努力，那么情报应有价值与实际地位的差距就会持续扩大，甚至完全脱节。"①

第二节　法国军事情报体制改革面临的挑战

冷战后，法国进一步认识到了军事情报工作的重要性，于是通过二三十年的调整与改革逐步建立起相对完善的军事情报体制，拥有了"继美国之后最为完善的侦测卫星系统，并有先进的空中侦察

① Eric Denécé, *Les services secrets français sont-ils nuls*? Paris: Ellipses Editions Marketing, 2012, p. 340.

系统作为补充"[①]，从而奠定了具有情报自主能力的唯一欧洲国家的地位。然而，鉴于新风险和新威胁的不断出现以及法国军事情报工作的既有不足，新时期的法国军事情报体制改革还面临这样或那样的挑战。

一、需要进一步培育情报文化，理顺决策与情报关系

关于"情报文化"这个术语，前文已有多次提及。当前，国内外学界对这一概念的确立尚未完全达成共识，理解也不够统一。法国情报学者德纳塞曾经有过这样的描述："情报文化反映的是一个民族共同体所维持的自身与情报工作的关系。"[②] 这与国内学者高金虎的理解基本趋同："情报文化是一个国家或民族的思想在情报工作中的反映，它是一个国家或民族对情报工作的态度。"[③]

长期以来，法兰西民族纠结于情报的伦理与道德，而且将"知识"与"情报"看得泾渭分明，认为前者"合法、高尚"，后者则"违法、卑劣"。特别是法国军方长期存在着一种"崇尚正面对抗、排斥情报运用"的传统，直到1914年一战爆发前夕，法国人仍坚持"军官"与"间谍"的身份势不两立[④]。此外，尽管大多数的法国政治人物往往将情报机构视为自己的政治工具，但又常常对情报机构缺乏应有的信任，19世纪末"德雷福斯事件"的爆发更是加剧了最高决策层对情报机构的蔑视与怀疑。法兰西第五共和国成立后，"从戴高乐将军到雅克·希拉克，历届总统从未把情报纳入国家战略的有机组成，在实际工作中也很少求助于情报机构"[⑤]。显然，缺乏政

---

① Eric Denécé, *Les services secrets français sont-ils nuls*? Paris: Ellipses Editions Marketing, 2012, p. 304.

② Ibid., p. 36.

③ 高金虎：《试论情报文化对情报工作的影响》，《江南社会学院学报》，2010年12月，第12卷第4期，第77页。

④ Eric Denécé & Gérald Arboit, *Les Etudes sur le renseignement en France*, CF2R, Rapport de Recherche No. 8, Novembre 2009, p. 9.

⑤ Eric Denécé, *Les services secrets français sont-ils nuls*? Paris: Ellipses Editions Marketing, 2012, p. 304.

府的正确指导也就不会有好的情报工作，没有适当的情报控制也就不会有情报机构的性能评估。此外，由于“高卢人有一种‘自我鞭笞’的嗜好”[1]，法国媒体对情报机构卷入的政治丑闻一再放大报道，进一步助长了法国政治家和广大民众对情报机构的厌恶情绪。因此，在法国人的集体意识中，“情报的内涵显得异常负面，并且与‘间谍行为’、‘侵犯隐私’、‘扭曲伎俩’等概念很不公平地捆绑在了一起”。[2] 鉴于上述法国各界对情报和情报工作的态度，法国情报学者们习惯用“文化缺失”或“文化赤字”来形容本国的情报文化。

从20世纪90年代起，随着世界形势的急剧变化和国际关系的日趋复杂，法国的军政高层和民众越来越意识到情报在维护国家安全中的作用，而且这种意识因为2001年的“9·11”恐怖袭击事件而得到了进一步的强化。与这种观念的演变相适应，法国军事情报领域的学术研究逐渐成型，并在教育、科研和出版方面都取得了斐然的成绩。在情报工作方面，特别是萨科齐当选总统后，通过创建情报学院、构建法国情报界、设立议会情报评议会、公布国家情报战略等，逐步加强了法国情报机构的联系，促进了情报文化的传播。然而，反观这一系列调整与改革，尽管数量多、力度大，但是若认为法国的情报工作获得了意义非凡的改变还为时尚早，因为与优化情报工作性能相比，许多改革措施更多地偏重于对情报机构的重组和体系的构建，甚至是为了确保总统府对情报的严密控制。更何况与历届前任总统相比，萨科齐并未表现出对情报工作的更大兴趣，也没有更多地倾听情报机构的意见。所以，与其说法国情报界经历了一场“革命”，不如说“只是组织结构和制度框架得到了改变”[3]。

当下，情报工作是捍卫国家主权的 个关键因素，不仅有人精

① Eric Denécé, *Les services secrets français sont-ils nuls*? Paris: Ellipses Editions Marketing, 2012, p. 350.

② Eric Denécé & Gérald Arboit, *Les Etudes sur le renseignement en France*, CF2R, Rapport de Recherche No. 8, Novembre 2009, p. 9.

③ Eric Denécé, *Les services secrets français sont-ils nuls*? Paris: Ellipses Editions Marketing, 2012, p. 350.

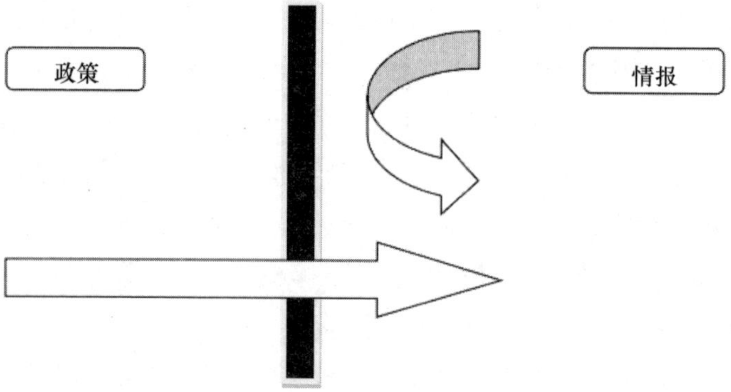

图7—2　政策与情报关系图

通情报工作，更要有人仰仗情报工作。法国要想维持本国的国际影响、控制自身的命运和拨开“战争的迷雾”，一方面军政高层必须认清“情报与国家安全息息相关”这一基本事实，改变对情报机构的态度，加大对情报工作的投入，尤其要处理好决策者与情报界的关系，在情报机构领导人的任命方面要任人唯贤而非任人唯亲，彻底破除“情报政治化”的顽疾。另一方面，法国情报机构必须恪守职业的客观性，坚持忠诚于国家而非决策者个人的原则，既不搞所谓的“安全工作演出”——“仅仅为了满足解决眼前的烦忧，局限于开展可见、可测、可曝光的工作”①，又要避免“政治化情报”② 的产生，切实为了“避免遭遇战略空袭”而存在和发展。因为，只有这样理顺了上下级关系，并坚持洛文塔尔崇尚的“政策与情报泾渭分明”的原则——决策者提供情报需求和指导，情报界为政策制定提供支持（图7—2）③，法国的情报机构才能发挥应有职能，情报工作才能获得良性发展。

---

① Eric Denécé, *Les services secrets français sont-ils nuls*? Paris: Ellipses Editions Marketing, 2012, p. 324.

② 在洛文塔尔看来，如果情报官员对某项具体政策的结果带有强烈的偏好，其情报分析就可能带有类似倾向，从而威胁到分析结果的客观性，这种情报即为“政治化情报”。

③（美）马克·洛文塔尔著，杜效坤译：《情报：从秘密到政策》，北京：金城出版社，2015年版，第101页。

二、需要进一步聚焦防务安全，优化协同与分工关系

法国军事情报局从成立之初就“快速孕育了一种‘三军联合情报文化’”①，并在随后的科索沃战争中经受了前所未有的新型武装冲突的历练。2014年，在军事情报局的主导下，法国国防部在作战规划与开展中心之下先后构建了“埃梅斯”和“安拉”工作小组，借此将法国情报界中不同部门的情报分析师、语言人才和联络官统合到一体化的平台，有效推动了六大专业情报机构的互助与合作。然而，鉴于军事行动中分工与协同的辩证关系——“分工是协同的‘机器零件’，协同是分工的‘机器系统’”②，情报机构间除了要有密切的协同还要有科学的分工，否则可能会出现机构权责的重叠与竞争，产生所谓的“烟囱难题”③。不可否认，“军事攸关情报”概念的提出符合军事情报的广义内涵——“已获得的敌方军事、政治、经济、科学技术、地理等方面的情况”④，这虽然有助于军事情报工作的大力拓展，但也容易使军事情报局与其他情报机构之间产生职能上的交叠与竞争。

一方面，除了纯粹意义上的军事情报，军事情报局要搜集政治和战略情报，而这类情报工作属于对外安全总局的传统领域，加之两个机构都负有技术情报搜集的职责，所以合作的同时难免产生“烟囱问题”，不仅在军事行动的规划和开展上偶尔产生“打乒乓球”⑤ 的现象，而且在包括与美国国家空间地理情报局在内的国际情

① Michel Masson, *Les défis du renseignement militaire*, Paris: Choiseul, 2008, pp. 9 – 18.

② 夏韵芳：《军事辩证法讲话》，北京：解放军出版社，1986年版，第112页。

③ 所谓“烟囱”，指的是“工作内容（情报搜集或情报分析）相似或类似的情报机构往往相互竞争”。参见（美）马克·洛文塔尔著，杜效坤译：《情报：从秘密到政策》，北京：金城出版社，2015年版，第438页。

④ 闫晋中：《军事情报学》，北京：时事出版社，2003年，第15页。

⑤ Jean-Dominique Merchet, *Renseignement: la partie de ping-pong entre DGSE et DRM*, http://www.lopinion.fr/edition/politique/renseignement-partie-ping-pong-entre-dgse-drm – 55449, le 15 Septembre 2015 à 15h36.

报合作方面出现了谁是主要伙伴的竞争①。另一方面，虽然了解市场和竞争的任务超出了军事情报局的职业范围和使命，但它除了通过了解外军的综合实力、武器装备需求等信息来协助法国军工产业发展外，也会搜集国外经济情报并提供相关国家的安全形势评估，帮助法国国有企业进驻海外、拓展市场，这不仅与对外安全总局的对外情报工作有所重叠，也与法国专门负责经济情报②的机构职能有所交叉。虽然这些情报搜集上的“烟囱问题”不一定来自“蜂群抱团”的动力，即“可以让情报搜集人员表明他们正在为高价值问题工作，不论其得出的请报价值如何，都对其在下一轮预算分配中继续取得成功有重要意义”③，但机构职能上的交叠与竞争有时会浪费资源，甚至会达到有害的程度。

2015 年 1 月 7 日至 9 日，法国遭遇了多起恐怖袭击。为了向法国民众表明军队在危机时刻能够保证民众安全、打击潜在恐怖分子，法军随后出动部队实施“哨兵行动”（l'Opération Sentinelle），即在本土部署兵力以应对恐怖主义威胁、保护领土上的关键地带，目前该行动仍在继续，2017 年 2 月的兵力部署为 7000 人。为了支援这一行动，军事情报局与国内情报总局和领土情报中央处（le Service central de renseignement territorial，简称 SCRT）都参与了其中的情报搜集，这既显示了防务与安全的互不可分，也在军事情报机构与民事情报机构之间进一步显示了分工与协同的重要性。更何况长期以来，法国在全球各地不间断地同时开展着多项军事行动，这就意味着法军需要同时部署多条“国家情报链”（les chaînes nationales de

① Intelligenceonline：*DGSE et DRM courtisent la NGA*，https：//www.intelligenceonline.fr/renseignement-d-etat/2014/12/10/dgse-et-drm-courtisent-la-nga，108051949 – ART.

② 法国区分两种经济情报，一种是经秘密渠道搜集的经济情报（le renseignement économique），由法国情报界中的国家海关调查情报局和反非法金融流转情报处理和行动处两大专业情报机构负责；另一种是经公开渠道搜集的经济情报（l'intelligence économique），属于开源情报。

③（美）马克·洛文塔尔著，杜效坤译：《情报：从秘密到政策》，北京：金城出版社，2015 年版，第 101 页。

renseignement)，尽管“法国当前的军事情报能力足以应付各类威胁，但也已经达到了它的极限”[1]。在这种背景下，优化军事情报机构的分工与协同越发成为一种挑战。意大利将军朱里奥·杜黑（Giulio Douhet）曾说：“战争中使用陆、海、空军力量都应为着同一个目的——胜利。为了获得最大效果，这些力量应当充分协同并相互协调。”[2] 当前，法国各军种都已建立了各自的侦察情报机关和部队，但如何在最高军事情报机关的指挥下实现联合情报支援，这也是对法军的一大考验。

三、需要进一步加强法律建设，实现情报工作规范化

不难看出，在目前法国的情报控制体系中，相对于立法机构的情报控制，以情报机构监察部、军队总监察部、国家警察总监察部(l'Inspection générale de la police nationale，简称 IGPN)[3]、行政文件知情权委员会、国家信息技术与公民自由控制委员会、国家情报技术控制委员会和国防秘密咨询委员会为主构成的行政控制占据主导地位。由于“情报机构本身就是政府行政部门的组成部分之一，以总统为首的行政机构在情报控制中同时扮演着‘运动员’和‘裁判员’这两种相互对立的角色”[4]，所以在情报控制方面很难保证不会出现滥权现象，也就很难确保情报机构及其活动是否完全符合法国宪法和有关法律法规的要求。要解决这一问题，必须要加强法国议会的外部控制能力，其中一项重要工作就是加强情报法律建设，这是立法机构实施情报控制的主要手段。

情报法律是“情报机构及其活动必须遵守的强制性规范，也是

---

① Michel Masson, *Les défis du renseignement militaire*, Sécurité Globale, n°4, 2008, p. 20 www. diploweb. com/Les-defis-du-renseignement. html.

② （意）朱里奥·杜黑著，曹毅风、华人杰译：《制空权》，北京：解放军出版社，2014 年版，第 74 页。

③ 国家警察总监察部为法国国内安全总局等国内情报力量的内部控制机构。

④ 张晓军等：《美国军事情报理论研究》，北京：军事科学出版社，2007 年版，第 176 页。

保证情报机构高效、合理、正当地履行职责的根本依据”。① 毕竟，“进行组织改造只是问题的一个方面，提供制度保障，确保组织的有效运行也非常重要”②。包括美国、俄罗斯、英国在内的世界情报大国，都依据自身的特点为本国情报机构制定了相应的法律制度，以明确其职能定位和法律权限。尽管法国也曾先后颁布了《电信发送邮件保密法》《国防秘密保护法》《反恐法》等一系列法律法规，但始终缺乏针对情报机构活动的专门法律。2008 年的法国《国防和国家安全白皮书》指出，“当今的情报活动并不具备一个清晰和足够的法律框架，这一空白应该予以填补”，并要求制定一部新的法律条文来确定情报部门的使命，在尊重公众自由、保障司法追究效率和保守秘密之间实现平衡的基础上，对法国的情报工作做出具有法律性质的改进。这项被白皮书称为“整体、系统和长远的措施”直到 2015 年 7 月才以《情报法》的颁布得以落实。

然而，尽管《情报法》规定其中的所有条款均适用于隶属于国防部长、内政部长以及主管经济、预算或海关事务的各位部长的所有机构，且法国时任总理瓦尔斯声称该法的实施将使法国情报机构拥有极其有效的对付恐怖主义的工具，但它的出台不仅引发了法国政治家和公众的各种担忧与争论，就其实质而言也有很大的不足。因为严格来讲，它是一部情报技术法，只是准许法国警察、宪兵以及其他安全与海关部门在法国境内使用这些情报技术，法国对外安全总局、军事情报局和防务情报与安全局等军事情报机构在境外的情报活动却与此没有太大的关联。所以，法国在军事情报工作方面的法律法规建设还将有一个过程，其军事情报机构的活动尚需进一步的明确规范。

---

① 张晓军等:《美国军事情报理论研究》，北京：军事科学出版社，2007 年版，第 203 页。

② 陈学惠:《美国俄罗斯日本军队指挥体制改革经验分析》，《中国军事科学》，2010 年第 6 期，第 131 页。

四、需要进一步厘清利益关系，统筹情报竞争与合作

情报活动所关注的主要领域，是敌对国家以及国际组织、恐怖集团等重要的非国家行为体的政策、行动与能力。冷战结束后，西方国家之间的关系发生了深刻变化，各方力量此消彼长，战略、安全和经济利益的差异也越来越大，即使是盟国内部也摩擦不断，矛盾不断增加。只要有主权国家存在，情报竞争就会仅仅围绕着国家利益这一主体目标而展开。

法国与美国历史悠久，但二战结束后两国一直保持着“爱与恨的关系”，而且随着2002年底至2003年初美国和法国在联合国的针锋相对[①]，“法国对美国的背叛似乎永无止境”。[②]

其实，法国与美国之间的情报战早在冷战时期就已打响。马里翁曾公开承认，他以前领导的国外情报暨反间谍局特别强调针对美国等同盟国家的经济间谍活动。1991年海湾战争结束后，时任法国总统密特朗把对外安全总局的预算提高了10%，并扩大人工情报的数量和质量。这一时期，法国的间谍活动“集中在直接同法国公司竞争的美国领先的航空和航天及防务承包商，还有他们研究中的重要技术成果以及销售策略”[③]。在呼吁欧洲各国加强合作以提高对美国“梯队”间谍监听网的防护能力的同时，法国政府同样重视监听工作，监听系统的发展迄今已有40余年[④]，为此对外安全总局的预算每年都在增长。至今，法国已在本土和海外建立起了“共和国的大耳朵”，监听范围包括美国等盟国，甚至欧盟国家在内的所有国家，优先监听目标是能够提供政治和经济情报的通信卫星，特别是

① 指2003年美国发动伊拉克战争之前，法国努力说服联合国安理会成员国投票反对任何可能授权对萨达姆·侯赛因政权使用武力的决议。

② （美）肯尼思·R. 蒂莫曼著，陈平译：《法国对美国的背叛》，北京：中央编译出版社，2010年12月版，第1页。

③ 同上书，第205页。

④ 1974年，法国国外情报暨反间谍局在多姆市的无线电监听站安装了第一部卫星天线，以截取国际通信。

对军方、外交使团和大公司所租用线路的通信信号进行拦截。

当然，国际情报战线也有合作，特别是国际恐怖主义与有组织犯罪活动的不断猖獗，对许多国家的安全构成的威胁越来越大，迫切需要情报机构之间展开合作与交流。早在20世纪90年代，法国对外安全总局等情报机构就收集了有关“基地”组织的情报并将其通报美国，以提醒克林顿政府提防即将来临的恐怖威胁①。“9·11”事件发生后，法国总统希拉克应美国总统布什的请求，于2002年4月在巴黎组建了由美国资助、名为“同盟基地”（Alliance Base）的跨国机构，在法国对外安全总局一名将级军官的领导下专业从事反恐斗争，成员包括美国的中央情报局、德国的联邦情报局、英国的军情五处和军情六处等盟国的情报机构，此外还有加拿大与澳大利亚情报机构的代表参与其中。尽管因为伊拉克战争使法美关系一时变冷，但两国在反恐方面的密切合作从未间断，特别是在阿富汗战场上树立了“世界上最好的合作典范”②。在2010年以来法国开展的多次对外军事行动中，美国都向法军提供了情报、后勤或空运支持。而作为北约的创始成员国，在2009年重返北约军事一体化指挥机构前后，法国始终没有脱离该组织的内部情报合作机制。如前文所述，在海湾战争中，法国军方利用“斯波特”卫星为盟军提供了大量战区军事目标的遥感图片；在科索沃战争中，法国动用参战部队为北约部队履行了20%的侦察任务；2010年2月，军事情报局为了加强与北约情报工作的协调与对接，参照北约标准成立了J2办公室。同年3月16日，北约在罗马尼亚西北部的奥拉迪亚市（Oradea）组建了名副其实的间谍学校——“间谍和反间谍精英中心”（le Centre d'excellence en espionnage et contre-espionnage），为包括法国在内的盟国军队培养情报人员，以便在冲突地区从事战略情报搜集。

① （美）肯尼思·R. 蒂莫曼著，陈平译：《法国对美国的背叛》，北京：中央编译出版社，2010年12月版，第2页。

② 2009年夏，由于奥巴马政府与美国情报界出现了信任危机，“同盟基地”走向了合作的终点。

随着冷战后欧洲一体化步伐的加快和美欧关系中对立成分的增加，欧盟一直试图摆脱美国的情报控制，建立一套统一的欧洲情报体系，并将建立欧盟各国联合情报机构和情报力量的必要性写入了1992年的《马斯特里赫特条约》。然而直到20世纪90年代末，欧盟才开始讨论制定统一的情报政策、组建相应跨国情报机构等问题。尤其是法国希望与欧盟各国的情报机构实现工作联合和情报共享，并在反恐和打击有组织犯罪、构建欧洲民事保护手段、协调预防网络攻击、保障能源和战略原材料安全等领域加强欧盟内部合作。1998年12月4日，英法两国领导人签署了《法英欧洲防务宣言》，认为有必要向欧盟提供“进行形势分析的全部资料、情报来源以及制订战略计划所必需的资源”。1999年，欧盟国家领导人商定建立自主的、应对国际危机所必需的情报渠道，此后通过了建立一系列机构①的决议。

如实说，欧洲统一情报体系的建立将会困难重重。一方面，以美国为主导的北约的存在，盎格鲁－萨克逊人的“梯队”全球电子侦察系统的构建，以及2016年6月英国从欧盟的退出，都严重妨碍着欧盟联合情报机构的形成以及欧盟独立情报政策的实施。另一方面，欧盟内部的发达国家固有的保守主义思想和官僚主义式的冷漠也影响了欧盟国家在情报领域的进一步合作。更何况，情报机构自身的特殊性决定了情报机构之间的合作只能是在有限领域的有限合作，同时合作也是为了服务于情报竞争，以更好地保护本国的利益。所以，法国未来如何厘清安全利益上的抵触与契合，如何统筹情报领域的竞争与合作，也是其军事情报体制面临的一大挑战。

---

① 目前，在欧盟框架内从事情报活动的机构主要有欧洲对外行动处（le Service européen d’action extérieure）、欧盟军事参谋部情报科（la Division renseignement de l’Etat-major de l’Union européenne）、欧盟卫星中心（le Centre satellitaire de l’Union européenne，简称CSUE）、伯尔尼俱乐部（le Club de Berne），等等。

本章小结

本章从汲取法国违反情报科学原理、有损情报战略职能的深刻教训的角度，首先对冷战后法国军事情报体制改革的不足进行了评析，指出它在情报与决策关系、情报监督机制、情报协调体系、情报机构编制方面存在的问题；继而从理顺情报与决策关系、优化情报协同与分工、加强情报工作法律建设和统筹情报竞争与合作四个方面分析了法国军事情报体制改革面临的挑战。换言之，尽管冷战后法国军事情报体制改革获得了很大的进展、取得了很多的成效，但远未达到尽善尽美的最佳状态。这充分说明，任何改革并非一劳永逸，法国军事情报体制的改良、重组或调整，将是一个与国家安全形势和任务同步发展的动态过程。

第八章　结语

冷战的结束和新战略时代的开启，特别是以信息技术为核心的高新技术的迅猛发展，对武器装备的改进、军事思想和战争形态的变化以及军队编制体制的调整均产生了重大而深远的影响。尤其是全球化在给世界各国带来发展机遇的同时，也使世界各国面临的安全威胁不断增加，除了传统的政治军事安全外，非传统安全因素日益凸显。在这种新的国际背景下，为了更好地捍卫国家利益和安全，冷战后的法国多次对其军队进行了大规模重组，应该说，新世纪法国的军事转型取得了相当大的进展，军队专业化素质大幅度提高，快速反应能力、联合作战能力都有较大提升。西方人认为，就整体而言，当前只有英军和法军能够与美军保持一致①。

军事辩证法认为，"军事形式与军事内容是对立的统一，军事形式必须与军事发展的实际内容相适合，并且要随着内容的发展而发展。"② 作为"进行军事决策、作战、指挥和军事训练的重要依据以及取得战争胜利的重要条件"③，军事情报的建设必须与时俱进，其体制也必然要与军队建设和未来战争相适应。冷战结束后，法国抓住信息技术发展和新军事变革的机遇，通过持续不断地调整与改革来满足军队在维护国家安全方面的情报需求。这正是本书的研究主题。

---

① John Brosky, *France Boosts Defense Spending*, The Journal of Electronic Defense, October 2002, p. 43.

② 夏韵芳：《军事辩证法讲话》，北京：解放军出版社，1986 年版，第 93 页。

③ 刘宗和：《军事情报（中国军事百科全书第二版学科分册）》，北京：中国大百科全书出版社，2007 年版，第 1 页。

一、研究成果

综观全书，笔者基于法国的政治与军事强国地位、悠久的军事情报传统、独特的军事情报体制、持续的军事情报改革以及特有的学理价值与现实意义，选取冷战后法国军事情报体制改革进行专题研究，在简要回顾冷战期间法国军事情报体制建设及其困境的基础上，分别对1990—2000年、2000—2010年和2010年至今法国军事情报体制改革的成因与举措进行了系统梳理与分析，并以特点、成效、不足与挑战为视角对三个历史时期的改革做出了较为客观的评析。综合来看，笔者认为本书研究取得了如下成果：

第一，所预设的“战略断裂”与法国国防政策和情报改革之间的因果对应关系基本成立，冷战后法国军事情报体制改革的历史分期较为合理。1990—2000年，一方面，在华约组织解体、欧盟条约生效、欧洲军团成立、法军职业化、新军事革命发展的战略背景下，特别是在海湾战争的直接刺激下，法国实施了军事情报机构层面的改革；另一方面，在加大军队境外投送能力的国防政策指导下和新情报观的引领下，加快了军种层面的情报力量建设。2000—2010年，在“9·11”事件爆发、金融危机肆虐、法国回归北约以及传统情报工作方式面临挑战的复杂情势下，特别是在“了解与预测”被确立为战略职能的推动下，法国从战略层面加大了对情报体制的改革。2010年至今，在阿拉伯国家动荡、美国战略重心转移以及法国密集开展对外军事行动的新形势下，新时期的国家安全战略与防务政策将情报工作确立为优先事项，法国由此进一步加快了军事情报体制的优化与调整。

第二，法国在推进军事情报体制改革的过程中，在不同的历史时期改革各有侧重。1990—2000年，法国在加强情报行政控制、壮大军种情报力量的同时，重点通过设立军事情报局，在政府层面实现了军事情报力量的有效整合。2000—2010年，法国不仅进行了军事情报机构的内部调整，推动了军种情报力量的扩充，而且通过设立国家情报委员会、国家情报协调官和议会情报评议会，重点确立了国家层面的情报领导、协调与控制机制。2010 年至今，法国进一步完善情报的协调与控制机制，持续优化情报机构的组织格局，尤其是通过设立陆军情报指挥部、海军与空军情报中心，重点强化了军种侦察情报力量的统一指挥，而网络防御的建设与发展也是这一时期的优先事项。

第三，冷战后法国军事情报体制改革有其特点与规律，也有其成效与不足。近 30 年来，法国每一次情报观的创新都引领着军事情报体制的改革，而每一次重大的对外军事行动不仅有效检验了法国的军事情报工作，更对其军事情报体制改革产生了直接的推动作用。在历次体制改革中，军事情报机构的内部设置都会经历重组或调整，而以行动处为代表的情报行动力量不仅得以维持，而且还会得到进一步的发展和壮大。正是通过持续不断地调整与改革，法国的军事情报力量得到了加强与整合，军事情报体制得到了优化与完善，从而使法国成为欧洲实现情报自主的唯一国家，较好地满足了法国的安全需要和防务需求。同时，随着情报领导、协调与控制机制的逐步确立，法国军事情报机构、军种侦察情报力量之间互助合作的程度进一步加深，而安全防范机制的逐步健全也使法国的军事情报工作得到了有效保护。当然，尽管经历了长期的改革，法国军事情报体制依然存在着情报政治化、民主监督不力、工作重心失衡、情报资源受限等不足，也面临着培育情报文化、优化协同与分工、加强法律法规建设、统筹竞争与合作等挑战。

二、研究启示

尽管每个国家都以特定的或独特的方式来实施情报活动，且其“情报机构的组织结构也反映出该国鲜明的民族和政治发展情况”，但是作为西方国家独树一帜的“世界上孤独的‘抗衡力量’”①，法国冷战后军事情报体制改革的优长和短板于我国也有一定的启示作用。

（一）创新情报认识，打牢军事情报改革的思想基础

只有思想重视，才能自觉行动。一个国家或民族的情报观，包括对情报性质、作用、影响和价值的认识，是形成军事情报思想、指导军事情报实践的基础，是战争观在军事领域的延伸②。由于情报工作是维护国家安全的重要组成部分，所以法国自冷战结束以来对情报的认识逐步深入。20 世纪 90 年代，法国在其冷战后的第一份国防白皮书中将情报确立为一种“战略工具”和一种“主权手段”，而且在 1992 年成立军事情报局的法令中就提到了内涵比传统“军事情报”更为宽泛的“军事攸关情报”，随后在国防部和军队的官方文件中都更为频繁地使用这一概念。进入 21 世纪后，法国在其国家安全战略中将“了解与预测”确立为一种“战略职能”排在五大职能之首，并且指出“情报在了解与预测职能中发挥着核心作用”。所有这一切，都充分体现了法国军政决策层对情报工作的深入理解和高度重视，正是在这种认识指导下，冷战后法国对其军事情报体制进行了多次调整与改革，由此逐步建立起相对完善的军事情报体制。总体而言，我国的政治和军事决策层对情报向来都有正确的认识，而且随着战争的历练与和平时期的开展，我们国家和军队形成了优良的情报传统。但也应看到，我们的情报观中尚存在一些不够积极的因素，对情报在战争与军事行动中的地位和作用还需进一步提高认识。为此，我们应十分重视情报教育，培养正确的情报观，从而破除理念和认知上的阻力，为我国的军事情报改革打牢思想基础。

只有重视研究，才能保持创新。长期以来，法国处于情报文化

---

① （美）肯尼思·R. 蒂莫曼著，陈平译：《法国对美国的背叛》，北京：中央编译出版社，2010 年 12 月版，第 318 页。

② 刘宗和：《军事情报（中国军事百科全书第二版学科分册）》，北京：中国大百科全书出版社，2007 年版，第 143 页。

“缺失”的状态，在20世纪90年代以前，除了前情报机构人员的回忆录以及新闻记者的报道文章外，法国针对情报开展的学术性研究几乎不存在。20世纪90年代以后，随着国家安全形势的变化，法国的政治家、军方领导和广大民众越来越意识到情报在维护国家安全中的重要作用，法国在军事情报领域的教育研究逐渐蔚然成风，不仅教学日益普及，取得了丰硕的学术成果，而且丛书出版增长迅速，促进了情报文化的传播，此外还成立了包括法国情报研究中心在内的许多独立智库，开展情报方面的专业研究。虽然说法国的情报文化培育依然面临很大的挑战，但相比以前已经有了较大的改观，而且也确实为法国的情报改革工作提供了很大的智力支撑。有鉴于此，我们在奋力实现新形势下的强军目标的进程中，要认清情报研究的重要性，鼓励和扶持军内外专家与学者对军事情报工作展开研究，从而促进情报机构改进工作方式，避免情报失误发生，为军事情报改革提供理论参考。

（二）加强协调控制，提高军事情报体制的运行效能

一方面，情报协调是“20世纪情报改革的主基调”，情报协调体系是情报体系的重要组成部分，是关系到整个情报界工作效率的重要一环。在这方面，法国不仅建立起了包括国防与国家安全委员会、国家情报委员会和国家情报与反恐斗争协调官在内的领导与协调机制，还在各大情报机构的内部设立了行使协调职能的机关或单位，各军种也都设立了自己的情报中心，特别是陆军成立了情报指挥部以加大对侦察情报部队的指挥与协调。另一方面，法国以成立国家安全拦截控制委员会为起点，不仅确立了行政系统的情报控制机制，还在情报机构的内部设立了对应性很强的监察机制。尤其是情报机构监察部在总理的领导下履行情报监督职责，其成员不仅具有专业的监察技能，而且因来自政府多个部门而具有广泛的代表性，从而对情报机构实施有效的控制、审查、研究和评估。

当前，在我国安全面临的现实威胁呈上升趋势的背景下，“我国国家安全内涵和外延比历史上任何时候都要丰富，时空领域比历史上任何时候都要宽广”，为此中央适时提出了“总体国家安全观”，在致力于构建集十一种安全于一体的国家安全体系的论述中，特别指出军事安全在国家安全中占有极为重要的地位，军事手段在维护国家安全中发挥着至关重要的作用。而为了服务于军事斗争，确保我军“能打仗、打胜仗”，我们必须高度重视军事情报工作。《中华人民共和国国家安全法》第五十一条规定：“国家健全统一归口、反应灵敏、准确高效、运转顺畅的情报信息收集、研判和使用制度，建立情报信息工作协调机制，实现情报信息的及时收集、准确研判、有效使用和共享。”① 在这一法律指导下，我们必须考虑建立国家情报协调体系和情报手段共享体系，打造具有中国特色的一体化情报体系，既要加强情报协同，又要注意明确分工，防止出现“烟囱问题”和“蜂群抱团”现象，减少浪费、提高效率，切实发挥情报工作“超级耳目”“隐形盾牌”“决策智囊”和“保障枢纽”的重要作用。此外，由于高技术条件下的任何大规模或较大规模的军事行动都是由陆、海、空三军联合协调实施，所以三军的军事侦察也必须联合协调，使从不同来源获取的敌方目标信息能够三军共享，以便最大限度地发挥三军的作战效能和作战潜力。

（三）均衡力量建设，构建情报侦察平台的多维体系

“情报搜集是情报活动的基石。”② 海湾战争结束后，法国军方对于自身在战争中对美国高技术侦察手段的过度依赖始终耿耿于怀，加之冷战后高新技术的飞速发展为创新技术手段和更好地维护国家安全提供了可能，所以海湾战争后法国在指责“美国总认为在人类事务中技术可以取代政治”③ 的同时，克服了以往战略家们“忽视

---

① 《中华人民共和国国家安全法》，http：//news. mod. gov. cn/headlines/2015 –07/01/content_4592594. htm。

② （美）马克·洛文塔尔著，杜效坤译：《情报：从秘密到政策》，北京：金城出版社，2015年版，第93页。

③ （美）迈克尔·奥汉隆著，王振西译：《高科技与新军事革命》，北京：新华出版社，2001年版，第209页。

技术因素”的通病[①]，迅即成立了军事情报局，以重点开展图像情报、电磁情报等技术情报的搜集。经过二十余年的发展，法国逐步构建起多维化的情报侦察平台，成为“包括美国、俄罗斯、英国和以色列等在内的唯一具有覆盖全球的侦察能力的五大国之一”[②]，从而实现了情报领域的战略自主。如果说海湾战争的教训直接推动了法国技术情报工作的发展，那么法国在中东地区特工的短缺同样使法国开始关注其人力情报工作的不足。所以与其他西方国家情报机构不同的是，冷战后的法国情报机构总体上未走从缩减到再加强的弯路，而是基本处于不断扩大之中，特别是随着反恐斗争形势的日益严峻，人力情报的重要性更加凸显，法国一方面大力加强军事情报机构的人力资源建设，另一方面各军种先后改组或新建了多支人力情报侦察部队，以专业从事情报搜集，并加大统一指挥，强调联合作战。

《中华人民共和国国家安全法》第五十三条规定：“开展情报信息工作，应当充分运用现代科学技术手段，加强对情报信息的鉴别、筛选、综合和研判分析。”[③] 与法国当前“各方面的需求很多，而国家资源有限，负担不起”[④] 的困境不同，我国经济实力不断增强，国家工业化、信息化进程加快，创新型国家建设深入推进，国家所具有的高科技基础和较为雄厚的财力已成为我国军事情报机构使用技术手段获取情报的物质保证。法国情报专家德纳塞曾说，“虽然中国一直竭力地在世界范围内扩展自己的情报网络，但目前还尚未达到覆盖全球的技术侦察能力。”[⑤] 时移事易，更何况我国的科技进步一

---

① 纽先钟：《西方战略思想史》，桂林：广西师范大学出版社，2003 年版，第 162 页。

② Eric Denécé, *Les services secrets français sont-ils nuls?* Paris: Ellipses Editions Marketing, 2012, p. 353.

③ 《中华人民共和国国家安全法》，http://news.mod.gov.cn/headlines/2015-07/01/content_4592594.htm。

④ （美）保罗·肯尼迪著，陈景彪等译：《大国的兴衰》，北京：国际文化出版公司，2006 年版，第 479 页。

⑤ Eric Denécé, *Les services secrets français sont-ils nuls?* Paris: Ellipses Editions Marketing, 2012, p. 353.

日千里，且不管德纳塞的言论当今是否依然属实，这至少说明了构建一个由侦察卫星、雷达、侦察机、舰艇、监听系统以及其他经过革新的情报搜集技术手段构成的全球性侦察网络的重要性，毕竟技术情报虽然资金投入大，但情报收效高，而且直接关系到我国的情报自主。再者，鉴于越来越多的民事和军事活动是在网络空间之内或是通过网络空间来进行的，而所有这些工作均涉及电子、信息和通信，因此能监测并截获网络中所通过的内容就成了一项重要的挑战。显然，建立严密的网络防御指挥体制，并打造一支精英部队开展网络情报战，也是我军需要特别重视的发展方向。

同时我们必须看到，高科技给西方国家带来的优势并没有取代人力情报的作用，在一些冲突的关键时刻，还必须借助人力手段进行情报搜集。因为再先进的技术手段也有它的局限性，只能是人力手段的帮助与补充，人力手段才是情报搜集的核心。特别是在进入 21 世纪以来，随着情报机构包括经济科技情报搜集、反恐怖和反有组织犯罪斗争、加强军控与防扩散以及隐蔽行动等任务的多元化，更加需要人力手段搜集情报，所以我国在运用高科技构建技术情报侦察平台的同时，必须注重人力情报手段的建设。此外，鉴于公开来源情报研究分析具有全面性和战略性，我们还需加强公开情报研究，以弥补技术与人力手段的不足。总之，我们应尽力发挥多种情报搜集手段的优势，以高技术侦察手段为主导，充分发挥人力情报和开源情报的优势，构建全方位、实时立体的情报侦察网络，扩展情报搜集源，以便能够取长补短、加强相互印证，生产出可信度更高的“融合性情报”，满足军事活动需求，提升军队战斗力。

（四）重视情报行动，构建传统军事行动的必要补充

美国情报研究领军人物艾布拉姆 · N. 舒尔斯基在谈到情报的组织属性时指出，“虽然组建情报机构的目的是增强其保密能力，但除了信息职能外，情报机构也可以被赋予某些特定职责，如通过秘密活动以更直接地推动政府对外政策目标的实现”。[1] 法国就是一个非常重视这种情报机构“特定职责”的国家。尽管在法国情报学者的眼里，情报搜集需要的是“审慎、坚忍的特质与长期作战的心理准备”[2]，而“行动”具有突然性、快速性且面临很大的风险，法国军方却更乐意将二者融为一体，对外安全总局作战局下的行动处就是一个很好的例证。当然，它的存在在法国政界向来引起很大争议，如1993年担任合作部长的米歇尔·鲁森（Michel Rossin）认为，在对外安全总局保留一支规模不小的作战队伍没有必要，故建议时任政府总理希拉克将行动处并入特种作战指挥部[3]。尽管如此，在经历多次改革的法国军事情报体制中，这支情报行动力量都能得以维持、发展和壮大，并且在冷战后的安全任务和军事行动中都发挥了十分重要的作用。除此之外，法国在各军种还建有多支情报与行动部队，如陆军编成中的第1海军陆战队伞兵团，除了实施特种情报侦察，还可凭借对敌打击的技术进行暴力摧毁和破坏活动；海军的作战突击队与空军的伞兵突击队同样都具有侦察打击一体化的职能。

事实上，尽管“英国、美国、俄罗斯、以色列的情报机构中并不存在像法国这样配备空军中队和数百名作战人员的情报行动部队”[4]，这些情报大国一样十分重视隐蔽行动，只是对此类行动的叫法不同，如英国称“特别政治行动”（special political action），美国称“特别活动”（special activity），俄罗斯称“积极措施”（active measures）。毕竟，传统的军事行动和情报机构的隐蔽行动之间的界限本就比较模糊，更何况在“后冷战时代，在涉及出现大规模杀伤性武器扩散者、恐怖分子、毒品走私人员的情况下，采取某种隐蔽

---

① （美）艾布拉姆·N. 舒尔斯基、加里·J. 斯密特著，罗明安、肖皓元译：《无声的战争：认识情报世界》，北京：金城出版社，2010年版，第9页。

② Eric Denécé, *Les services secrets français sont-ils nuls*? Paris: Ellipses Editions Marketing, 2012, p. 200.

③ Ibid., p. 228.

④ Ibid., p. 228.

行动或许是首选的行动手段”。[①] 当前，我国国家安全和社会安定面临的危险和挑战增多，特别是反恐斗争形势严峻复杂，暴力恐怖活动范围不断扩大，组织更加严密，手段更加残酷，反渗透、反分裂和反颠覆的斗争一直存在，各种威胁和挑战联动效应明显。在这种形势下，我们可以考虑构建能力过硬的情报行动力量作为传统军事行动力量的必要补充，通过开展隐蔽行动对敌对势力的政治、军事、经济、社会事件及社会环境施加影响，从而更好地保护我们的国家利益和社会安全。

（五）优化情报教育，夯实军事情报工作的人才基础

法国元帅斐迪南·福煦（Ferdinand Foch）说：“如果我们的教育在战争发生时才开始，那么战争就将过去，而且结束的代价很可能十分悲惨。”[②] 而19世纪普鲁士军事理论家卡尔·冯·克劳塞维茨（Karl von Clausewitz）在谈到情报的“不可靠性和多变性”时指出，“这就要求军官具有一定的辨别能力，这种能力只有通过对事物和人的认识和判断才能得到”。[③] 冷战以后，特别是进入21世纪以来，随着世界新军事变革的发展、国际斗争形势的变化以及军事情报在信息化战争中作用的不断增强，法国非常看重军事情报教育，尤其注重情报分析人才的培养，所以在历次军事情报体制改革中都重视军事情报教育机构的整合与建设。凭借对军事情报教育的重视和投入，法国各种层级的训练院校和中心在这一时期陆续建立和发展起来，成为法国军事情报体制的重要组成。

与拥有“西欧地区规模最大的武装力量”这一状况相适应，法国设有各类军事院校和训练中心80余所，其中至少有8所专门从事

① （美）马克·洛文塔尔著，杜效坤译：《情报：从秘密到政策》，北京：金城出版社，2015年版，第240页。

② （法）费迪南·福煦著，军事科学院外国军事研究部译：《作战原则》，北京：军事科学出版社，1991年版，第5页。

③ （德）克劳塞维茨著，军事科学院译：《战争论（第一卷）》，北京：解放军出版社，2005年版，第78页。

情报人才的培养：国家级院校 1 所，即情报学院；跨军种院校 3 所，即三军情报培训中心、三军图像判读与培训中心和电磁发射培训与运用中心；军种院校 4 所，即陆军人力资源局副局长指挥下的陆军情报教学和训练中心、国家宪兵院校指挥局领导下的国家语言和国际事务培训中心、国家作战情报培训中心，以及空军的 20.530 情报培训大队（图 8—1）。此外，法国还在布列塔尼设立了网络精英中心。这些院校或机构层级和隶属关系各有不同，培训对象和内容也各有侧重，军事情报人才的培养机制日益成熟和完善，培养模式也更加专业和规范。

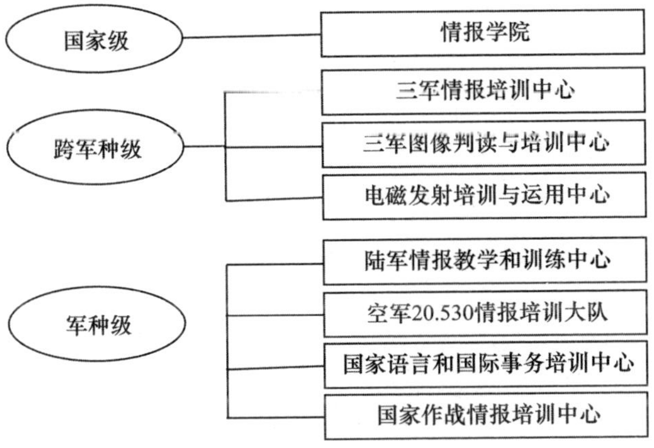

图 8—1　法军情报教育院校和机构图

“人才强则事业强，人才兴则军队兴”。毕竟未来战场上的高技术战争归根结底又是军事人才的竞争。随着世界大国进入新一轮军事战略调整期和武器装备升级换代期，新军事变革向纵深推进，信息化战争形态向更高更成熟阶段演进，信息化战争的特点更加显著[①]。“人员素质的高低与平时质量建设息息相关”[②]，着眼于实现强

① 寿晓松：《战略学》，北京：军事科学出版社，2013 年版，第 93 页。

② 军事科学院世界军事研究部：《战后世界局部战争史（第三卷）》，北京：军事科学出版社，2008 年版，第 147 页。

军目标战略性要求、打赢未来信息化战争，必须加强高素质情报人员队伍建设，尤其是情报分析人才建设，毕竟“情报分析是情报流程中最为重要的环节，高质量的情报产品出自高质量的情报分析，情报工作是否卓有成效，很大程度上依赖于情报分析的质量”①。我们必须把军事情报人才的培养与培训置于十分重要的地位，更新人才观念，充实培训内容，改进训练方法，注重一般知识与专业知识相结合、人力手段与高科技手段相结合，并进一步走向“军队院校教育、部队训练实践、军事职业教育三位一体”的人才培养路子，努力培养厚基础、宽口径、强能力、高素质的新型军事情报人才。

三、研究不足与展望

布洛克曾说：“学者最重要的责任是（在作过所有尝试后）接受自己的无知，并诚实地承认自己的无知。”② 尽管笔者在研究冷战后法国军事情报体制改革的过程中取得了些许成果，也获得了几点启示，但囿于个人的写作技能和学术视野，本书研究还存在着诸多不足。一方面，就题目而言，在“军事情报体制”还是“军事情报体系”的术语选择上尚存有一定的争议。究其因，限于国内现实的文献查证条件和法国独特的军事话语系统，笔者始终未能获得法国学术界对这两个概念的精准定义与明确区分；同时，在我国印发全军施行并供业界学者参考使用的权威工具书《中国人民解放军军语》中，也只有对“侦察情报体系”的定义，而无“军事情报体制”的专门解释。所以，国内学人在对上述两个术语的本质内涵与具体内容的理解上存在着一定的分歧。在这种情况下，笔者基于法语“组织”概念的内涵，对比、综合了国内军事工具书有关“体制”的定

① 高庆德：《军事情报分析模型建构》，北京：军事科学出版社，2010 年版，第 1 页。

② （法）马克·布洛克著，黄艳红译：《历史学家的技艺》，北京：中国人民大学出版社，2011 年版，第 71 页。

义，将“军事情报体制”界定为军事情报的“组织体系”及“相应制度”，进而根据“侦察情报体系”对“侦察情报力量”的包含关系，将法国陆、海、空三军乃至国家宪兵的侦察情报力量也纳入本书体制研究的框架下。这种研究范围的界定虽然有一定的理据，但毕竟缺乏最为权威和最为直接的概念支撑，故很难排除遭受质疑的可能。另一方面，就研究过程与结果来看，本书在法国军事情报体制改革的研究上缺乏与美国、俄罗斯、英国等情报大国间的横向对比。诚然，本书从事的是有关冷战后法国军事情报体制改革的专题研究，而非比较研究，但毕竟冷战后世界各国的情报改革都有一个共同的战略背景，即新军事革命和军事转型，而且只有通过一定量的历史比较分析，才能查找异同，进而探索世界大国情报改革的共性和法国军事情报体制改革的特性。从这个角度上说，缺乏宏观视野也是本书研究的一大缺憾。

因此，在克服国内外研究成果匮乏、权威概念支撑不足、个人研究能力有限等现实困难的基础上，笔者至此仅是完成了一项有关法国军事情报改革的基础性研究。鉴于“情报界永远不会达到其最终状态，人们会定期对其进行考查和做出组织性变动”①，加之“有关情报改革的争论似乎既无起点也无终点”②，所以本书的研究主题尚有很大的探讨空间，也有很强的研究价值。毕竟，军事情报体制遵循国家战略、军事战略和武装力量的任务决定，体现着一个国家和军队对军事情报工作的总体部署，决定着军事情报的搜集、分析、研究和处理等军事情报工作的全局。未来，笔者希冀在本书研究的基础上，一要将法国军事情报体制研究纳入世界大国同类研究的视野，以揭示军事情报体制改革的一般规律；二要深入研究法国军种侦察情报力量的建设与运用，以直接服务于未来可能的军事斗争；三要密切关注法国各种武装力量之间、法军与北约盟军之间的情报

---

① （美）马克·洛文塔尔著，杜效坤译：《情报：从秘密到政策》，北京：金城出版社，2015年版，第430页。

② 同上书，第429页。

互助与共享，以准确把握信息化战争条件下联合作战情报支援的普遍规律；四要继续跟踪法国正在进行的军事网络防御建设，以更好掌握信息化时代情报斗争与对抗的前沿态势。

致　谢

时光荏苒，忙忙碌碌间，五个春秋悄然远走！当年在临近不惑的时节，有幸跨学科攻读军事情报学专业博士研究生，既是幸运，又是磨练！如今为本书画上句号的这一刻，回首求学路上的点点滴滴，五味杂陈，感慨万千！然而，一切已然随风去，现在和未来只想表达的，就是“感谢！感谢！感谢！”

感谢我的恩师孙建民教授！您不嫌弃我在军事情报学专业上的一穷二白，引领我步入军事学领域的大门，纵然我前行的脚步有些蹒跚，但总会有您的鼓励萦绕在耳畔，回荡在心间。忘不了您的严谨治学，忘不了您的谆谆教诲，您虚怀若谷、厚德载物的人格魅力不断激励我奋勇向前。

感谢我尊敬的老师张晓军教授、许嘉教授、李耐国教授！你们深厚的学术造诣和睿智的专业思维深深地令我折服，感谢你们课堂内外的传道、授业、解惑，感谢你们对我论文撰写的期盼、叮咛与嘱托。

感谢李志东教授、申华教授、王亮教授、彭亚平教授、李德木教授、孙江副教授对我五年求学路上的关心、厚爱和帮助！感谢军事情报学专业帮助过我、鞭策过我的每一位老师！

感谢我的同事邵宇教员！为了让我有尽可能多的时间撰写论文，无论是专业教学还是执行任务，你总是冲锋在前。感谢我的同事陆巍教员！多次在百忙之中帮我规范论文格式，你总是毫无怨言。

感谢关心和帮助过我的所有领导、老师、学生和朋友！感谢在百忙之中评审我博士学位论文的各位专家和学者！

感谢我的妻儿！在过去的五年里，我对你们有太多的亏欠！感谢爱人的理解与奉献，感谢儿子的懂事与乖巧。感谢你们，我最坚强的后盾！感谢你们，我最温暖的港湾！

最后，感谢我自己，因为我没有选择倒下，纵然曾经有多难。感谢岁月对我的磨练！

2020 年 7 月

参考文献

一、中文文献

（一）著作

1. 蔡方柏：《从戴高乐到萨科齐》，上海：上海辞书出版社，2007年版。

2. 高金虎主编、勾宏展等著：《塞纳河畔的管子工——二十世纪法国情报机构绝密行动》，北京：东方出版社，2005年版。

3. 高金虎、吴晓晓：《中西情报思想史》，北京：金城出版社，2016年版。

4. 国家保密局法规室：《外国保密法律法规汇编》，北京：金城出版社，2009年版。

5. 军事科学院世界军事研究部：《世界军事革命史（上卷）》，北京：军事科学出版社，2012年版。

6. 军事科学院世界军事研究部：《世界军事革命史（下卷）》，北京：军事科学出版社，2012年版。

7. 李莉：《法兰西的狩猎人：法国情报机构揭秘》，北京：国防大学出版社，1998年版。

8. 李振宏：《历史学的理论与方法》，开封：河南大学出版社，1999年版。

9. 林聚任、刘玉安：《社会科学研究方法》，济南：山东人民出版社，2004年版。

10. 刘强：《战略预警视野下的战略情报工作》，北京：时事出版社，2014年版。

11. 刘强等:《情报工作与国家生存发展——基于西方主要国家的历史考察与思考》，北京：时事出版社，2014 年版。

12. 刘宗和:《军事情报（中国军事百科全书第二版学科分册)》，北京：中国大百科全书出版社，2007 年版。

13. 纽先钟:《第二次世界大战的回顾与省思》，桂林：广西师范大学出版社，2003 年版。

14. 纽先钟:《西方战略思想史》，桂林：广西师范大学出版社，2003 年版。

15. 情报与国家安全课题组:《情报与国家安全——进入 21 世纪的各国情报机构》，北京：时事出版社，2002 年版。

16. 全军军事术语管理委员会:《中国人民解放军军语（全本)》，北京：军事科学院，2011 年版。

17. 任国军:《美军联合作战情报支援研究》，北京：军事科学出版社，2010 年版。

18. 申华:《美国国家情报管理制度研究》，北京：军事科学出版社，2010 年版。

19. 孙建民等:《战后情报侦察技术发展史研究》，北京：军事科学出版社，2008 年版。

20. 孙建民、汪明敏 、杨传英:《情报战战例选析》，北京：国防大学出版社，2010 年版。

21. 孙武著，冯国超译注:《孙子兵法》，北京：商务印书馆，2012 年版。

22. 王保存:《世界新军事变革新论》，北京：解放军出版社，2003 年版。

23. 吴国庆:《法国》，北京：社会科学文献出版社，2003 年版。

24. 夏韵芳:《军事辩证法讲话》，北京：解放军出版社，1986 年版。

25. 杨毅:《国家安全战略理论》，北京：时事出版社，2008 年版。

26. 烨子:《谍影憧憧》,贵阳:贵州人民出版社,2011 年版。

27. 张长军:《美国情报失误研究》,北京:军事科学出版社,2006 年版。

28. 张晓军等:《美国军事情报理论研究》,北京:军事科学出版社,2007 年版。

29. 中国社会科学院语言研究所词典编辑室:《现代汉语词典》《第 5 版》,北京:商务印书馆,2011 年版。

30. 周建军等:《海战场侦察技术概论》,北京:国防工业出版社,2013 年版。

31. 资中筠、陈乐民:《冷眼向洋——百年风云启示录(上)》,北京:中国出版集团,2009 年版。

32. 左立平:《国家海上威慑论》,北京:时事出版社,2012 年版。

(二)译著

33. (美)艾布拉姆·N. 舒尔斯基、加里·J. 斯密特著,罗明安、肖皓元译:《无声的战争:认识情报世界》,北京:金城出版社,2010 年版。

34. (德)埃里希·鲁登道夫著,戴耀先译:《总体战》,北京:解放军出版社,2014 年版。

35. (法)安德烈·博福尔著,军事科学院外国军事研究部译:《战略入门》,北京:军事科学出版社,1989 年版。

36. (瑞士)安托万·亨利·若米尼著,盛峰峻译:《战争的艺术》,武汉:武汉大学出版社,2014 年版。

37. (美)保罗·肯尼迪著,陈景彪等译:《大国的兴衰》,北京:国际文化出版公司,2006 年版。

38. (美)本杰明·萨瑟兰著,丁超译:《技术改变战争:全球军力平衡的未来》,北京:新华出版社,2013 年版。

39. (美)比尔·欧文斯著,胡利平、李耀宗译:《拨开战争的迷雾》,北京:国际文化出版公司,2001 年版。

40. （法）菲利普·布莱著，孙羽译：《陆军特种作战旅》，北京：人民邮电出版社，2015 年版。

41. （法）菲利普·布莱著，孙羽、谢嘉译：《第 1 海军陆战队伞兵团》，北京：人民邮电出版社，2015 年版。

42. （英）J. F. C. 富勒著，绽旭译：《战争指导》，北京：解放军出版社，2014 年版。

43. （加）加隆著，吴金哲等译：《军事变革和现代战争》，北京：电子工业出版社，2016 年版。

44. （法）居伊·奥利维耶·富尔著，蔡晋译：《谈判专家：面对恐怖分子的战略、战术与政策》，北京：社会科学文献出版社，2012 年版。

45. （美）柯林斯著，军事科学院译：《大战略》，北京：战士出版社，1978 年版。

46. （美）肯尼思·R. 蒂莫曼著，陈平译：《法国对美国的背叛》，北京：中央编译出版社，2010 年版。

47. （英）李德·哈特著，纽先钟译：《战略论：间接路线》，上海：上海人民出版社，2010 年版。

48. （法）马克·布洛克著，黄艳红译：《历史学家的技艺》，北京：中国人民大学出版社，2011 年版。

49. （美）马克·洛文塔尔著，杜效坤译：《情报：从秘密到政策》，北京：金城出版社，2015 年版。

50. （美）马克思·布特著，石祥译：《战争改变历史：1500 年以来的军事技术、战争及历史进程》，上海：上海科学技术文献出版社，2011 年版。

51. （美）迈克尔·奥汉隆著，王振西译：《高科技与新军事革命》，北京：新华出版社，2001 年版。

52. （法）穆罗汉著，杨杰、袁俊生译：《21 世纪的战争》，北京：经济出版社，2003 年版。

53. （法）尼古拉·萨科齐著，曹松豪译：《见证——萨科齐自述》，上海：辞书出版社，2007 年版。

54. （苏）E. 契尔尼亚克著，傅师译：《秘密战五百年》，北京：群众出版社，1980 年版。

55. （苏）沙夫罗夫主编，王方仁等译：《局部战争今昔》，北京：解放军出版社，1984 年版。

56. （法）13^e RDP 著，禹力译：《法国特种部队档案揭秘：第13 龙骑兵团》，北京：人民邮电出版社，2015 年版。

57. （法）托克维尔著，冯棠译：《旧制度与大革命》，北京：商务印书馆，2013 年版。

58. （美）谢尔曼·肯特著，刘微、肖皓元译：《战略情报：为美国世界政策服务》，北京：金城出版社，2012 年版。

59. （法）雅克·哈尔斯特里克、法博利济奥·卡勒维著，唐伯新译：《无所不用其极——法国普通情报局内幕》，北京：法律出版社，2000 年版。

60. （美）约书亚·瑞夫纳著，张旸译：《锁定真相：美国国家安全与情报战略》，北京：金城出版社，2016 年版。

61. （美）詹姆斯·邓尼根著，军事科学院外国军事研究部译：《现代战争指南》，北京：军事科学出版社，1986 年版。

62. （意）朱里奥·杜黑著，曹毅风、华人杰译：《制空权》，北京：解放军出版社，2014 年版。

63. （美）兹比格纽·布热津斯基著，中国国际问题研究所译：《大棋局：美国的首要地位及其地缘战略》，上海：上海世纪出版集团，2007 年版。

（三）学位论文

64. 都凯：“俄罗斯军事情报体制研究”，解放军外国语学院硕士学位论文，2007 年。

65. 郭秉鑫：“德国联邦情报局建设与发展研究”，解放军外国语学院硕士学位论文，2015 年。

66. 梁险峰：“当前俄美反恐情报体制比较研究”，解放军外国语学院硕士学位论文，2015 年。

67. 彭著波："1999 年后印度情报体制改革研究"，解放军外国语学院硕士学位论文，2012 年。

68. 王铎威："美国空军情报体制发展研究"，解放军外国语学院硕士学位论文，2015 年。

69. 王军辉："二战后法国情报体制研究"，解放军外国语学院硕士学位论文，2006 年。

70. 王谦："利益博弈与美国情报界组织制度的变迁"，解放军外国语学院博士学位论文，2012 年。

71. 郜进平："冷战后法国情报体制改革研究"，解放军国际关系学院硕士学位论文，2014 年。

72. 杨旭涛："英国情报监督体制研究"，解放军外国语学院硕士学位论文，2013 年。

73. 赵世兴："信息化战争条件下美国军事情报转型研究"，解放军外国语学院硕士学位论文，2008 年。

（四）期刊论文

74. 陈学惠："美国俄罗斯日本军队指挥体制改革经验分析"，《中国军事科学》，2010 年第 6 期。

75. 高金虎："试论情报文化对情报工作的影响"，《江南社会学院学报》，2010 年第 4 期。

76. 孙建民："论军事情报史研究"，《情报学刊》，2015 年第 2 期。

77. 王亮："俄罗斯联邦情报管理体制分析"，《情报杂志》，2015 年第 9 期。

78. 佚名："法国退役的信号情报飞机配备情况"，《电信技术研究》，2002 年第 4 期。

79. 张林初："法国 2013 年版《国防与国家安全白皮书》评述"，《和平与发展》，2013 年第 5 期。

80. 朱绍侯：《历史研究的使命》，《人民日报》，2016 年 5 月 31

日第7版。

二、外文文献

（一）著作

1. Augé, Gillon, Hollier-Larousse, *Grand Larousse encyclopédique*, Paris: Librairie Larousse, 1963.

2. Charles de Gaulle, *La France et son Armée*, Paris: Tempus Perrin, 2016.

3. Claude Faure, *Aux services de la République. Du BCRA à la DGSE*, Paris: Fayard, 2004.

4. Claude Silberzahn &Jean Guisnel, *Au cœur du secret.* 1 500 *jours aux commandes de la DGSE* (1989 – 1993), Paris: Fayard, 1995.

5. CNRS, *Trésor de la Langue Française*: *Dictionnaire de la Langue du* 19e *et du* 20e *Siècle*, Paris: Gallimard, 1990.

6. Constantin Melnik, 1000 *jours à Matignon*, Paris: Grasset, 1988.

7. Douglas Porch, *French Secret Services*, New York: Farr, Straus and Giroux, 1995.

8. Eric Denécé, *Les services secrets français sont-ils nuls*? Paris: Ellipses Editions Marketing, 2012.

9. Georges Niobey, *Dictionnaire Analogique Larousse*, Paris: Editions Larousse, 2007.

10. Gérard-Antoine Massoni, *Historique du* 2e *hussards*, Saint Dié, Imp. de l'Ormont, 2002.

11. Jacques Rosier &Étienne Leclère, *Les Forces spéciales françaises dans la guerre du Golfe* 1991, Paris: Éditions LBM, 2011.

12. Jean Guisnel, *Histoire secrète de la DGSE*, Paris: Robert Laffont, 2019.

13. Jean-Pierre Faure, *Evolution des structures de renseignement mili-*

taire 1960 – 1995, Paris: Economica, 1998.

14. John Brosky, *France Boosts Defense Spending*, The Journal of Electronic Defense, October 2002.

15. Librairie Aristide Quillet, *Nouveau Dictionnaire Pratique Quillet*, Paris: Librairie Aristide Quillet, 1974.

16. Michel Rocard, *Si ça vous amuse*, Paris: Flammarion, 2010.

17. Pascal Junghans, *Les Services de renseignement français: sous l'oeil du Parlement*, Paris: Editions Edmond Dantès, 2006.

18. Paul Robert, *Le Petit Robert: Dictionnaire alphabétique et analogique de la langue française*, Paris: Société du Nouveau Littré, 1972.

19. Pierre Syramy &Laurent Léger, 25 *ans dans les services secrets*, Paris: Flammarion, 2000.

20. Olivia Recasens, Didier Hassoux et Christophe Labbé, *L'Espion du président*, Paris: Robert Laffont, 2012.

（二）官方文献

21. Assemblée nationale, *Audition de M. Jean-Yves Le Drian, ministre de la Défense, par la mission de suivi de la mise en œuvre des propositions de la commission d'enquête relative aux moyens mis en œuvre par l'État pour lutter contre le terrorisme depuis le 7 janvier* 2015, Consulté le 13 février 2017.

22. Assemblée nationale, *Commission d'enquête relative aux moyens mis en œuvre par l'État pour lutter contre le terrorisme depuis le 7 janvier* 2015, le 26 mai 2016.

23. Bernard Carayon, *Secrétariat général de la défense nationale et renseignement*, Annexe n°36 du projet de loi de finances pour 2003, Rapport n°256, Assemblée nationale, octobre 2002.

24. Bernard Thorette, *Rapport du groupe de travail: Momument aux morts en opérations extérieures*, Ministère de la défense et des anciens com-

battants, septembre 2011.

25. Jean-Luc Warsmann, *Rapport relatif à l'activité de la délégation parlementaire au renseignement pour l'année* 2010, No 3044, Assemblée nationale, le 17 décembre 2010.

26. Legifrance, *Code de la défense*, Dernière modification du texte le 30 août 2013, Copyright (C) 2007 – 2008.

27. Légifrance, *Décret n°89 – 258 du* 20 *avril* 1989 *fixant la composition et les attributions du Comité interministériel du renseignement*, JORF n°96 du 23 avril 1989.

28. Légifrance, *Décret n°97 – 1052 du 18 novembre 1997*, *portant création du Conseil de sécurité intérieure*, JO du 19 novembre 1997.

29. Légifrance, Loi No. 2001 – 1275 du 28 décembre 2001 de finances pour 2002, JO, 28 décembre 2001.

30. Ministère de la Défense, *Intervention du président de la République sur la politique de Défense à l'Institut des Hautes Etudes de Défense nationale*, le 24 mai 2013.

31. Ministère des Armées, *Les chiffres clés de la Défense Edition* (2017), Paris: DICoD, juillet 2017.

32. Ministère de la défense, *Livre Blanc sur la Défense* 1994, Paris: La Documentation française, juin 1994.

33. Ministère de la Défense, *Livre blanc sur la Défense et la Sécurité nationale*, Paris: Odile Jacob/la Documentation Française, 2008.

34. Ministère de la Défense, *Livre blanc sur la Défense et la Sécurité nationale*, Paris: Direction de l'information légale et administrative, 2013.

35. Ministère de la Diéfense, *Projet de loi de programmation militaire* 2014/2019 (*Dossier thématique*), Paris: DICoD, le 14 août 2013.

(三) 期刊论文

36. Christian Quesnot, *Perception*, *utilité et usage de la fonction connaissance et anticipation par le président de la République*, *chef des armées*,

Les Cahiers de Mars, No. 198, décembre 2008.

37. Claude Faure, *Bref historique des services de renseignement et de sécurité français contemporains*, Revue historique des armées, 2007, No. 247.

38. Ecric Denecé, *Communication autour du renseignement en Belgique et insuffisances françaises*, Centre français de recherche de renseignement (CF2R), le 31 mars 2010.

39. Eric Denécé & Gérald Arboit, *Les Etudes sur le renseignement en France*, CF2R, Rapport de recherche No. 8, Novembre 2009.

40. Joseph Henrotin, *Les mutations du renseignement militaire: Dissiper le brouillard de la guerre?* Paris: Institut français des relations internationales, janvier 2017.

三、网络资源

1. 法国总统府官方网站：http：//www. elysee. fr.

2. 法国总理府官方网站：http：//www. gouvernement. fr.

3. 法国国民议会官方网站：http：//www. assemblee-nationale. fr.

4. 法国参议院官方网站：http：//www. senat. fr.

5. 法国国防部官方网站：http：//www. defense. gouv. fr.

6. 法国内政部官方网站：http：//www. interieur. gouv. fr.

7. 法国外交部官方网站：http：//www. diplomatie. gouv. fr.

8. 法国陆军官方网站：http：//www. defense. gouv. fr > terre.

9. 法国海军官方网站：http：//www. defense. gouv. fr > marine.

10. 法国空军官方网站：http：//www. defense. gouv. fr > air.

11. 法国国家宪兵官方网站：https：//www. gendarmerie. interieur. gouv. fr.

12. 法国情报学院官方网站：http：//www. academie-renseignement. gouv. fr.

13. 法国法律法规官方网站：https：//www. legifrance. gouv. fr.

14. 法国《今日军队》官方网站：http：//fr. calameo. com.
15. 法国情报研究中心网站：http：//www. cf2r. org.
16. 法国情报在线网站：https：//www. intelligenceonline. fr.

附录一　法国历任情报协调官

中文姓名	法语姓名	职业	上任时间
贝尔纳·巴约莱	Bernard Bajolet	外交官	2008 年 7 月
昂日·芒西尼	Ange Mancini	警长	2011 年 2 月
阿兰·扎比龙	Alain Zabulon	省长	2013 年 6 月
迪迪埃·勒布雷	Didier Le Bret	文官	2015 年 6 月
亚纳·茹诺	Yann Jounot	省长	2016 年 8 月
皮埃尔·德·布斯凯·德弗洛里安	Pierre de Bousquet de Florian	省长	2017 年 6 月

附录二　法国军事情报局历任局长

中文姓名	法语姓名	军种	军衔	上任时间
让·海因里希	Jean Heinrich	陆军	少将	1992 年 6 月
布律诺·埃利	Bruno Élie	陆军	少将	1995 年 11 月
伊夫·德·凯尔索松·佩南德莱夫	Yves de Kersauson de Pennendreff	海军	中将	1998 年 3 月
安德烈·朗松	André Ranson	陆军	中将	2001 年 5 月
米歇尔·马松	Michel Masson	空军	中将	2005 年 7 月
伯努瓦·皮加	Benoît Puga	陆军	中将	2008 年 9 月
迪迪埃·博莱利	Didier Bolelli	陆军	中将	2010 年 3 月
克里斯托夫·戈马尔	Christophe Gomart	陆军	中将	2013 年 6 月
让—弗朗索瓦·费莱	Jean-François Ferlet	空军	中将	2017 年 6 月

附录三　法国防务情报与安全局历任局长

中文姓名	法语姓名	军种	军衔	上任时间
米歇尔·若朗	Michel Jorant	陆军	少将	1981 年 11 月
阿尔芒·沃特兰	Armand Wautrin	宪兵	准将	1982 年 9 月
让—路易·戴贝	Jean-Louis Deiber	宪兵	准将	1985 年 3 月
皮埃尔·德韦米	Pierre Devemy	宪兵	少将	1987 年 10 月
安东尼奥·热罗姆	Antonio Jérôme	宪兵	少将	1989 年 2 月
罗兰·纪尧姆	Roland Guillaume	陆军	中将	1990 年 10 月
克洛德·阿桑西	Claude Ascensi	陆军	中将	1997 年 8 月
多米尼克·科诺尔	Dominique Conort	陆军	军队财务检察长	2000 年 9 月
米歇尔·巴罗	Michel Barro	陆军	中将	2002 年 10 月
德尼·塞波莱	Denis Serpollet	陆军	中将	2005 年 7 月
迪迪埃·博莱利	Didier Bolelli	陆军	中将	2008 年 8 月
安托万·克勒	Antoine Creux	空军	中将	2010 年 4 月
让—皮埃尔·博塞	Jean-Pierre Bosser	陆军	中将	2012 年 12 月
让—弗朗索瓦·奥加尔	Jean-François Hogard	陆军	中将	2014 年 9 月
埃里克·布凯	Eric Bucquet	陆军	中将	2018 年 9 月

附录四　法国对外安全总局历任局长

中文姓名	法语姓名	身份	职级	上任时间
皮埃尔·马里翁	Pierre Marion	文官	国企总经理	1981 年 6 月
皮埃尔·拉科斯特	Pierre Lacoste	海军	上将	1982 年 11 月
勒内·安博	René Imbot	陆军	上将	1985 年 9 月
弗朗索瓦·梅尔梅	François Mermet	空军	中将	1987 年 12 月
克洛德·西尔伯灿	Claude Silberzahn	文官	省长	1989 年 3 月
雅克·德瓦特	Jacques Dewatre	退役军官	省长	1993 年 6 月
让—克洛德·库瑟朗	Jean-Claude Cousseran	外交官	大使	1999 年 12 月
皮埃尔·布罗尚	Pierre Brochand	外交官	大使	2002 年 7 月
埃拉尔·科尔班·德·芒古	Erard Corbin de Mangoux	退役海军军需官	省长	2008 年 10 月
贝尔纳·巴若莱	Bernard Bajolet	外交官	大使	2013 年 4 月
让—皮埃尔·帕拉塞	Jean-Pierre Palasset	陆军	中将	2017 年 4 月
贝尔纳·埃米耶	Bernard Émié	外交官	大使	2017 年 6 月